KB144765

개정판

국어사 자료 강독

개정판

국어사 자료 강독

2013년 9월 5일 초판 1쇄 펴냄
2017년 9월 5일 개정판 1쇄 펴냄
2024년 7월 19일 개정판 6쇄 펴냄

지은이 이승희 · 이병기 · 이지영

책임편집 정세민
편집 정용준
표지 디자인 김진운

펴낸이 윤철호
펴낸곳 (주)사회평론아카데미
등록번호 2013-000247(2013년 8월 23일)
전화 02-326-1545
팩스 02-326-1626
주소 03993 서울특별시 마포구 월드컵북로6길 56
이메일 academy@sapyoung.com
홈페이지 www.sapyoung.com

ISBN 979-11-88108-25-1 93710

개정판

국어사 자료 강독

이승희 · 이병기 · 이지영 지음

사회평론아카데미

일러두기

1. 본문은 문헌 해제, 원문 사진, 주석으로 구성한다.
2. 주석은 표제어와 뜻풀이, 형태소 분석, 문법 설명으로 구성하는 것을 원칙으로 한다.
3. 형태소 분석의 방법과 사용한 기호는 다음과 같다.
   ① 어휘형태소는 다음과 같은 방식으로 제시한다.
      - 팔종성법에 따라 표기되었을 때는 기본형을 제시한다.
      - 체언의 비자동적 교체와 불규칙 용언의 경우에는 실현형을 제시한다.
      - 규칙 용언이면서 비자동적 교체를 보이는 경우에는 자음 어미와 결합할 때의 형태를 기본형으로 제시한다.
   ② 문법형태소는 다음과 같은 방식으로 제시한다.
      - 실현형을 제시하는 것을 원칙으로 하고 주격 조사와 서술격 조사가 분절음으로 실현되지 않을 경우 Ø로 표시한다.
      - ( ) 안에 기능을 표시하며 그 목록은 다음과 같다.
        주격 조사, 목적격 조사, 보격 조사, 관형격 조사, 부사격 조사, 서술격 조사, 호격 조사, 보조사, 접속조사, 선어말어미, 종결어미, 연결어미, 명사형 어미, 관형사형 어미
   ③ 형태소 경계는 '+' 기호로, 단어 경계는 '#' 기호로 표시한다. 단, 합성어와 파생어의 단어 내부 구조는 문법 설명에서 제시한다.
   ④ 의존형태소에는 '-' 기호를 사용한다. 단 조사의 경우에는 사용하지 않는다.
   ⑤ 공시적인 결합은 '→' 기호로, 통시적인 변화는 '〉' 기호로 표시한다.
4. 주석 및 문법 설명에 제시한 예의 출전 문헌은 다음과 같은 약호를 사용한다.

≪훈민정음≫ 언해본 → 〈훈언〉	≪번역박통사≫ → 〈번박〉
≪용비어천가≫ → 〈용가〉	≪번역소학≫ → 〈번소〉
≪석보상절≫ → 〈석상〉	≪정속언해≫ → 〈정속〉
≪월인천강지곡≫ → 〈월곡〉	≪훈몽자회≫ → 〈훈몽〉
≪선종영가집언해≫ → 〈영가〉	≪천자문≫ 광주판 → 〈천자문-광주〉
≪월인석보≫ → 〈월석〉	≪신증유합≫ → 〈신합〉
≪능엄경언해≫ → 〈능엄〉	≪소학언해≫ → 〈소언〉
≪법화경언해≫ → 〈법화〉	≪박통사언해≫ → 〈박언〉
≪삼강행실도≫ 런던본 → 〈삼강-런던〉	≪역어유해≫ → 〈역해〉
≪두시언해≫ 초간본 → 〈두시-초〉	≪노걸대언해≫ → 〈노언〉
≪금강경삼가해≫ → 〈금삼〉	≪어제내훈≫ → 〈어내〉
≪남명집언해≫ → 〈남명〉	≪어제자성편언해≫ → 〈자성편〉
≪육조법보단경언해≫ → 〈육조〉	≪유중외대소신서윤음≫ → 〈중외윤음〉
≪번역노걸대≫ → 〈번노〉	≪지장경언해≫ → 〈지장〉

개정판 머리말

이 책은 대학교 국어국문학과와 국어교육과에 개설된 국어사 자료 강독 수업을 위한 교재로 편찬되었다. 국어사 자료 강독 수업은 중세국어 문헌과 근대국어 문헌을 읽고 해독하는 능력을 기르며, 문헌에 드러난 문자, 표기, 음운, 문법, 어휘의 특징을 살펴봄으로써 국어의 역사를 정확하고 깊이 있게 이해할 수 있도록 하는 것을 목표로 한다.

이를 위하여 이 책에서는 15세기부터 19세기까지의 한글 문헌 중 총 15개의 자료를 선정하여 그 일부의 영인본을 수록하고 주석을 제시하였다. 자료에 대한 주석은 단순한 어휘의 뜻풀이를 제시하는 것이 아니라 문법적 설명을 베푸는 것을 원칙으로 하였다. 또한 반복하여 등장하는 문법적 설명 중 좀 더 자세한 설명이 필요하다고 판단되는 몇몇 경우는 별도의 설명을 부록으로 덧붙였다.

이 책에 수록된 자료는 15세기부터 19세기까지의 한글 문헌 중에서 국어사적으로 의미가 있고, 중세국어와 근대국어의 시대별 특징을 잘 반영하고 있으며, 국어 사용의 다양한 측면을 보여 주는 문헌들이다. 15세기 자료로는 훈민정음 창제의 목적을 밝힌 ≪훈민정음≫ 언해본의 앞부분, 훈민정음으로 쓰인 최초의 문헌이자 시가 자료인 ≪용비어천가≫와 최초의 산문 자료인 ≪석보상절≫, 가장 방대한 양의 번역 작품인 ≪두시언해≫를 제시하였다. 16세기 자료로는 중국어 학습서이자 대화체 자료인 ≪번역박통사≫, 유학의 가르침을 담은 수신서인 ≪번역소학≫, 개인의 일상생활에서 한글이 사용된 양상을 보여주는 ≪순천 김씨 묘 출토 한글편지≫와 ≪이응태 묘 출토 한글편지≫를 제시하였다. 이 중 ≪번역박통사≫와 ≪번역소학≫의 경우는 후대에 간행된 ≪박통사언해≫와 ≪소학언해≫ 자료를 부록으로 제시하여 시대에 따른 언어의 차이, 번역 태도의 차이 등을 비교하여 살펴볼 수 있도록 하였다. 17세기 자료로는 근대국어의 표기,

음운, 문법, 어휘의 특징이 잘 드러난 유교 교훈서인 ≪동국신속삼강행실도≫와 일본어 학습서인 ≪첩해신어≫를 제시하였다. 근대국어 시기에는 한글 사용의 확대와 함께 다양한 실용서가 간행되었는데, 이를 보여주는 자료로 18세기의 법의학서인 ≪증수무원록언해≫와 일반 백성들에게 반포된 윤음 중 ≪자휼전칙≫을 제시하고, 왕실의 일상을 보여주는 자료로 한글편지인 ≪숙명신한첩≫과 ≪정조어필한글편지첩≫을 제시하였다. 19세기 자료로는 개화기 민중 계몽에 기여하였으며 최초로 국문 전용과 띄어쓰기를 실현한 ≪독립신문≫ 창간호의 논설을 제시하였다.

국어사 자료 강독 수업을 수강하는 학생들에게 생소한 문자와 표기법이 등장하고 띄어쓰기와 문장 부호가 없는 중세국어와 근대국어 문헌은 전혀 모르는 외국어 자료와 다름이 없이 느껴질 것이다. 그러나 어려움이 큰 만큼 수업을 통해 이 '미지의 언어'를 차츰 해독하게 되었을 때의 놀라움과 보람 역시 크다는 것은 지금껏 많은 선배들이 경험한 바이기도 하다. 이 책이 학생들의 국어사 자료 강독 능력을 기르고 옛말을 배우고 익히는 즐거움을 느끼는 데 도움이 되기를 기대한다.

차 례

개정판 머리말 5

1 훈민정음 언해본 9
2 용비어천가 35
3 석보상절 51
4 두시언해 83
5 번역박통사 103
6 번역소학 121
7 순천 김씨 묘 출토 한글편지 151
8 이응태 묘 출토 한글편지 159
9 동국신속삼강행실도 165
10 첩해신어 175
11 증수무원록언해 199
12 숙명신한첩 219
13 정조어필한글편지첩 227
14 자휼전칙 235
15 독립신문 249

문법 설명 257

1

훈민정음 언해본

해 제

1446년(세종 28)에 간행된 한문본 ≪訓民正音≫은 흔히 ≪훈민정음≫ 해례본(解例本)으로 불리는데, 예의(例義)와 제자해(制字解), 초성해(初聲解), 중성해(中聲解), 종성해(終聲解), 합자해(合字解), 용자례(用字例), 그리고 정인지의 서문(序文)으로 구성되어 있다. ≪훈민정음≫ 언해본은 이 중에서 예의 부분을 언해한 것이다.

≪훈민정음≫ 언해본의 번역자나 번역 시기는 분명하지 않다. 현재 전하는 이본 중 가장 앞선 것은 1459년(세조 5)에 간행된 ≪월인석보≫ 권1 첫머리에 실려 있는 '世宗御製訓民正音'으로, 훈민정음의 창제 목적을 밝힌 어제서문(御製序文), 훈민정음 각 글자의 음가에 대한 설명, 연서법(連書法), 부서법(附書法), 방점(傍點) 등 훈민정음의 운용 방법에 대한 설명으로 구성되어 있다. 이러한 설명이 담긴 ≪훈민정음≫ 언해본이 내용상 관계 없는 ≪월인석보≫ 앞에 실린 이유는 ≪월인석보≫를 읽는 데 한글에 대한 지식이 필요했기 때문으로 보인다.

≪훈민정음≫ 언해본 마지막 부분에 중국음의 치음(齒音)을 표기하기 위해 치두음자(齒頭音字: ᅎ, ᅔ, ᅏ, ᄼ, ᄽ)와 정치음자(正齒音字: ᅐ, ᅕ, ᅑ, ᄾ, ᄿ)를 구별하여 표기하도록 한 규정이 있는데, 이는 ≪훈민정음≫ 해례본에는 없고 언해본에만 추가된 것이다. 치두음과 정치음의 구별은 진언(眞言, 다라니)을 음역한 한자의 한글 표기에 나타난다. ≪월인석보≫에 이 진언이 있기 때문에 이러한 설명이 언해본에 추가된 것이 맞다면 진언이 나오는 ≪석보상절≫도 이러한 설명한 필요했을 것이기 때문에 ≪석보상절≫ 권1 앞에도 ≪월인석보≫ 권1 앞에 나오는 ≪훈민정음≫ 언해가 실려 있었을 것으로 추정된다.

이 책에서는 ≪월인석보≫ 권1에 실린 '세종어제훈민정음' 중 어제서문 부분과 아음(牙音)에 대한 설명 부분을 영인하여 보였는데, 1장의 앞면은 원본의 끝 부분이 훼손되어 잘 보이지 않으므로 이를 복원한 것을 이용하였다. 부록에는 본문에서 설명하지 않은 ≪훈민정음≫ 언해본 뒷부분을 실었다.

〈훈민정음 언해본 1앞〉

世솅宗종御ᅌᅥᆼ製졩訓훈民민正졍音ᅙᅳᆷ

製졩ᄂᆞᆫ 글 ❶지ᅀᅳᆯ ❷씨니 御ᅌᅥᆼ製졩ᄂᆞᆫ 님금 ❸지ᅀᅳ샨 그리라 訓훈은 ᄀᆞᄅᆞ칠 씨오 民민ᄋᆞᆫ 百ᄇᆡᆨ姓셩이오 音ᅙᅳᆷ은 소리니 訓훈民민正졍音ᅙᅳᆷ은 百ᄇᆡᆨ姓셩 ❹ᄀᆞᄅᆞ치시논 正졍ᄒᆞᆫ 소리라

國귁之징語ᅌᅥᆼ音ᅙᅳᆷ이

國귁ᄋᆞᆫ ❺나라히라 之징ᄂᆞᆫ 입겨지라 語ᅌᅥᆼᄂᆞᆫ 말ᄊᆞ미라

❻나랏 말ᄊᆞ미

異잉乎ᅘᅩᆼ中듕國귁ᄒᆞ야

異잉ᄂᆞᆫ 다ᄅᆞᆯ 씨라 乎ᅘᅩᆼᄂᆞᆫ 아모 그ᅌᅦ ᄒᆞᄂᆞᆫ 겨체 ᄡᅳᄂᆞᆫ 字ᄍᆞᆼㅣ라 中듕國귁ᄋᆞᆫ 皇ᅘᅪᆼ帝뎽 겨신 나라히니 우리 나랏

正音 一

1) 지ᅀᅳᆯ: 지을. 지ᇫ-+-을(관형사형 어미). 현대국어 ‘짓다’의 옛말인 ‘지ᇫ-’은 모음으로 시작하는 어미 앞에서는 이처럼 ‘지ᇫ-’으로 나타났으나, 자음으로 시작하는 어미 앞에서는 ‘짓ᄂᆞ다, 짓더라’ 등과 같이 ‘짓-’으로 나타났다. 이러한 교체에 대해 ‘ㅅ 불규칙 활용’으로 보는 견해도 있고, 기본형을 ‘지ᇫ-’으로 보고 ‘짓-’은 팔종성법 표기에 따른 것이라 보는 견해도 있다.

2) 씨니: 것이니. ᄉᆞ(의존명사)+ㅣ-(서술격 조사)+-니(연결어미). 용언의 뜻을 풀이하는 주석에는 흔히 ‘-ㄹ 씨니, -ㄹ 씨라’와 같은 구성이 쓰였다. “것”의 의미를 지닌 의존명사 ‘ᄉᆞ’는 주로 관형사형 어미 ‘-ㄹ’ 뒤에 쓰여 초성이 된소리로 바뀐 ‘ᄊᆞ’로 표기되었으며, 주격 조사 ‘이’나 서술격 조사 ‘이-’와 결합할 때에는 ‘ㆍ’가 탈락한 ‘씨, 씨-’로 나타났다.

3) 지ᅀᅳ샨: 지으신. 지ᇫ-+-으시-(선어말어미)+-오-(선어말어미)+-ㄴ(관형사형 어미). 선어말어미 ‘-시-’가 선어말어미 ‘-오-’와 결합할 때에는 ‘-샤-’로 나타났는데, 이에 대해 선어말어미 ‘-시-’가 모음 어미 앞에서 이형태 ‘-샤-’로 교체된다고 보는 견해도 있다. 관형절에 쓰인 선어말어미 ‘-오-’의 기능에 대해서는 의도법으로 설명하기도 하고 대상표시로 설명하기도 한다(선어말어미 ‘-오-’에 대한 설명 참조).

4) ᄀᆞᄅᆞ치시논: 가르치시는. ᄀᆞᄅᆞ치-+-시-(선어말어미)+-ᄂᆞ-(선어말어미)+-오-(선어말어미)+-ㄴ(관형사형 어미). 선어말어미 ‘-ᄂᆞ-’가 선어말어미 ‘-오-’와 결합할 때에는 ‘ㆍ’가 탈락하여 ‘-노-’로 나타났다.

5) 나라히라: 나라이다. 나라ㅎ+이-(서술격 조사)+-라(종결어미). 평서형 종결어미 ‘-다’는 서술격 조사 ‘이-’ 뒤에서 ‘-라’로 나타났다. 현대국어 ‘나라’의 옛말인 ‘나라ㅎ/나라’는 모음으로 시작하는 조사나 조사 ‘과, 도’ 앞에서는 말음 ‘ㅎ’이 유지되었으나, 그 외의 자음으로 시작하는 조사와 결합하거나 단독으로 쓰일 때에는 ‘ㅎ’이 탈락하였다(‘ㅎ 말음 체언’에 대한 설명 참조).

6) 나랏: 나라의. 관형격 조사 ‘ㅅ’은 무정체언 또는 존칭의 유정체언과 함께 쓰였는데 여기의 ‘나랏’은 전자에 속한다. 그에 비해 일반적인 유정체언에는 관형격 조사 ‘ᄋᆡ/의’가 쓰였다.

〈훈민정음 언해본 1뒤〉

常썅談땀애江강南
남이라ᄒᆞᄂᆞ니라

中❶듕國귁에달아

與ᅌᅧᆼ文문字ᄍᆞᆼ로不붏相샹流륳通통ᄒᆞᆯ
ᄊᆡ 與ᅌᅧᆼ는이와뎌와ᄒᆞᄂᆞᆫ겨체ᄡᅳᄂᆞᆫ字ᄍᆞᆼ
ㅣ라文문은❷글와리라❸不붏은아니ᄒᆞ
논ᄠᅳ디라相샹ᄋᆞᆫ서르ᄒᆞ논ᄠᅳ디
라流륳通통ᄋᆞᆫ흘러ᄉᆞᄆᆞᄎᆞᆯ씨라

❹文문字ᄍᆞᆼ와로서르❺ᄉᆞᄆᆞᆺ디아니ᄒᆞᆯᄊᆡ

故공로愚ᅌᅮᆼ民민이有ᅌᅳᇢ所송欲욕言언

1) 中國에 달아: 중국과 달라. 동사 '다ᄅᆞ다'는 자음으로 시작하는 어미 앞에서는 '다ᄅᆞ-'로, 모음으로 시작하는 어미 앞에서는 '달ㅇ-'으로 나타났다. 한편 중세국어에서 동사 '다ᄅᆞ다'는 '-과 다ᄅᆞ다'와 같이 부사격의 '과'와 함께 쓰이기도 하였지만, 여기에서 보이듯 '에'와 함께 쓰이기도 하였다.

2) 글와리라: 글월이다. 글왈+이-(서술격 조사)+-라(종결어미). 현대국어 '글월'의 옛말인 '글왈'은 '글발 〉글왈 〉글월'의 변화를 거쳤다.

3) 不은 아니 ᄒᆞ논 ᄠᅳ디라: 不은 '아니'라고 하는 뜻이다. 'ᄒᆞ논'은 'ᄒᆞ- +-ᄂᆞ-(선어말어미)+-오-(선어말어미)-ㄴ(관형사형 어미)'로 분석된다. 이러한 보문 관형절에서는 관형사형 어미 '-ㄴ, -ㄹ' 앞에 선어말어미 '-오-'가 쓰이는 경향이 있었으나 그렇지 않은 예들도 나타난다(선어말어미 '-오-'에 대한 설명 참조).

4) 文字와로: 문자와. 文字+와(부사격 조사)+로(부사격 조사). 여기에서 '文字'는 한자(漢字)를 가리킨다.

5) ᄉᆞᄆᆞᆺ디: 통하지. ᄉᆞᄆᆞᆾ-+-디(연결어미). "통하다, 사무치다"의 의미를 지닌 동사 'ᄉᆞᄆᆞᆾ-'이 '-디' 앞에서 'ᄉᆞᄆᆞᆺ-'으로 표기된 것은 팔종성법에 따른 것이다.

〈훈민정음 언해본 2앞〉

ᄒᆞ야·도 故공ᄂᆞᆫ ❷젼ᄎᆞㅣ라 愚웅ᄂᆞᆫ ❶어릴ᄊᆡ라 有ᇢᄂᆞᆫ 이실ᄊᆡ라 所송ᄂᆞᆫ ᄇᆞㅣ라 欲욕ᄋᆞᆫ ᄒᆞ고져 ᄒᆞᆯᄊᆡ라 言언ᄋᆞᆫ 니ᄅᆞᆯᄊᆡ라

이런 젼ᄎᆞ로 어린 百ᄇᆡᆨ姓셩이 니르고져 ᄒᆞᇙ❸배 이셔도

而ᅀᅵᆼ終즁不붏得득伸신其끵情쪙者쟝ㅣ 多당矣ᅌᅵᆼ라 而ᅀᅵᆼᄂᆞᆫ 입겨지라 終즁ᄋᆞᆫ ᄆᆞᄎᆞ미라 ❺得득ᄋᆞᆫ 시❹ᄅᆞᆯ ᄊᆞ* 라 伸신ᄋᆞᆫ 펼ᄊᆡ라 其끵ᄂᆞᆫ 제라 情쪙ᄋᆞᆫ ** 니라 者쟝ᄂᆞᆫ 노미라 多당ᄂᆞᆫ 할ᄊᆡ라

* ·ᄠᅳ디라, ** 矣:ᅌᅵᆼ.

1) 어릴: 어리석다는. 어리-+-ㄹ(관형사형 어미). 중세국어에서 형용사 '어리다'는 "어리석다"의 의미를 지니고 있었다. '어리다'가 "나이가 적다"의 의미로 쓰인 예는 16세기 문헌에서부터 보이기 시작한다.

2) 이실: 있다는. 이시-+-ㄹ(관형사형 어미). 현대국어 '있다'의 옛말인 '잇-'은 모음으로 시작하는 어미나 매개모음을 갖는 어미('-(으)니, -(으)며, -(으)ㄴ, -(으)ㄹ' 등) 앞에서 '이시-'로 이형태 교체를 하였다.

3) 호ᇙ: 할. ᄒᆞ-+-오-(선어말어미)+-ᇙ(관형사형 어미). 관형사형 어미 '-ㄹ'은 여기에서와 같이 '-ᇙ'으로 나타나기도 하였는데, 세조 때 문헌 이후로는 이러한 예들이 사라지게 되었다.

4) 시를: 가능하다는. 실-+-을(관형사형 어미). 중세국어의 용언 '싣-'은 "얻다" 또는 "가능하다"의 의미를 지녔다. '싣-'은 ㄷ 불규칙 용언으로서 모음으로 시작하는 어미 또는 매개모음을 갖는 어미 앞에서 '실-'로 나타났다.

5) 제라: '저'이다. 저+ㅣ-(서술격 조사)+-라(종결어미). 삼인칭 재귀대명사 '저'는 평성의 성조를 지니나, 주격 조사나 서술격 조사와 결합한 '제', '제-'는 상성이 되고 관형격 조사와 결합한 '제'는 평성을 유지한다.

〈훈민정음 언해본 2뒤〉

ᄂᆞᆫ 말❶ᄆᆞᆺᄂᆞᆫ
입겨지라

ᄆᆞᄎᆞᆷ내 제 ᄠᅳ들❷ 시러 펴디 몯ᄒᆞᇙ 노미 하
니라

予영ㅣ 爲윙此ᄎᆞᆼ憫민然션ᄒᆞ야❸❹予영ᄂᆞᆫ 내 ᄒᆞᅀᆞᆸ
시논 ᄠᅳ디시니라 此ᄎᆞᆼᄂᆞᆫ 이라 憫
민然션은❺ 어엿비 너기실 씨라

내 이ᄅᆞᆯ 爲윙ᄒᆞ야 어엿비 너겨

新신制졩二ᅀᅵᆼ十씹八밣字ᄍᆞᆼᄒᆞ노니 新신

1) 뭇ᄂᆞᆫ: 마치는. 뭋-+-ᄂᆞ-(선어말어미)+-ㄴ(관형사형 어미). '마치다'의 옛말인 '뭋-'이 선어말어미 '-ᄂᆞ-' 앞에서 '뭇-'으로 표기된 것은 팔종성법에 따른 것이다.

2) 시러: 능히. 실-+-어(연결어미). 중세국어의 용언 '싣-'은 "가능하다"의 의미를 지녔다. '싣-'은 ㄷ 불규칙 용언으로서 모음으로 시작하는 어미 앞에서 '실-'로 나타났다.

3) 내: 내가. 나+ㅣ(주격 조사). 중세국어에서 일인칭 대명사 '나'의 주격과 관형격은 둘 다 '내'로 나타나고 있으나 성조의 차이를 보여서, 주격은 거성, 관형격은 평성으로 나타났다.

4) 내 ᄒᆞᅀᆞᆸ시논: '내가'라고 하시는. 'ᄒᆞᅀᆞᆸ시논'은 'ᄒᆞ-+-ᅀᆞᆸ-(선어말어미)+-시-(선어말어미)+-ᄂᆞ-(선어말어미)+-오-(선어말어미)+-ㄴ(관형사형 어미)'로 분석된다. 여기에 주체높임 선어말어미 '-시-'가 쓰인 것은 동사 'ᄒᆞ-'의 주체가 '세종'이기 때문이다. 그런데 이 문장에는 주어와의 관계에서 특별히 높여 대우할 만한 목적어나 부사어가 등장하고 있지 않은데도 선어말어미 '-ᅀᆞᆸ-'이 쓰인 점이 특이하다. 이에 대해서는 '-ᅀᆞᆸ시-'가 주어에 대한 극존대를 표시한다고 보는 견해도 있는데, '-ᅀᆞᆸ-'과 '-시-'가 결합할 때 '-ᅀᆞᄫᆞ시-'로 나타나야 함에도 불구하고 '-ᅀᆞᆸ시-'로 나타난 것으로 보아 '-ᅀᆞᆸ-'을 객체높임의 선어말어미로 보기 어렵다는 점을 이유로 제시하고 있다.

5) 어엿비: 불쌍히. 형용사 '어엿브-'에 부사파생 접미사 '-이'가 결합된 파생부사이다. 중세국어에서 '어엿브다'는 "불쌍하다, 가련하다"의 의미를 지니고 있었다. '어엿브다, 어엿비'가 "예쁘다, 예쁘게"의 의미로 쓰인 것은 근대국어 이후의 일이다.

〈훈민정음 언해본 3앞〉

ᄋᆞᆫ 새라 制졩ᄂᆞᆫ 밍ᄀᆞᄅᆞ실 씨라 二❶ᅀᅵᆼ十씹八밣ᄋᆞᆫ 스믈여들비라

새로 스믈여듧字ᄍᆞᆼ❷ᄅᆞᆯ 밍ᄀᆞ노니

欲욕使ᄉᆞᆼ人ᅀᅵᆫ人ᅀᅵᆫᄋᆞ로 易ᅌᅵᆼ習씹ᄒᆞ야 便뼌於ᅙᅥᆼ日ᅀᅵᇙ用용耳ᅀᅵᆼ니라

使ᄉᆞᆼᄂᆞᆫ ᄒᆡᅇᅧ ᄒᆞ논 마리라 人ᅀᅵᆫᄋᆞᆫ 사ᄅᆞ미라 易ᅌᅵᆼᄂᆞᆫ 쉬ᄫᅳᆯ 씨라 習씹ᄋᆞᆫ 니길 씨라 便뼌ᄋᆞᆫ 便뼌安한ᄒᆞᆯ 씨라 於ᅙᅥᆼᄂᆞᆫ 아모그에 ᄒᆞ논 겨체 ᄡᅳᄂᆞᆫ 字ᄍᆞᆼㅣ라 日ᅀᅵᇙᄋᆞᆫ 나리라 用용ᄋᆞᆫ ᄡᅳᆯ 씨라 耳ᅀᅵᆼᄂᆞᆫ ᄯᆞᄅᆞ미라 ᄒᆞ논 ᄠᅳ디라

1) 새라: '새 것'이다. 새(명사)+ ø (서술격 조사)+-라(종결어미). 여기에서 '새'는 "새 것"의 의미를 지닌 명사로 쓰였는데 중세국어에서 '새'는 명사, 관형사, 부사의 용법을 모두 지니고 있었다. 예 명사: 往生偈ᄅᆞᆯ 외오시면 골ᄑᆞᆫ ᄇᆡ도 브르며 헌 옷도 새 ᄀᆞᆮᄒᆞ리니〈월석8:100〉, 관형사: 녯 대에 새 竹筍이 나며 새 고지 녯 가지에 기도다〈금삼 3:23〉, 부사: 沙彌ᄂᆞᆫ 새 出家ᄒᆞᆫ 사ᄅᆞ미니〈석상 6:2〉

2) ᄆᆡᇰᄀᆞ노니: (내가) 만드니. ᄆᆡᇰᄀᆞᆯ-+-ᄂᆞ-(선어말어미)+-오-(선어말어미)+-니(연결어미). 선어말어미 '-오-'는 이 문장의 주어인 '내'와 호응한다. 평서문 또는 연결어미 '-니'로 끝나는 문장에서, 주어가 화자일 때 서술어에는 거의 예외 없이 선어말어미 '-오-'가 쓰였다(선어말어미 '-오-'에 대한 설명 참조).

〈훈민정음 언해본 3뒤〉

사ᄅᆞᆷ마다 ᄒᆡᅇᅧ❶ 수ᄫᅵ❷ 니겨 날로 ᄡᅮ❸메 便❹
뼌安한킈 ᄒᆞ고져 ᄒᆞᇙ ᄯᆞᄅᆞ미니라
ㄱᄂᆞᆫ 牙앙音흠이니 如ᅀᅧᆼ君군ㄷ字ᄍᆞᆼ初
총發벓聲셩ᄒᆞ니 並뼝書셩ᄒᆞ면 如ᅀᅧᆼ虯
끃ㅸ字ᄍᆞᆼ初총發벓聲셩ᄒᆞ니라 ❺牙앙ᄂᆞᆫ 어미라
如ᅀᅧᆼᄂᆞᆫ ᄀᆞᄐᆞᆯ 씨라 初총發벓聲셩은 처ᅀᅥᆷ
❻펴아 나ᄂᆞᆫ 소리라 並뼝書셩ᄂᆞᆫ ᄀᆞᆯᄫᅡ ᄡᅳᆯ 씨
라

1) ᄒᆡᅇᅧ: 하여금. ᄒᆡᅇᅵ-+-어(연결어미). 동사 'ᄒᆞ-'에 사동 접미사 '-이-'가 결합한 사동사 'ᄒᆡ이-'는 'ᄒᆡᅇᅵ-'로 표기되기도 하였는데, 일반적인 것은 아니었다. 'ᅇ'는 [yy] 또는 [yi] 발음을 표시하는 것으로 보기도 하는데, '괴ᅇᅵ-'나 'ᄆᆡᅇᅵ-' 등과 같은 일부 피동사 또는 사동사 어간에서도 볼 수 있다.

2) 수ᄫᅵ: 쉽게. 쉬이. 형용사 ‘ᄉᆔᇦ-’에 부사파생 접미사 ‘-이’가 결합한 ‘쉬ᄫᅵ’에서 제1음절의 모음 ‘ㅣ’가 탈락한 것으로, 중세국어 문헌에는 ‘쉬ᄫᅵ’와 ‘수ᄫᅵ’, 그리고 ‘쉬ᄫᅵ’에서 변한 ‘쉬이’와 ‘수ᄫᅵ’에서 변한 ‘수이’가 공존하였다.

3) ᄡᅮ메: 씀에. ᄡᅳ-+-움(명사형 어미)+에(부사격 조사). 중세국어에서는 명사형 어미가 ‘-옴/움’으로 나타나 명사파생 접미사 ‘-ᄋᆞᆷ/음’과는 형태상 구별되었다. 16세기부터 ‘-옴/움’의 ‘오/우’가 탈락한 예가 나타나기 시작하여 근대국어에서는 명사형 어미가 ‘-(ᄋᆞ/으)ㅁ’으로 나타나게 되었다.

4) 便安킈: 편안하게. 便安ᄒᆞ-+-긔(연결어미). ‘-ᄒᆞ-’에서 ‘ㆍ’가 탈락한 후 축약된 것이다. 연결어미 ‘-긔’는 연결어미 ‘-게’와 동일한 의미 기능을 지녔다. 예 모미 <u>크긔</u> ᄃᆞ외야 虛空애 ᄀᆞᄃᆞᆨᄒᆞ야 잇다가 ᄯᅩ <u>져긔</u> ᄃᆞ외며〈석상 6:34〉

5) 어미라: 어금니이다. 엄+이-(서술격 조사)+-라(종결어미). 현대국어 ‘어금니’는 중세국어에서 ‘엄’이었고 여기에 ‘니[齒]’가 결합한 ‘엄니’로도 나타난다. ‘어금니’는 ‘어금+니’로 분석할 수 있고 근대국어 이후에 보이기 시작하는데 ‘어금’이라는 형태가 어떻게 생겨났는지는 확실하지 않다.

6) 펴아: 펴. 펴-+-아(연결어미). 현대국어에서와 마찬가지로 중세국어에서도 용언 어간 말음이 ‘ㅏ’나 ‘ㅕ’인 경우 연결어미 ‘-아/어’가 결합하면 대개 모음이 생략된 형태로 나타났다. 예 가-+-아→가, 펴-+-어→펴. 그러나 예외적으로 ‘가아’와 같이 연결어미가 드러난 활용형도 간혹 나타났다. ‘펴아’ 역시 연결어미가 드러난 경우인데 ‘펴어’가 아니라 모음조화를 어긴 ‘펴아’인 점이 특이하다. 이는 ‘燈 혀아〈석상 9:35〉’, ‘길ᄒᆞᆯ 몯 녀아〈월곡 31〉’ 등의 예에서도 보인다. 이에 대해 음운론적으로는 중세국어 일부 ‘ㅕ’가 [yʌ]에 해당하는 양성모음의 성격을 가지기 때문이라는 설명도 있다. 이와 관련하여 ≪훈민정음≫ 해례에서 아동의 말이나 변방[邊野]의 말에서나 있다고 언급한 ‘ᆝ(ㅣ+ㆍ)’가 참조되는데 이에 해당하는 중성자를 따로 만들어 쓰지 않았기 때문에 ‘ㅕ’가 이를 대신한 것으로 이해할 수 있다.

〈훈민정음 언해본 4앞〉

ㄱ❶ᄂᆞᆫ엄❷쏘리니❸君군ㄷ字ᄍᆞᆼ처ᅀᅥᆷ펴아
나ᄂᆞᆫ소리ᄀᆞᄐᆞ니❹ᄀᆞᆯᄫᅡ쓰면虯끃ㅸ字
ᄍᆞᆼ처ᅀᅥᆷ펴아나ᄂᆞᆫ소리ᄀᆞᄐᆞ니라
ㅋᄂᆞᆫ牙앙音ᅙᅳᆷ이니如ᅀᅧᆼ快쾡ㆆ字ᄍᆞᆼ初
총發벓聲셩ᄒᆞ니라
ㅋᄂᆞᆫ엄쏘리니快쾡ㆆ字ᄍᆞᆼ처ᅀᅥᆷ펴아
나ᄂᆞᆫ소리ᄀᆞᄐᆞ니라

1) ㄱᄂᆞᆫ: ‘ㄱ[기]’는. 중세국어 보조사 ‘ᄂᆞᆫ’이 결합하는 선행 명사의 음운론적 환경은 모음이 양성이나 중성 모음이고 받침은 없어야 하는 것이다. 따라서 훈민정음 창제 당시 ‘ㄱ’은 받침이 있고 음성 모음으로 끝나는 ‘기역’이라는 이름이 아니었음을 알 수 있다. 15세기 문헌에 ‘ㄱ’의 이름에 대한 기록은 보이지 않는다. ‘기역’이라는 이름은 최세진의 ≪훈몽자회訓蒙字會≫(1527)에서 ‘其役’이라고 한 것이 최초의 기록이다. ≪훈몽자회≫에서 자음이 초성으로 쓰인 경우를 ‘其’, ‘尼’ 등과 같이 ‘ㅣ’모음으로 끝나는 일음절로 제시한 점을 고려할 때 훈민정음 예의의 이 부분도 ‘ㄱ’을 ‘ᄀᆞ’가 아닌 ‘기’로 읽었을 가능성이 크다.

2) 엄쏘리니: 어금닛소리이니. 엄+ㅅ(관형격 조사)#소리+ø(서술격 조사)+-니. 관형격 조사 ‘ㅅ’ 뒤에는 단어 경계가 놓이지만 중세국어에서는 이 구분이 명확하지 않아서 여기에서와 같이 연철하여 쓰이기도 하였다. 다른 대표적인 예는 관형사형 어미와 의존명사 ‘이’가 결합하는 경우이다.

3) 君ㄷ 字: 군(君) 자. ‘君’과 ‘字’ 사이에 있는 ‘ㄷ’은 현대국어의 소위 ‘사이시옷’에 대응하는 역할을 한다. ≪용비어천가≫, ≪훈민정음≫ 언해본에서는 ‘ㆁ, ㄴ, ㅁ’ 등의 불청불탁음으로 끝나는 한자어의 경우 ‘ㅅ’이 아닌 같은 계열의 전청음 ‘ㄱ, ㄷ, ㅂ’ 등이 쓰였다. 이들은 ‘兄ㄱ ᄠᅳ디〈용가 8〉’와 같이 관형격 조사의 기능을 보이기도 하였다(‘중세국어의 관형격 조사’에 대한 설명 참조).

4) ᄀᆞᆯᄫᅡ 쓰면: 나란히 쓰면. ‘ᄀᆞᆯᄫᅡ’는 ‘ᄀᆞᆲ-[竝]+-아(연결어미)’로 분석된다. 중세국어에서는 연결어미 ‘-아/어’가 결합하여 선행 동사가 후행 동사를 꾸며주는 부사어의 역할을 하기도 한다. 여기서 ‘ᄀᆞᆯᄫᅡ’는 ‘쓰다’를 꾸며주는 역할을 하는데 ‘ᄀᆞᆯᄫᅡ 쓰’는 것은 글자를 옆으로 나란히 적는 것을 말하며 흔히 한자어로 ‘병서(竝書)’라고 한다. 병서에는 ‘ㄲ, ㄸ …’ 등과 같이 같은 글자를 나란히 적는 ‘각자병서’와 ‘ㅴ, ㅳ’과 같이 다른 글자를 나란히 쓰는 ‘합용병서’가 있다. 한편 중세국어에서 ‘쓰다’는 동음이의어로서 “(글씨를) 쓰다[書]”의 의미를 지닌 경우와 “(모자를) 쓰다[冠]”의 의미를 지닌 경우가 있었다. 참고로 어두자음군을 표시한 합용병서가 쓰인 ‘ᄡᅳ다’는 “사용하다[用]”, “(맛이) 쓰다[苦]”의 의미를 지녔다.

〈훈민정음 언해본 4뒤〉

ㆁ는 牙앙音음이니 如셩業업字ᄍᆞᆼ初총
發벓聲셩ᄒᆞ니라
❶ ㆁ는 엄쏘리니 業업字ᄍᆞᆼ 처ᅀᅥᆷ 펴아나
는 소리 ᄀᆞᄐᆞ니라
❷ ㄷ는 舌쎯音음이니 如셩斗둫ᇢ字ᄍᆞᆼ初
총發벓聲셩ᄒᆞ니 竝뼝書셩ᄒᆞ면 如셩覃
땀ㅂ字ᄍᆞᆼ初총發벓聲셩ᄒᆞ니라 舌쎯은 혀라

1) ㆁ는: 현대에는 받침에 쓰이는 [ŋ] 발음을 가진 것이든 초성에서 소리 없이 쓰이는 것이든 모두 'ㅇ'으로 적는데 훈민정음 창제 당시에는 [ŋ] 발음을 가진 경우에는 'ㆁ'으로 구분하여 표기하였다. 현재는 이 글자를 옛날에만 쓰인 이응 글자라 하여 '옛이응'이라고 부르거나 위에 꼭지가 달렸다고 하여 '꼭지 이응'으로 부르기도 한다. 그런데 중세국어의 'ㆁ'은 초성에서도 발음되고 표기되었다는 점에서 현대의 받침 'ㅇ'과 다르다. 그리고 후음이 아닌, 'ㄱ'과 같은 계열인 '아음(牙音)'에 묶이는 점도 주목할 부분이다. 훈민정음 해례본에서는 이에 대하여 "다만 아음의 'ㆁ'는 비록 혀뿌리가 목구멍을 닫고 기운이 코를 통해서 나오는 소리지만, 그 소리가 'ㅇ'와 서로 비슷하며, 중국의 운서에서도 의모(疑母)(ㆁ)와 유모(喩母)(ㅇ)가 서로 혼용되는 경우가 많으므로, 여기서도 또한 목구멍의 모양을 취하도록 한다. 그러나 아음 글자를 만드는 시초(기본자)로 삼지는 않는다.(唯牙之ㆁ, 雖舌根閉喉聲氣出鼻, 而其聲與ㅇ相似, 故韻書疑與喩多相混用, 今亦取象於喉, 而不爲牙音制字之始)〈解例 4〉"라고 설명하고 있다.

2) ㄷ는 舌音이니: 아음 'ㄱ, (ㄲ), ㅋ, ㆁ'을 설명하고 뒤이어 설음 'ㄷ'에 대하여 설명하고 있다. 이러한 방식으로 훈민정음 초성 17자를 아음, 설음 'ㄷ, (ㄸ), ㅌ, ㄴ', 순음 'ㅂ, (ㅃ), ㅍ, ㅁ', 치음 'ㅈ, ㅉ, ㅊ, ㅅ, (ㅆ)', 후음 'ㆆ, ㅎ, (ㆅ), ㅇ', 반설음 'ㄹ', 반치음 'ㅿ' 순서로 설명하고 뒤이어 중성 11자 'ㆍ, ㅡ, ㅣ, ㅗ, ㅏ, ㅜ, ㅓ, ㅛ, ㅑ, ㅠ, ㅕ'를 설명한다. 그리고 종성 글자에 대하여는 '乃終ㄱ 소리ᄂᆞᆫ 다시 첫소리ᄅᆞᆯ ᄡᅳᄂᆞ니라(終聲復用初聲)'라고 하여 종성은 (문자를 따로 만들지 않고) 초성을 다시 사용한다고 하였다.

【참고】 〈훈민정음 언해본 5앞, 뒤〉

ㄷᄂᆞᆫ 혀쏘리니 斗ᄃᆖᇢ字ᄍᆼ 처ᅀᅥᆷ 펴아 나ᄂᆞᆫ 소리 ᄀᆞᄐᆞ니 ᄀᆞᆯᄫᅡ 쓰면 覃땀ㅂ字ᄍᆼ 처ᅀᅥᆷ 펴아 나ᄂᆞᆫ 소리 ᄀᆞᄐᆞ니라

ㅌᄂᆞᆫ 舌쎠ᇙ音흠이니 如ᅀᅧᆼ 呑ᄐᆞᆫ ㄷ字ᄍᆼ 初총發벓聲셩ᄒᆞ니라

ㅌᄂᆞᆫ 혀쏘리니 呑ᄐᆞᆫ ㄷ字ᄍᆼ 처ᅀᅥᆷ 펴아 나ᄂᆞᆫ 소리 ᄀᆞᄐᆞ니라

ㄴᄂᆞᆫ 舌쎠ᇙ音흠이니 如ᅀᅧᆼ 那낭ㆆ字ᄍᆼ 初총發벓聲셩ᄒᆞ니라

ㄴᄂᆞᆫ 혀쏘리니 那낭ㆆ字ᄍᆼ 처ᅀᅥᆷ 펴아 나ᄂᆞᆫ 소리 ᄀᆞᄐᆞ니라

ㅂᄂᆞᆫ 唇쑨音흠이니 如ᅀᅧᆼ 彆볋字ᄍᆼ 初총發벓聲셩ᄒᆞ니 並뼝書셩ᄒᆞ면 如ᅀᅧᆼ 步뽕ㆆ字ᄍᆼ 初총發벓聲셩ᄒᆞ니라 唇쑨은 입시우리라

〈훈민정음 언해본 6앞, 뒤〉

ㅂᄂᆞᆫ 입시울쏘리니 彆볋字ᄍᆼ 처ᅀᅥᆷ 펴아 나ᄂᆞᆫ 소리 ᄀᆞᄐᆞ니 ᄀᆞᆯᄫᅡ 쓰면 步뽕ㆆ字ᄍᆼ 처ᅀᅥᆷ 펴아 나ᄂᆞᆫ 소리 ᄀᆞᄐᆞ니라

ㅍᄂᆞᆫ 唇쑨音흠이니 如ᅀᅧᆼ 漂푷ᇢ字ᄍᆼ 初총發벓聲셩ᄒᆞ니라

ㅍᄂᆞᆫ 입시울쏘리니 漂푷ᇢ字ᄍᆼ 처ᅀᅥᆷ 펴아 나ᄂᆞᆫ 소리 ᄀᆞᄐᆞ니라

ㅁᄂᆞᆫ 唇쑨音흠이니 如ᅀᅧᆼ 彌밍ㆆ字ᄍᆼ 初총發벓聲셩ᄒᆞ니라

ㅁᄂᆞᆫ 입시울쏘리니 彌밍ㆆ字ᄍᆼ 처ᅀᅥᆷ 펴아 나ᄂᆞᆫ 소리 ᄀᆞᄐᆞ니라

ㅈᄂᆞᆫ 齒칭音흠이니 如ᅀᅧᆼ 卽즉字ᄍᆼ 初총發벓聲셩ᄒᆞ니 並뼝書셩ᄒᆞ면 如ᅀᅧᆼ 慈ᄍᆼ字ᄍᆼ 初총發벓聲셩ᄒᆞ니라 齒칭ᄂᆞᆫ 니라

〈훈민정음 언해본 7앞, 뒤〉

ㅈᄂᆞᆫ 니쏘리니 卽즉字쫑 처ᅀᅥᆷ펴아나
ᄂᆞᆫ 소리ᄀᆞᄐᆞ니 ᄀᆞᆯᄫᅡ쓰면 慈쫑ㆆ字쫑
처ᅀᅥᆷ펴아나ᄂᆞᆫ 소리ᄀᆞᄐᆞ니라
ㅊᄂᆞᆫ 齒칭音흠이니 如셩 侵침ㅂ字쫑 初
총發벓聲셩ᄒᆞ니라
ㅊᄂᆞᆫ 니쏘리니 侵침ㅂ字쫑 처ᅀᅥᆷ펴아
나ᄂᆞᆫ 소리ᄀᆞᄐᆞ니라

ㅅᄂᆞᆫ 齒칭音흠이니 如셩 戌슗字쫑 初총
發벓聲셩ᄒᆞ니 並뼝書셩ᄒᆞ면 如셩 邪썅
ㆆ字쫑 初총發벓聲셩ᄒᆞ니라
ㅅᄂᆞᆫ 니쏘리니 戌슗字쫑 처ᅀᅥᆷ펴아나
ᄂᆞᆫ 소리ᄀᆞᄐᆞ니 ᄀᆞᆯᄫᅡ쓰면 邪썅ㆆ字쫑
처ᅀᅥᆷ펴아나ᄂᆞᆫ 소리ᄀᆞᄐᆞ니라
ㆆᄂᆞᆫ 喉흫音흠이니 如셩 挹흡字쫑 初총

〈훈민정음 언해본 8앞, 뒤〉

發벓聲셩ᄒᆞ니라 喉흫ᄂᆞᆫ 모기라
ㆆᄂᆞᆫ 목소리니 挹흡字쫑 처ᅀᅥᆷ펴아나
ᄂᆞᆫ 소리ᄀᆞᄐᆞ니라
ㅎᄂᆞᆫ 喉흫音흠이니 如셩 虛헝ㆆ字쫑 初
총發벓聲셩ᄒᆞ니 並뼝書셩ᄒᆞ면 如셩 洪
홍ㄱ字쫑 初총發벓聲셩ᄒᆞ니라
ㅎᄂᆞᆫ 목소리니 虛헝ㆆ字쫑 처ᅀᅥᆷ펴아

나ᄂᆞᆫ 소리ᄀᆞᄐᆞ니 ᄀᆞᆯᄫᅡ쓰면 洪홍ㄱ字
쫑 처ᅀᅥᆷ펴아나ᄂᆞᆫ 소리ᄀᆞᄐᆞ니라
ㅇᄂᆞᆫ 喉흫音흠이니 如셩 欲욕字쫑 初총
發벓聲셩ᄒᆞ니라
ㅇᄂᆞᆫ 목소리니 欲욕字쫑 처ᅀᅥᆷ펴아나
ᄂᆞᆫ 소리ᄀᆞᄐᆞ니라
ㄹᄂᆞᆫ 半반舌쎯音흠이니 如셩 閭령ㆆ字

〈훈민정음 언해본 9앞, 뒤〉

쫑初총發벓聲셩ᄒᆞ니라

ㄹᄂᆞᆫ半반혀쏘리니閭령ㆆ字쫑처ᅀᅥᆷ

펴아나ᄂᆞᆫ소리ᄀᆞᄐᆞ니라

ㅿᄂᆞᆫ半반齒칭音ᅙᅳᆷ이니如ᅀᅧᆼ穰ᅀᅣᇰㄱ字

쫑初총發벓聲셩ᄒᆞ니라

ㅿᄂᆞᆫ半반니쏘리니穰ᅀᅣᇰㄱ字쫑처ᅀᅥᆷ

펴아나ᄂᆞᆫ소리ᄀᆞᄐᆞ니라

ㆍᄂᆞᆫ如ᅀᅧᆼ呑튼ㄷ字쫑中듕聲셩ᄒᆞ니라

中듕ᄋᆞᆫ가온ᄃᆡ라

ㆍᄂᆞᆫ呑튼ㄷ字쫑가온ᄃᆡᆺ소리ᄀᆞᄐᆞ니

라

ㅡᄂᆞᆫ如ᅀᅧᆼ即즉字쫑中듕聲셩ᄒᆞ니라

ㅡᄂᆞᆫ即즉字쫑가온ᄃᆡᆺ소리ᄀᆞᄐᆞ니라

ㅣᄂᆞᆫ如ᅀᅧᆼ侵침ㅂ字쫑中듕聲셩ᄒᆞ니라

〈훈민정음 언해본 10앞, 뒤〉

ㅣᄂᆞᆫ侵침ㅂ字쫑가온ᄃᆡᆺ소리ᄀᆞᄐᆞ니

라

ㅗᄂᆞᆫ如ᅀᅧᆼ洪ᅘᅩᇰㄱ字쫑中듕聲셩ᄒᆞ니라

ㅗᄂᆞᆫ洪ᅘᅩᇰㄱ字쫑가온ᄃᆡᆺ소리ᄀᆞᄐᆞ니

라

ㅏᄂᆞᆫ如ᅀᅧᆼ覃땀ㅂ字쫑中듕聲셩ᄒᆞ니라

ㅏᄂᆞᆫ覃땀ㅂ字쫑가온ᄃᆡᆺ소리ᄀᆞᄐᆞ니

라

ㅜᄂᆞᆫ如ᅀᅧᆼ君군ㄷ字쫑中듕聲셩ᄒᆞ니라

ㅜᄂᆞᆫ君군ㄷ字쫑가온ᄃᆡᆺ소리ᄀᆞᄐᆞ니

라

ㅓᄂᆞᆫ如ᅀᅧᆼ業업字쫑中듕聲셩ᄒᆞ니라

ㅓᄂᆞᆫ業업字쫑가온ᄃᆡᆺ소리ᄀᆞᄐᆞ니라

ㅛᄂᆞᆫ如ᅀᅧᆼ欲욕字쫑中듕聲셩ᄒᆞ니라

〈훈민정음 언해본 11앞, 뒤〉

ㅛ는 欲욕字ᄍᆞᆼ 가온ᄃᆡᆺ소리 ᄀᆞᄐᆞ니라
ㅑ는 如ᅀᅧᆼ穰ᅀᅣᇰㄱ字ᄍᆞᆼ 中듀ᇰ聲셔ᇰᄒᆞ니라
ㅑ는 穰ᅀᅣᇰㄱ字ᄍᆞᆼ 가온ᄃᆡᆺ소리 ᄀᆞᄐᆞ니
라
ㅠ는 如ᅀᅧᆼ戌슗字ᄍᆞᆼ 中듀ᇰ聲셔ᇰᄒᆞ니라
ㅠ는 戌슗字ᄍᆞᆼ 가온ᄃᆡᆺ소리 ᄀᆞᄐᆞ니라
ㅕ는 如ᅀᅧᆼ彆볋字ᄍᆞᆼ 中듀ᇰ聲셔ᇰᄒᆞ니라

ㅕ는 彆볋字ᄍᆞᆼ 가온ᄃᆡᆺ소리 ᄀᆞᄐᆞ니라
終즁聲셔ᇰ은 復뿧用요ᇰ初총聲셔ᇰᄒᆞᄂᆞ니
라 復뿧ᄂᆞᆫ 다시 ᄒᆞ논 ᄠᅳ디라
乃냉終즁ㄱ소리ᄂᆞᆫ 다시 첫소리ᄅᆞᆯ ᄡᅳ
ᄂᆞ니라
ㅇᄅᆞᆯ 連련書셔ᇰ脣쑨音ᅙᅳᆷ之징下ᅘᅡᆼᄒᆞ면
則즉爲윙脣쑨輕켱音ᅙᅳᆷᄒᆞᄂᆞ니라 連련은 니

〈훈민정음 언해본 12앞, 뒤〉

ᅀᅳᇙ씨라 下ᅘᅡᆼᄂᆞᆫ 아래라 則즉은 아무리ᄒᆞ면 ᄒᆞᄂᆞᆫ 겨체 ᄡᅳᄂᆞᆫ 字ᄍᆞᆼㅣ라 爲윙ᄂᆞᆫ ᄃᆞ욀씨라 輕켱은 가ᄇᆡ야ᄫᆞᆯ씨라
ㅇᄅᆞᆯ 입시울ᄉᆞ리 아래 니ᅀᅥ ᄡᅳ면 입시
울 가ᄇᆡ야ᄫᆞᆫ 소리 ᄃᆞ외ᄂᆞ니라
初총聲셔ᇰ을 合ᅘᅡᆸ用요ᇰᄒᆞᇙ디면 則즉 並뼝
書셔ᇰᄒᆞ라 終즁聲셔ᇰ도 同똥ᄒᆞ니라 合ᅘᅡᆸ은 어울
씨라 同똥은 ᄒᆞᆫ가지라 ᄒᆞ논 ᄠᅳ디라

첫소리ᄅᆞᆯ 어울워 ᄡᅳᇙ디면 ᄀᆞᆯᄫᅡ ᄡᅳ라 乃
냉終즁ㄱ소리도 ᄒᆞᆫ가지라
ㆍㅡㅗㅜㅛㅠ란 附뿡書셔ᇰ初총聲셔ᇰ之
징下ᅘᅡᆼᄒᆞ고 附뿡ᄂᆞᆫ 브틀씨라
ㆍ와 ㅡ와 ㅗ와 ㅜ와 ㅛ와 ㅠ와란 첫소
리 아래 브텨 ᄡᅳ고
ㅣㅏㅓㅑㅕ란 附뿡書셔ᇰ於ᅙᅥᆼ右ᅌᅮᇢᄒᆞ라

〈훈민정음 언해본 13앞, 뒤〉

右ᅌᅮᆼᄂᆞᆫ 올ᄒᆞᆫ녀기라

ㅣ와 ㅏ와 ㅓ와 ㅑ와 ㅕ와란 올ᄒᆞᆫ녀긔 브텨쓰라

凡뻠字ᄍᆞᆼㅣ 必빓合ᅘᅡᆸ而ᅀᅵ成쎵音ᅙᅳᆷᄒᆞᄂᆞ니 凡뻠은 믈읫ᄒᆞᄂᆞᆫ ᄠᅳ디라 必빓은 모로매ᄒᆞᄂᆞᆫ ᄠᅳ디라 成쎵은 일씨라

믈읫 字ᄍᆞᆼㅣ 모로매 어우러ᅀᅡ 소리 이ᄂᆞ니

左ᄌᆞᆼ加강一ᅙᅵᇙ點뎜ᄒᆞ면 則즉去컹聲셩이오 左ᄌᆞᆼᄂᆞᆫ 왼녀기라 加강ᄂᆞᆫ 더을씨라 一ᅙᅵᇙ은 ᄒᆞ나히라 去컹聲셩은 ᄆᆞᆺ노ᄑᆞᆫ소리라

왼녀긔 ᄒᆞᆫ 點뎜을 더으면 ᄆᆞᆺ노ᄑᆞᆫ 소리오

二ᅀᅵᆼ則즉上썅聲셩이오 二ᅀᅵᆼᄂᆞᆫ 둘히라 上썅聲셩은 처ᅀᅥ미 ᄂᆞᆺ갑고 乃냉終즁이 노ᄑᆞᆫ 소리라

〈훈민정음 언해본 14앞, 뒤〉

點뎜이 둘히면 上썅聲셩이오

無뭉則즉平뼝聲셩이오 無뭉ᄂᆞᆫ 업슬씨라 平뼝聲셩은 ᄆᆞᆺᄂᆞᆺ가ᄫᆞᆫ 소리라

點뎜이 업스면 平뼝聲셩이오

入ᅀᅵᆸ聲셩은 加강點뎜이 同똥而ᅀᅵ促촉急급ᄒᆞ니라 入ᅀᅵᆸ聲셩은 ᄲᆞᆯ리 긋돋ᄂᆞᆫ 소리라 促촉急급은 ᄲᆞᆯ랄씨라

入ᅀᅵᆸ聲셩은 點뎜 더우믄 ᄒᆞᆫ가지로ᄃᆡ ᄲᆞᄅᆞ니라

漢한音ᅙᅳᆷ齒칭聲셩은 有ᅌᅮᇢ齒칭頭뚷正졍齒칭之징別볋ᄒᆞ니 漢한音ᅙᅳᆷ은 中듕國귁 소리라 頭뚷ᄂᆞᆫ 머리라 別볋은 ᄀᆞᆯᄒᆡᆯ씨라

中듕國귁 소리옛 니쏘리ᄂᆞᆫ 齒칭頭뚷와 正졍齒칭왜 ᄀᆞᆯᄒᆡ요미 잇ᄂᆞ니

ᅎᅔᅏᄼᄽ字ᄍᆞᆼᄂᆞᆫ 用용於ᅙᅥᆼ齒칭頭뚷

〈훈민정음 언해본 15앞, 뒤〉

ᄒᆞ고 이 소리ᄂᆞᆫ 우리나랏 소리예셔 열ᄫᅳ니 혓 그티 웃닛머리예 다ᄔᆞ니라

ᅎᅔᅏᄼᄽ字ᄍᆞᆼᄂᆞᆫ 齒칭頭뚷ㅅ소리예 ᄡᅳ고

ᅐᅕᅑᄾᄿ字ᄍᆞᆼᄂᆞᆫ 用요ᇰ於ᅙᅥᆼ 正져ᇰ齒칭ᄒᆞᄂᆞ니 이 소리ᄂᆞᆫ 우리나랏 소리예셔 두터ᄫᅳ니 혓 그티 아랫닛므유메 다ᄔᆞ니라

ᅐᅕᅑᄾᄿ字ᄍᆞᆼᄂᆞᆫ 正져ᇰ齒칭ㅅ소리예 ᄡᅳᄂᆞ니

牙ᅌᅡᆼ舌쎠ᇙ脣쑨喉ᅘᅮᇢ之징字ᄍᆞᆼᄂᆞᆫ 通통用요ᇰ於ᅙᅥᆼ漢한音ᅙᅳᆷᄒᆞᄂᆞ니라

엄과 혀와 입시울와 목소리옛 字ᄍᆞᆼᄂᆞᆫ 中듕國귁 소리예 通통히 ᄡᅳᄂᆞ니라

訓훈民민正져ᇰ音ᅙᅳᆷ

2

용비어천가

해 제

≪용비어천가龍飛御天歌≫는 1447년(세종 29)에 10권 5책으로 간행되었다. 본문은 1445년(세종 27) 권제(權踶), 정인지(鄭麟趾), 안지(安止) 등에 의해 완성되었는데, 이후 세종의 명에 따라 박팽년(朴彭年), 강희안(姜希顔), 신숙주(申叔舟) 등이 수정과 주해 작업을 하여 최종적으로는 1447년(세종 29)에 간행되었다.

본문은 총 125장이며, 각 장은 한글 가사와 이를 번역한 한시(漢詩), 시가의 내용을 설명한 한문 주해로 구성되어 있다. 도입에 해당하는 1, 2장과 후대 왕에 대한 경계를 담은 110~125장을 제외한 3~109장은 조선 건국의 정당성을 강조하는 내용인데, 중국 역대 제왕 또는 고려 왕조의 사적(事績)과 육조(목조, 익조, 도조, 환조, 태조, 태종)의 사적을 대비하여 조선 건국이 하늘의 뜻에 의한 것임을 강조하였다.

≪용비어천가≫는 훈민정음 창제 이후 간행된 최초의 문헌으로서 국어사 연구에서 매우 중요한 자료이다. 종성 표기에 있어서 팔종성 외에 'ㅈ, ㅊ, ㅍ' 등이 쓰인 점이나 모음조화를 엄격히 지키고 있는 점 등이 특징이다. 또한 한문 주해에는 간혹 지명이나 인명, 관직명이 한글로 표기된 예가 있어서 국어사 연구에 참고할 수 있다. 이 밖에도 ≪용비어천가≫는 독특한 형식의 시가라는 점에서 국문학 연구의 귀중한 자료가 되며, 한문 주해의 내용은 역사학, 지리학 자료로서도 의미가 있다.

≪용비어천가≫의 중간본으로 1612년(광해군 4)에 나온 만력본(萬曆本)과 1659년(효종 10)에 나온 순치본(順治本), 1765년(영조 41)에 나온 건륭본(乾隆本)이 전하고 있다.

여기에서는 2, 4, 11, 34, 48, 125장을 제시하였다.

右第一章 此章。總敘我 朝王業之興。皆由天命之佑。先述其所以作歌之意也

불휘 기픈❶ 남ᄀᆞᆫ ᄇᆞᄅᆞ매 아니 뮐ᄊᆡ❷ 곶 됴코 여❸름 하❹ᄂᆞ니

ᄉᆡ미 기픈 므른 ᄀᆞᄆᆞ래 아니 그츨ᄊᆡ❺ 내히❻ 이러 바ᄅᆞ래 가ᄂᆞ니

根深之木。風亦不扤。有灼其華。有蕡其實。 扤。五忽切。動也。灼。職略切。華盛貌。華。俗作花。蕡。浮雲切。實之盛也。

源遠之水。旱亦不竭。流斯爲川。于海必達。 竭。其謁切。盡也。

1) 남ᄀᆞᆫ: 나무는. 남ㄱ+ᄋᆞᆫ(보조사). '나무'의 옛말인 '나모'는 '이, ᄋᆞᆯ, ᄋᆞ로, ᄋᆡ, ᄋᆞᆫ' 등 모음으로 시작하는 조사 앞에서는 '남기, 남ᄀᆞᆯ, 남ᄀᆞ로, 남ᄀᆡ, 남ᄀᆞᆫ' 등과 같이 '남ㄱ'으로, 'ㅅ', '도' 등 자음으로 시작하는 조사나 '와' 앞에서, 그리고 단독으로 쓰일 때에는 '나못, 나모도, 나모와, 나모' 등과 같이 '나모'로 나타났다('체언의 비자동적 교체'에 대한 설명을 참조).

2) 곶: 꽃. ≪용비어천가≫와 ≪월인천강지곡≫에는 종성부용초성에 따라 종성의 'ㅈ, ㅊ, ㅍ'이 그대로 표기된 예들도 나타난다. 그러나 그 외의 중세국어 문헌들은 대개 팔종성법에 따랐기 때문에 '곶'이 단독으로 쓰일 때에는 '곳'으로 표기되는 것이 일반적이었다.

3) 여름: 열매. 동사 '열-'에 명사파생 접미사 '-음'이 결합된 파생명사이다. 중세국어에서 명사형 어미는 '-옴/움', 명사파생 접미사는 '-ᄋᆞᆷ/음'으로 서로 구별되었는데, 이에 따라 동사 '열-'의 명사형은 '여룸'으로, 파생명사는 '여름'으로 나타났다.

4) 하ᄂᆞ니: 많아지니. 중세국어에서 현재 시제를 표시하는 선어말어미 '-ᄂᆞ-'는 동사에만 결합하고 형용사나 서술격 조사에는 결합하지 않았다. 여기서 '하-'는 "많다"의 의미인 형용사가 아니라 "많아지다"의 의미인 동사로 쓰인 것이기 때문에 '-ᄂᆞ-'가 결합하였다. 이처럼 중세국어에서는 동일한 어간이 형용사와 동사의 용법을 모두 가지는 경우가 있었다.

5) 내히: 시내가. 내ㅎ+이(주격 조사). 모음이나 'ㄱ, ㄷ'으로 시작하는 조사 앞에서는 '내히, 내ᄒᆞᆯ, 내콰, 내토' 등과 같이 '내ㅎ'으로, 그 밖의 자음으로 시작하는 조사 앞이나 단독으로 쓰일 때에는 '냇, 내' 등과 같이 '내'로 나타났다('ㅎ 말음 체언'에 대한 설명을 참조).

6) 이러: 이루어져서. 일-+-어(연결어미). 동사 '일다'는 "이루어지다"의 의미를 지닌 자동사이다. '일-'에 사동 접미사 '-우-'가 결합한 것이 '일우다'인데 여기에서 현대국어의 '이루다'로 발전하였다.

〈용비어천가 4장〉

龍飛御天歌 一　　六

移居斡오東동之地。斡烏括切。斡東。在今慶興府東三十里。凡書地名。漢字之難通者。又以正音之字書之。又名職名。亦皆放此。元以穆祖爲五千戶所達魯花赤。東北之人咸歸心焉。王業之興。自此始。所·處所也。元制。外官率置達魯花赤。以爲之長。無定品。

右第三章

狄人ㅅ ①서리예 가샤 狄人이 ᄀᆞᆯ외어늘 岐山② 올ᄆᆞ샴도 ③하ᄂᆞᇙ ᄠᅳ디시니

野人ㅅ 서리예 가샤 野人이 ᄀᆞᆯ외어늘 德源 올ᄆᆞ샴도 하ᄂᆞᇙ ᄠᅳ디시니 異域志曰。小野人國。在女眞之北。姓狠戾不畏生死。父子相殺。以爲

1) 서리예: 사이에. 서리+예(부사격 조사). 부사격 조사 '애/에'는 모음조화에 따른 교체를 보였는데, 'ㅣ' 모음이나 반모음 'y'로 끝나는 체언 뒤에는 '-예'가 쓰였다.

2) 올ᄆᆞ샴도: 옮기심도. 옮-+-ᄋᆞ시-(선어말어미)+-옴(명사형 어미)+도(보조사). 선어말어미 '-시-'와 명사형 어미 '-옴', 선어말어미 '-오-', 연결어미 '-오ᄃᆡ'가 결합하면 '*-숌, *-쇼-, *-쇼ᄃᆡ'가 아니라 '-샴, -샤-, -샤ᄃᆡ'로 나타났다. 이에 대해서는 모음 어미 앞에서 선어말어미 '-시-'가 '-샤-'로 이형태 교체를 한다는 견해도 있다.

3) 하ᄂᆞᇙ ᄠᅳ디시니: 하늘의 뜻이시니. 하ᄂᆞᆯ+ㆆ(관형격 조사)#ᄠᅳᆮ+이-(서술격 조사)+-시-(선어말어미)+-니(연결어미). 관형격 조사 'ㅅ'이 쓰인 '하ᄂᆞᆳ ᄠᅳᆮ' 대신 'ㆆ'이 쓰인 '하ᄂᆞᇙ ᄠᅳᆮ'으로 나타난 점이 특이하다('중세국어의 관형격 조사'에 대한 설명 참조).

▶ 참고

중국 주(周)나라 무왕(武王)의 조상인 고공단보(古公亶父)가 빈곡(豳谷)에 살다가 적인(狄人)이 침범하므로 이곳을 떠나 기산(岐山)으로 옮겨 갔는데, 빈곡 백성들이 그 덕을 우러러 따라갔다. 이처럼 민심이 고공단보를 따른 것이 곧 천명(天命)이 주나라에 있었음을 보여주는 일이라는 것이다.

조선 태조 이성계의 증조부(曾祖父)인 익조(翼祖)가 경흥(慶興)에 살다가 야인(野人)들이 공격하므로 여기를 떠나 덕원(德源)으로 옮겨 갔는데, 경흥 백성들이 그곳까지 따라가는 이가 많았다. 이 일 역시 천명이 조선 건국에 있었음을 보여주는 일이라는 것이다.

〈용비어천가 11장〉

狂夫肆虐爰俟義旗簞食壺漿于路溪來

一夫流毒事見上第九章也

狂夫肆虐事見上第九章也

右第十章 此章承上章而反覆歌詠之也

虞芮質成ᄒᆞᄂᆞ로 方國이 해 모ᄃᆞ나 至德이 실ᄊᆡ 獨夫受ᄅᆞᆯ 셤기시니 質主成平也 書虞芮來質其訟之成也 方國四方來附之國也

威化振旅ᄒᆞ시ᄂᆞ로 輿望이 다 몯ᄌᆞᄫᆞ나 至忠이 실ᄊᆡ 中興主ᄅᆞᆯ 셰시니 振止也 旅衆也 言止其衆以入也 一說振整也 旅衆也 謂整衆以旅也 輿以諸切 衆也 望無放切 爲人所仰曰望 中去聲 或如字下同 凡王室中否而復興 謂之中興

1) 虞芮 質成ᄒᆞᄂᆞ로: 우(虞)와 예(芮)를 질성(質成)함으로. '質成ᄒᆞᄂᆞ로'는 '質成ᄒᆞ-+-ㄴ(명사형 어미)+ᄋᆞ로(부사격 조사)'로 분석된다. 여기서 '-ㄴ'이 명사형 어미로 쓰인 것은 이전 시기의 용법이 남아 있음을 보여준다(아래의 '威化振旅ᄒᆞ시ᄂᆞ로'도 마찬가지이다). 후기 중세국어에서는 '-ㄴ, -ㄹ'이 명사형 어미로 쓰인 예가 극히 드물게 나타난다. 예 德이여 福이라 호ᄂᆞᆯ 나ᅀᆞ라 오소이다〈악학궤범 동동〉, 너펴 돕ᄉᆞ오미 다ᇝ 업서〈법화 서:18〉

2) 해: 많이. 크게. 매우. "많다, 크다"의 의미를 지닌 형용사 '하-'에 부사파생 접미사 '-이'가 결합한 것이다.

3) 輿望이 다 몯ᄌᆞᄫᆞ나: 많은 사람의 기대가 다 (태조께) 모이나. '몯ᄌᆞᄫᆞ나'는 '몯-+-ᄌᆞᆸ-(선어말어미)+-ᄋᆞ나(연결어미)'로 분석된다. 주어인 '輿望'보다 생략된 부사어 '太祖'를 높여 대우하기 위하여 객체높임 선어말어미 '-ᄌᆞᆸ-'을 사용한 것이다.

4) 셰시니: 세우시니. 셰-+-시-(선어말어미)+-니(연결어미). 동사 '셰-'는 '서다'의 옛말인 '셔-'에 사동 접미사 '-이-'가 결합한 것이다. 현대국어 '세우다'는 사동사 '셰-'에 사동 접미사 '-오/우-'가 더 결합한 '셰오다/셰우다'에서 발전한 것이다.

▶ 참고

우(虞)나라와 예(芮)나라가 서로 밭의 경계를 다투다가 주나라 문왕(文王)에게 시시비비를 가려달라고 청하러 왔는데, 주나라에서는 밭 가는 이가 서로 밭의 경계를 양보하고 길 가는 이가 서로 길을 양보하는 것을 보고 부끄러워하며 돌아갔다. 이에 사방의 제후들이 문왕에게 모여들어 주나라가 천하의 3분의 2를 차지하게 되었으나 문왕은 여전히 은(殷)나라의 수(受-폭군으로 알려진 주왕紂王의 이름)를 섬겼다.

이성계가 위화도에서 군사를 돌려 돌아오자 대중들은 그가 왕위에 오를 것으로 기대하였다. 그러나 이성계는 고려에 대한 충정이 지극하였기 때문에 정통성이 의심되는 고려 우왕(禑王)을 폐하고 그 대신 공양왕(恭讓王)을 왕위에 올렸다는 것이다.

〈용비어천가 34장〉

跌。人皆神之。剌。七迹切。蹔。斬也。蹉跌。是失措也。王還都。百官皆賀

留都宰樞上壽 壽者人之所欲。故卑下奉觴進酒。皆言上壽 王謂宰樞

曰。不圖今日得還京城

右第三十三章

믈 ❶깊고 ᄇᆡ 업건마ᄅᆞᆫ ❷하ᄂᆞᆯ히 命ᄒᆞ실ᄊᆡ ❸ᄆᆞᆯ톤 자히 ❹건

너시니❺이다

城 높고 ᄃᆞ리 업건마ᄅᆞᆫ 하ᄂᆞᆯ히 도ᄫᆞ실ᄊᆡ ᄆᆞᆯ톤 자히

ᄂᆞ리시니이다

江之深矣。雖無舟矣。天之命矣。乘馬截流。截。昨結切

龍飛御天歌五 三十

1) 깊고: ≪용비어천가≫에는 종성부용초성에 따라 '깊고'로 표기되었으나(아래의 '높고'도 마찬가지), 중세국어의 다른 문헌들에는 일반적으로 팔종성법 표기에 따라 '깁고'로 나타났다.

2) 하ᄂᆞᆯ히: 하늘이. 하ᄂᆞᆯㅎ+이(주격 조사). '하ᄂᆞᆯㅎ'은 모음으로 시작하는 조사나 '과', '도'와 결합할 때에는 '하ᄂᆞᆯㅎ'로, 그 밖의 자음으로 시작하는 조사와 결합하거나 단독으로 쓰일 때에는 '하ᄂᆞᆯ'로 나타나는 ㅎ 말음 체언이었다. 그러나 이미 15세기 문헌에서부터 말음의 ㅎ이 탈락한 예도 보인다. 예 여슷 <u>하ᄂᆞ리</u> 어늬ᅀᅡ ᄆᆞᆺ 됴ᄒᆞ니잇가〈석상 6:35〉

3) ᄆᆞᆯ 톤 자히: 말을 탄 채. '톤'은 'ᄐᆞ-+-오-(선어말어미)+-ㄴ(관형사형 어미)'으로 분석된다. '자히'는 원문에서 '지히'로 보이나 이는 탈획된 것이다. '자히'는 "채"의 의미를 지닌 의존명사이다. 보문관형절에 선어말어미 '-오-'가 쓰인 경우이다(선어말어미 '-오-'에 대한 설명 참조).

4) 건너시니이다: 건너셨습니다. 건너-+-시-(선어말어미)+-니-(선어말어미)+-이-(선어말어미)+-다(종결어미). 선어말어미 '-이-'는 '아주 높임'의 상대높임법인 'ᄒᆞ쇼셔체'를 표시하며 평서형에 쓰인다.

5) ᄃᆞ리: 사다리. 중세국어에서 'ᄃᆞ리'는 "다리[橋]"의 의미 외에 "사다리"의 의미, "계단"의 의미, "계급, 품계"의 의미를 지녔다.

▶ 참고

금(金)나라 태조가 거란을 공격할 때 강에 이르러 배가 없어 건너지 못하였다. 이에 태조가 말을 탄 채 군사들을 이끌고 강을 건넜는데, 모두 무사히 강을 건넌 후에 그 깊이를 재어 보니 바닥이 닿지 않을 정도로 깊었다. 그러니 이처럼 말을 타고 강을 건넌 것은 하늘의 도움이었다는 것이다. 태조 이성계가 송도를 습격한 홍건적과 싸우다가 적의 공격을 피해 말을 탄 채 성벽을 뛰어넘었다. 이처럼 사다리도 없는 높은 성벽을 넘어 내려갈 수 있었던 것은 하늘의 도움이었다는 것이다.

〈용비어천가 48장〉

背打馬時日方中劍光如電馬一躍而登軍士或
推或攀而隨之。於是奮擊之。賊墜崖而死者太半。
遂擊餘賊殲焉 推通回切 攀披班切。引也

右第四十七章

❶굴허에ᄆᆞᄅᆞᆯ❷디내샤도ᄌᆞ기다도라가니半길❸노ᄑᆡᆫ
ᄃᆞᆯ❹년기디나리잇가
石壁에ᄆᆞᄅᆞᆯ❺올이샤도ᄌᆞᄀᆞᆯ다자ᄇᆞ시니현번ᄠᅱ운
ᄃᆞᆯᄂᆞ미오ᄅᆞ리잇가

深巷過馬賊皆回去雖半身高誰得能度 半身高謂其高半於

1) 굴허에: 골목에. 굴헝+에(부사격 조사). '굴헝'은 중세국어에서 "구렁[壑]"과 "골목 · 거리[巷]"의 두 가지 의미를 지녔는데, 여기에서는 후자의 의미로 쓰였다.

2) 디내샤: 지나게 하시어. 디내-+-시-(선어말어미)+-아(연결어미). 동사 '디내-'는 '지나다'의 옛말인 '디나-'에 사동 접미사 '-이-'가 결합한 것이다.

3) 노ᄑᆡᆫᄃᆞᆯ: 높이인들. 노ᄑᆡ+ø(서술격 조사)+-ㄴᄃᆞᆯ(연결어미). '노ᄑᆡ'는 형용사 '높-'에 명사파생 접미사 '-ᄋᆡ'가 결합한 것이다. 중세국어에 나타나는 명사파생 접미사 '-ᄋᆡ/의'는 몇몇 형용사와만 결합하였는데, '노ᄑᆡ, 기픠, 기릐, 너븨, 킈' 등에서 그 예를 볼 수 있다.

4) 년기: 남이. 년ㄱ+이(주격 조사). 현대국어 '여느'의 옛말인 '녀느'는 "남, 다른 사람"의 의미를 지닌 명사였다. '녀느'는 '이, 을, 이-' 등과 같이 모음으로 시작하는 조사와 결합할 때(단, '와'는 제외) '년기, 년글, 년기라' 등과 같이 '년ㄱ'으로 나타났다('체언의 비자동적 교체'에 대한 설명 참조).

5) 올이샤: 올리셔서. 올이-+-시-(선어말어미)+-아(연결어미). '올이-'는 동사 '오ᄅᆞ-'에 사동 접미사 '-이-'가 결합한 것이다. 중세국어에서 동사 '오ᄅᆞ-'는 모음으로 시작하는 어미나 접미사 앞에서 '올ㅇ-'로 나타났다.

▶ 참고

금나라 태조가 적과 싸우다가 홀로 길을 잃었는데, 뒤로는 적에게 쫓기고 앞에는 막다른 골목이 있었다. 이에 태조가 탄 말이 한 번에 한 길 높이의 언덕을 넘어가니 적들이 따라오지 못하고 돌아갔다. 다른 사람은 반 길 높이라도 할 수 없는 일을 금 태조는 하였다는 것이다.

태조 이성계가 왜구를 공격하니 이들이 산에 올라가 대치하므로 부하들을 보냈으나 산이 가팔라 올라갈 수 없었다. 이에 이성계가 스스로 말을 달려 높은 절벽을 올라가니 군사들이 뒤를 따라가 왜구를 섬멸하였다. 이 역시 태조가 아닌 다른 사람이라면 할 수 없었을 일이라는 것이다.

〈용비어천가 125장〉

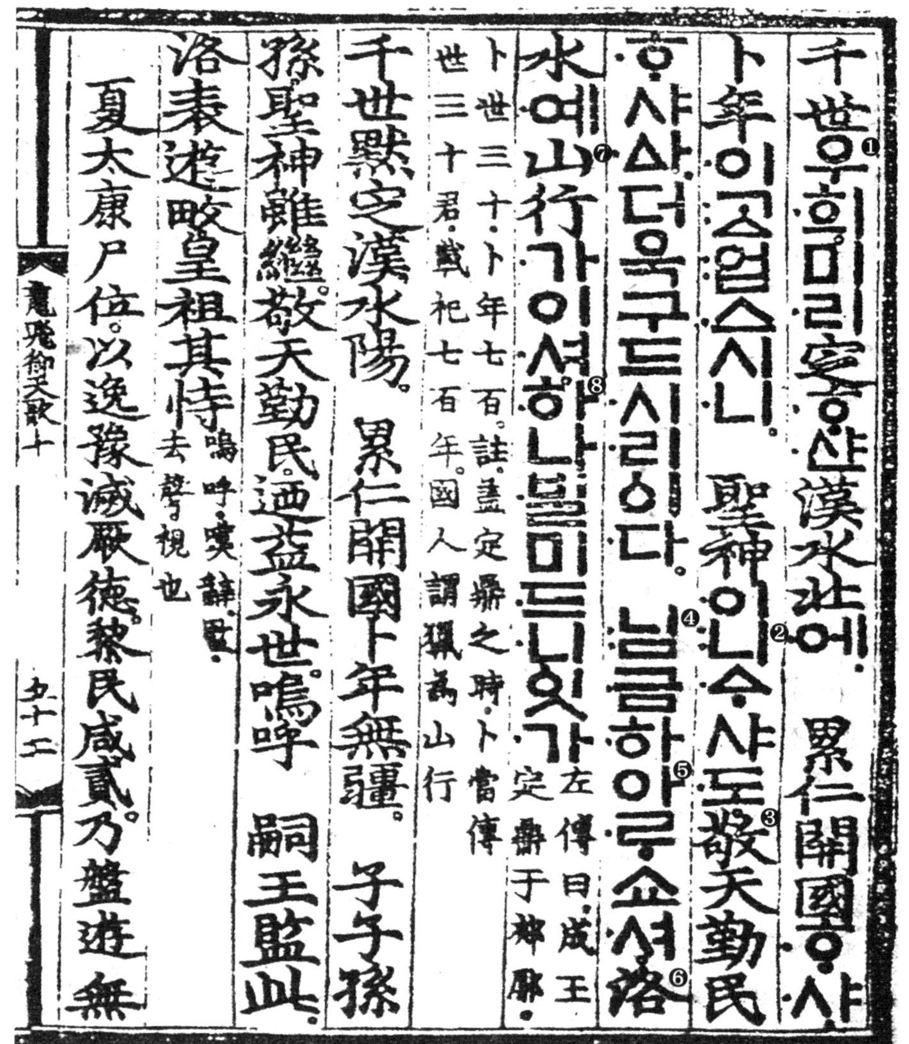

千世❶우희미리定ᄒᆞ샨漢水北에 累仁開國ᄒᆞ샤
卜年이ᄀᆞᇫ업스시니 聖神이❷니ᅀᆞ샤도❸敬天勤民
ᄒᆞ샤ᅀᅡ더욱구드시리ᅌᅵ다 님❹금하아ᄅᆞ❺쇼셔❻洛
水예山❼行가이셔❽한아ᄇᆞᆯ미드니ᅌᅵᆺ가 左傳曰。成王
卜世三十。卜年七百。誥畫定鼎之時。卜世三十君。載祀七百年。國人謂獵爲山行 定鼎于郟鄏。
千世默定漢水陽。累仁開國卜年無疆。子子孫
孫聖神雖繼。敬天勤民迺益永世。嗚呼 嗣王監此。
洛表遊畋皇祖其恃 嗚呼。嘆辭。監去聲視也
夏太康尸位。以逸豫滅厥德。黎民咸貳。乃盤遊無

龍飛御天歌十
五十二

1) 우희: 위에. 우ㅎ+의(부사격 조사). 중세국어에는 관형격 조사 ‘ᄋᆡ/의’와 형태가 동일한 부사격 조사 ‘ᄋᆡ/의’가 존재하였는데, 이들은 ‘우ㅎ, 집, 앒, 城’ 등 몇몇 특정 체언과만 결합하였다.

2) 니ᅀᆞ샤도: 이으셔도. 닛-+-ᄋᆞ시-(선어말어미)+-아(연결어미)+도(보조사). 현대국어 ‘잇다’의 옛말인 ‘닛-’은 모음으로 시작하는 어미 앞에서는 ‘닛-’으로 나타났으나, 자음으로 시작하는 어미 앞에서는 ‘닛-’으로 나타났다. 이러한

교체에 대해서는 ㅅ 불규칙 용언으로 보는 견해도 있고, 기본형을 '니ᇫ-'으로 보고 '닛-'은 팔종성법에 따라 나타났다고 보는 견해도 있다.

3) 敬天勤民ᄒᆞ샤ᅀᅡ: 敬天勤民하셔야. 敬天勤民ᄒᆞ-+-시-(선어말어미) +-아(연결어미)+ᅀᅡ(보조사). 'ᅀᅡ'는 현대국어에서 "강조"를 표시하는 보조사 '야'의 옛말로, 체언과 결합할 뿐만 아니라 용언의 활용형이나 부사와도 결합할 수 있었다. 예 이 각시ᅀᅡ 내 얻니논 ᄆᆞᅀᆞ매 맛도다<석상 6:4>, 한비 사ᄋᆞ리로ᄃᆡ 나거ᅀᅡ ᄌᆞᄆᆞ니이다<용가 67>, 그듸내 ᄀᆞᆺ비ᅀᅡ 오도다마ᄅᆞᆫ<석상 23:53>

4) 님금하: 임금이시여. 님금+하(호격 조사). 중세국어의 호격 조사로는 '아/야, 여, 하'가 있었는데, '하'는 '님금, 大王, 世尊, 父母' 등과 같은 높임의 대상에만 결합하였다.

5) 아ᄅᆞ쇼셔: 아십시오. 알-+-ᄋᆞ쇼셔(종결어미). '-(ᄋᆞ/으)쇼셔'는 ᄒᆞ쇼셔체의 명령형 종결어미이다. 중세국어에서 '알다'와 같이 어간 말음이 'ㄹ'인 용언의 활용 양상은 현대국어의 경우와 차이를 보였다. 현대국어에서는 매개모음을 지닌 종결어미 '-(으)소서' 앞에서 '아소서'와 같이 어간 말음 'ㄹ'이 탈락하지만 중세국어에서는 '-(ᄋᆞ/으)쇼셔' 앞에서 ㄹ이 유지되었다.

6) 洛水예: 낙수에. 'ㅣ' 모음이나 반모음 y 뒤에 결합하는 부사격 조사 '예'가 '洛水'와 결합한 것은 '水'의 동국정운식 한자음이 'ᄉᆑᆼ'였기 때문이다(이때 종성의 'ㅇ'은 음가를 지니지 않음).

7) 山行: 사냥. 현대국어 '사냥'은 한자어 '山行'에서 '山行/산힝 > 산영 >사냥'의 변화를 거쳐 형성된 것이다.

8) 하나빌: 할아버지를. 하나비+ㄹ(목적격 조사). '할아비'의 옛말인 '하나비'는 '하-[大]+-ㄴ(관형사형 어미)#아비'의 구성에서 형성된 합성어이다.

▶ 참고

중국 하(夏)나라는 우왕(禹王)이 덕을 쌓아 그 기틀을 다졌다. 그런데 후손인 태강왕(太康王)은 낙수(洛水)에 사냥을 가서 백 일 동안이나 돌아오지 않아 민심이 이반하여 결국 폐위 당하였다.

3

석보상절

해 제

≪석보상절釋譜詳節≫은 석가모니의 일대기와 주요 설법을 담은 책으로, 1447년(세종 29)에 간행되었다. 이 책은 총 24권이었던 것으로 추정되는데, 현재 초간본으로는 권6, 9, 13, 19, 20, 21, 23, 24가 전하고 있으며, 중간본으로는 권3, 11이 전한다.

이 책의 편찬 동기와 목적은 ≪월인석보月印釋譜≫ 권1 앞에 실려 있는 〈석보상절서釋譜詳節序〉와 〈어제월인석보서御製月印釋譜序〉에 자세히 서술되어 있다. 1446년(세종 28) 세종의 비인 소헌왕후(昭憲王后)가 세상을 떠나자, 세종이 그 명복을 빌기 위하여 수양대군에게 명하여 중국의 ≪석가보釋迦譜≫ 등을 참조, 새롭게 책을 편찬하고 이를 우리말로 번역하게 하였다. 책의 내용을 살펴보면, 석가모니의 전세 이야기, 현세에서 석가모니의 일대기와 주요 설법, 석가모니 사후 불법(佛法)의 유포 등에 관한 이야기를 담고 있다.

≪석보상절≫은 훈민정음 창제 이후 간행된 최초의 산문 자료이며, 자연스러운 우리말 문장을 보여주고 있어서 15세기 국어 연구에 매우 중요한 자료가 된다. 한편 세종은 이 책의 내용을 토대로 하여 1447년 시가 형식의 ≪월인천강지곡月印千江之曲≫을 지었다. 이후 1459년 세조는 ≪월인천강지곡≫과 ≪석보상절≫을 합한 ≪월인석보≫를 간행하였다. 다만 ≪월인석보≫는 ≪석보상절≫과 비교할 때 권의 순서나 내용 등에서 상당한 차이가 있다.

여기에서는 ≪석보상절≫ 권6의 일부를 제시하였는데, 사위국(舍衛國)의 대신인 수달(須達)이 마갈타국(摩竭陁國)의 대신 호미(護彌)와 사돈을 맺게 되는 장면이다. 본래 국립도서관에 소장되어 있는 권 6, 9, 13, 19에는 본문과 난상(欄上)에 묵서로 교정이 되어 있으나 여기에 제시한 영인본에는 이것이 삭제되어 있다. 참고 자료로 ≪석보상절≫ 해당 부분과 대응하는 ≪월인천강지곡≫ 148~150장을 제시하였다.

〈석보상절 6:13앞〉

·펴디·게·호·미·이 大·땡迦강葉·셥·의·히미

·라

舍샹衛·윙國·귁大·땡臣씬須슝達·땷·이

가·ᅀᆞ며·러:쳔❶랴·이 그·지:업·고 布봉施싱

ᄒᆞ·기·ᄅᆞᆯ·즐·겨 艱❷간難난ᄒᆞ·며:어·엿븐:사

ᄅᆞ·ᄆᆞᆯ·쥐❸·주·어 거❹·리·칠·ᄊᆡ 號·ᅘᅩᇢ·ᄅᆞᆯ 給·급孤

공獨·똑·이·라·ᄒᆞ더·라 給급ᄋᆞᆫ·줄·씨오 孤공ᄂᆞᆫ 져⑤·머·셔 어·버

ᅀᅵ:업슨:사ᄅᆞ미오 獨똑ᄋᆞᆫ 늘구·ᄃᆡ 子:종息·식:업·서 ᄒᆞ⑥옷·모민:사ᄅᆞ미·라 給

1) 쳔랴이: 재산이. 쳔량+이(주격 조사). '쳔량'은 중국어 '錢糧'의 차용어로서 "재물, 재산"의 의미를 지닌다.
2) 艱難ᄒᆞ며: 고생하며. '艱難ᄒᆞ다'는 본래 "고생하다"의 의미인데, 여기에서 변화한 '가난ᄒᆞ다'는 "재산이 없다"의 의미를 지니게 되었다.
3) 쥐주어: 쥐어 주어서. 쥐주-+-어(연결어미). '쥐주다'는 동사 '쥐다'와 '주다'의 어간이 연결어미 없이 직접 결합한 비통사적 합성어이다. 중세국어에는 이와 같은 비통사적 합성어의 예가 많이 나타나는데 근대국어 시기에 상당수가 사라지게 되었다.
4) 거리칠ᄊᆡ: 건지므로. 구제하므로. 거리치-+-ㄹᄊᆡ(연결어미). '거리치다'는 "건지다, 구제하다"의 의미를 지닌 동사 '거리-'와 "기르다, 봉양하다"의 의미를 지닌 동사 '치-'가 결합한 합성동사로 추정된다.
5) 져머셔: 나이 어려서. 졈-+-어셔(연결어미). 중세국어에서 '졈다'는 "나이가 적다"의 의미를 지녔는데, "어리석다"의 의미를 지녔던 '어리다'가 "나이가 적다"의 의미로 쓰이게 되면서 '졈다'는 그보다 좀 더 위의 나이 대를 가리키게 되었다.
6) ᄒᆞ옷모민: 홑몸인. ᄒᆞ옷몸+이-(서술격 조사)+-ㄴ(관형사형 어미). 'ᄒᆞ옷몸'은 "혼자"의 의미를 지닌 명사 'ᄒᆞ옺'과 명사 '몸'이 결합한 합성어이다(팔종성법에 따라 'ᄒᆞ옺'이 'ᄒᆞ옷'으로 표기됨).

〈석보상절 6:13뒤〉

·금孤공獨똑長:댱者:쟝ㅣ 닐·굽아·ᄃᆞ·리
러·니 여·슷아·ᄃᆞᆯ란 ᄒᆞ·마 갓❶ 얼·이·고 아·기
아·ᄃᆞ·리 양·ᄌᆞ ·곱거·늘 各각別볋·히 ᄉᆞ랑
ᄒᆞ·야 :아·ᄆᆞ례·나 ·뭇 ᄃᆞᆯᄒᆞᆫ 며ᄂᆞ·리·ᄅᆞᆯ :어❷·두
리·라 ·ᄒᆞ·야 婆❸빵羅랑門몬ᄋᆞᆯ ᄃᆞ·려 닐·오
·ᄃᆡ 어·듸ᅀᅡ :됴ᄒᆞᆫ ·ᄯᆞ·리 양❹ᄌᆞ❺ ·ᄀᆞᄌᆞ·니 잇거
·뇨 내 아·기 :위ᄒᆞ·야 :어·더 보·고·려 婆빵羅
랑門몬·이 그 :말 듣·고 ·ᄀᆞ❻ ᄒᆞᆫ ᄯᆞᆯ ❼·얻·니노·라

1) 갓 얼이고: 아내를 얻게 하고, 장가들이고. 갓#얼이-+-고(연결어미). '갓'은 "아내"의 의미를 지닌 명사이다. '얼이-'는 "배필로 삼다"의 의미를 지닌 동사 '어르-'에 사동 접미사 '-이-'가 결합한 것으로, "혼인시키다, 배필로 삼게

하다"의 의미를 지닌다.

2) 어두리라: 얻으리라. 얻겠다. 얻-+-우-(선어말어미)+-리-(선어말어미)+-라(종결어미). 여기에 쓰인 선어말어미 '-우-'의 의미 기능에 대해서는 화자 주어를 표시하는 것으로 보는 견해와 주체의 의지나 의도를 표시하는 것으로 보는 견해가 있다(선어말어미 '-오-'에 대한 설명 참조).

3) 婆羅門올 드려: 바라문에게. 부사격 조사 '더러'의 옛말인 '드려'는 기원적으로 동사 '데리다'의 옛말인 '드리-'에 연결어미 '-어'가 결합한 활용형이었다. '드리-'는 본래 목적어와 함께 쓰이는 동사로서 '-올 드려'와 같이 나타났는데, 동사로서의 용법이 사라지면서 조사 '드려'로 문법화하게 되었다.

4) 양ᄌᆞ ᄀᆞᄌᆞ니: 모습이 갖추어진 사람이. 모습이 온전한 사람이. 'ᄀᆞᄌᆞ니'는 'ᄀᆞᆽ-+-ᄋᆞᆫ(관형사형 어미)#이(의존명사)+ø(주격 조사)'로 분석된다. 중세국어에서 관형사형 어미 뒤에 의존명사 '이'가 쓰일 때는 이처럼 단어 경계를 넘어 연철되었다. 또한 선행 체언이 모음 'ㅣ'로 끝나 주격 조사가 'ø'로 실현되었다. 동사 'ᄀᆞᆽ다'는 "갖추어져 있다"의 의미를 지닌 자동사로, 현대국어 '갖추다'는 'ᄀᆞᆽ-'에 사동 접미사 '-호-'가 결합한 'ᄀᆞ초다'에서 발전한 것이다.

5) 보고려: 보구려. '-고려'는 현대국어 종결어미 '-구려'의 옛말이다. 중세국어에는 '-고려'와 함께 '-고라'도 나타난다.

6) 고ᄫᆞᆫ: 고운. 곻-+-ᄋᆞᆫ(관형사형 어미). 형용사 '곱다'는 모음으로 시작하는 어미 앞에서 '곻-'으로 나타났는데, 15세기 중엽에 'ᄫ'이 반모음 w로 변화하면서 '고ᄫᆞᆫ, 고ᄫᅡ' 등은 각각 '고온, 고와' 등으로 바뀌었다. 중세국어에서 '곱-/곻-'의 교체에 대해서는, 현대국어의 ㅂ 불규칙 활용과 같은 것으로 보는 견해와, 본래 기본형이 '곻-'인데 자음으로 시작하는 어미 앞에서는 팔종성법에 따라 '곱-'으로 나타난 것이라 보는 견해가 있다.

7) 얻니노라: 얻으러 다닌다. 얻니-+-ᄂᆞ-(선어말어미)+-오-(선어말어미)+-라(종결어미). '얻니다'는 동사 '얻다'와 '니다'의 어간이 연결어미 없이 직접 결합한 비통사적 합성어이다. '얻니노라'는 평서문 종결형으로서 후행하는 'ᄒᆞ야'의 내포문 서술어로 이해된다. 하지만 '얻니노라 ᄒᆞ야'는 전체적으로 현대어 '얻으러 다니느라'에 대응한다. 이러한 구성에서의 '-노라'가 현대국어 연결어미 '-느라'로 발달한 것으로 이해된다.

〈석보상절 6:14앞〉

ᄒᆞ야 빌❶머거 摩망竭껋陁땅國귁王왕
舍상城쎵의 가니 그 城쎵 안해 ᄒᆞᆫ❷ 大땡
臣씬 護ᅘᅩᆼ彌밍라 호리 가❸ᅀᆞ멸오 發벓
心심ᄒᆞ더니 婆빵羅랑門몬이 그 지❹비
ㅏ 糧량食씩 빈대 그 나랏 法법에 布봉
施싱호ᄃᆡ 모로매 童똥女녕로 내야 주
더니 그 짓❺ᄯᆞ리 ᄡᆞᆯ 가져 나❻오나ᄂᆞᆯ 婆빵
羅랑門몬이 보고 깃❼거 이 각시ᅀᅡ 내 언

1) 빌머거: 빌어먹어서. 구걸하여. 빌먹-+-어(연결어미). '빌먹-'은 동사 '빌-'과 '먹-'이 연결어미 없이 어간끼리 바로 결합한 비통사적 합성어이다.

2) ᄒᆞᆫ 大臣 護彌라 호리: 한 대신, 호미(護彌)라 하는 사람이. '호리'는 'ᄒᆞ-+-오-(선어말어미)+-ㄹ(관형사형 어미)#이(의존명사)+ø(주격 조사)'로 분석된다. 선행 체언이 모음 'ㅣ'로 끝나 주격 조사가 'ø'로 실현되었다. 'ᄒᆞᆫ 大臣'과 '護彌라 호리'는 동격이다. 중세국어에서는 이와 같은 구성이 종종 나타났다.

3) 가ᅀᆞ멸오: 부유하고. 가ᅀᆞ멸-+-오(연결어미). 중세국어에서는 'ㄹ'이나 'ㅣ' 모음으로 끝나는 체언이나 용언 어간 뒤에 '과, 곳, 가'나 '-거-, -거늘, -고' 등과 같이 'ㄱ'으로 시작되는 조사나 어미가 결합할 때 'ㄱ'이 약화되어 '와, 옷, 아', '-어-, -어늘, -오' 등으로 나타나는 현상이 있었다.

4) 지븨: 집에. 집+의(부사격 조사). 중세국어에서 관형격 조사와 형태가 동일한 부사격 조사 'ᄋᆡ/의'는 '집, 앒, 우ㅎ, 城' 등 일부 체언과만 결합하였는데, 이를 '특이처격'이라 부르기도 한다.

5) 짓: 집의. '집'에 관형격 조사 'ㅅ'이 결합한 '짒'에서 어간말 자음 'ㅂ'이 탈락한 것이다. 중세국어에서는 체언의 어간말 자음이 'ㄱ, ㄷ, ㅂ'일 때에는 관형격 조사 'ㅅ'이 결합한 예가 잘 보이지 않으므로 여기에 나타난 '짓'은 다소 예외적인 경우이다. 한편 '이틄날 〉 이틋날'과 같이 어간말 자음이 'ㄹ'인 체언에 관형격 조사 'ㅅ'이 결합할 때에는 어간말의 'ㄹ'이 탈락하는 일이 많았다.

6) 나오나ᄂᆞᆯ: 나오거늘. 연결어미 '-나ᄂᆞᆯ'은 동사 '오-' 뒤에서만 나타나며, 그 밖의 용언 뒤에서는 '-거늘'이나 '-아ᄂᆞᆯ/어ᄂᆞᆯ'로, 'ᄒᆞ-' 뒤에서는 '-야ᄂᆞᆯ'로 교체되었다.

7) 깃거: 기뻐하여. 깄-+-어(연결어미). '깄다'는 "기뻐하다"의 의미를 지닌 동사이다.

〈석보상절 6:14뒤〉

니·논 ᄆᆞᅀᆞ·매 맛·도·다 ·ᄒᆞ·야❶ 그 ·ᄯᆞᆯ ᄃᆞ·려 무

로ᄃᆡ 그❷딋 아·바·니·미 잇❸·ᄂᆞ·니·가 對됭答

·답 호ᄃᆡ 잇ᄂᆞ·니이·다 婆빵羅랑門몬이

닐·오ᄃᆡ ·내 ·보❹아·져 ·ᄒᆞᄂᆞ·다 ᄉᆞᆲ❺·바·쎠 그 ·ᄯᆞ

·리 ·드·러 니ᄅᆞᆫ·대 護ᅘᅩᆼ彌밍長:댱者:쟝ㅣ

·나·아·오나ᄂᆞᆯ 婆빵羅랑門몬·이 安한否

:ᄫᅮᇢ 묻·고 닐·오ᄃᆡ 舍샹衛윙國귁에 ᄒᆞᆫ 大

·땡 臣씬 須슝 達·땋

·이·라 ·호·리 잇ᄂᆞ·니 :아

1) 그 ᄯᆞᆯᄃᆞ려: 그 딸에게. 'ᄃᆞ려'는 현대국어 부사격 조사 '더러'의 옛말이다. '데리다'의 옛말인 동사 'ᄃᆞ리-'에 연결어미 '-어'가 결합한 활용형 'ᄃᆞ려'가 조사로 문법화한 것으로, 중세국어 시기에는 '-ᄅᆞᆯ ᄃᆞ려'와 같이 목적격 조사가 쓰인 경우도 있었다.

2) 그딋: 그대의. 그듸+ㅅ(관형격 조사). 중세국어에는 이인칭 대명사로 '너'와 '그듸/그ᄃᆡ'가 존재하였는데 '그듸/그ᄃᆡ'는 '너'보다 청자를 한 등급 높이는 것이었다. 따라서 존칭의 관형격 조사 'ㅅ'과 결합하였다. 여기에서 보이듯이 '그듸/그ᄃᆡ'는 상대높임법 ᄒᆞ야쎠체와 함께 쓰이는 경우가 많았다.

3) 잇ᄂᆞ닛가: 있소. 계시오. 잇-+-ᄂᆞ-(선어말어미)+-닛가(종결어미). ᄒᆞ야쎠체의 의문형 종결어미 '-닛가'는 여기와 같은 판정의문문뿐만 아니라 설명의문문에도 쓰였다(67쪽 4번 주석 참조).

4) 보아져 ᄒᆞᄂᆞ다: 보고자 한다, 보고 싶어 한다. '보아져'는 동사 '보-'에 소망, 바람을 표시하는 어미 '-아져'가 결합한 것이다. 후기 중세국어 및 근대국어 문헌에서는 '-아져'의 예를 찾아보기 어려워서, 이것이 연결어미인지 종결어미인지 확인하기가 쉽지 않다. 고려와 조선의 이두 자료에서 소망 표현의 어미 '-良結(아져)'의 예를 찾아볼 수 있는데, 여기에 나타난 '-아져'와 관련이 있는 것으로 추정된다.

5) ᄉᆞᆯᄫᅡ쎠: 사뢰시오. 아뢰시오. ᄉᆞᆲ-+-아쎠(종결어미). '-아쎠'는 ᄒᆞ야쎠체의 명령형 종결어미이다.

〈석보상절 6:15앞〉

루·시ᄂᆞ·니잇·가 護·ᅘᅩᆼ彌밍 닐·오·ᄃᆡ·소·리
·ᄲᅮᆫ❶·듣·노·라 婆빵羅·랑門몬·이 닐·오·ᄃᆡ 舍
·샹衛·윙國귁中듕·에 ·ᄆᆞᆺ 벼·슬 놉·고 ·가ᅀᆞ
며·루·미 ·이 나·라·해 그·ᄃᆡ·ᄀᆞ·ᄐᆞ·니 ᄒᆞᆫ ᄉᆞ·랑
·ᄒᆞ·ᄂᆞᆫ·아·기·아·ᄃᆞ·리양·ᄌᆡ·며·ᄌᆡ·죄ᄒᆞᆫ·그·ᄐᆡ
·니·그·ᄃᆡᆺ·ᄯᆞ·ᄅᆞᆯ맛·고·져·ᄒᆞ·더·이·다 護·ᅘᅩᆼ彌
밍 닐·오·ᄃᆡ·그·리·호·리·라·ᄒᆞ·야 ·놀·마❷·초·아
홍❸졍바·지舍·샹衛·윙國귁·으·로 가❹·리·잇

1) 듣노라: 듣는다. 듣-+-ᄂᆞ-(선어말어미)+-오-(선어말어미)+-라(종결어미). 이 문장의 생략된 주어가 화자인 호미 자신이므로 화자 주어와 호응하여 선어말어미 '-오-'가 쓰였다. 문맥상 "(소리만) 들었다"와 같이 과거 시제로 해석되려면 '드로라'나 '듣다라'가 쓰일 법한데 현재 시제를 표시하는 선어말어미 '-ᄂᆞ-'가 쓰인 것이 특이하다.

2) 마초아: 마침. 기원적으로 동사 '마초-'에 연결어미 '-아'가 결합한 활용형이 부사로 쓰이게 된 것이다. 이처럼 활용형이 부사처럼 쓰이게 된 예로는 '가ᄉᆡ야, 구틔여, ᄂᆞ외야, 모다, 비르서' 등이 있다.

3) 홍졍바지: 흥정꾼. 장사꾼. 명사 '흥졍'과 '바지'가 결합한 합성어로, '바지'는 "기술을 가진 사람, 일을 하는 사람"을 의미한다. 예 匠ᄋᆞᆫ 바지라〈법화 서:21〉

4) 가리: 갈 사람이. 가-+-ㄹ(관형사형 어미)#이(의존명사)+ø(주격 조사). 중세국어에서 관형사형 어미 뒤에 의존명사 '이'가 쓰일 때는 이처럼 단어 경계를 넘어 연철되었다. 선행 체언이 모음 'ㅣ'로 끝난 경우에는 주격 조사가 'ø'로 실현되었다. 그런데 의존명사 '이'는 본래 거성의 성조를 지녔기 때문에 주격 조사가 결합해도 여전히 거성으로 나타나므로, 여기에서 주격 조사 'ø'가 결합한 것인지 아예 생략된 것인지 분명히 확인할 수는 없다.

〈석보상절 6:15뒤〉

·더·니 婆빵羅랑門몬·이 ·글·왈ᄒᆞ·야 須❶슝
達따ᇙ·ᄋᆡ :ᄉᆞᆫ·ᄃᆡ 보·내·야·ᄂᆞᆯ 須슝達따ᇙ·이 깃
·거 波❷방斯승匿·닉王왕·ᄭᅴ ·가·아 王왕 그 나·랏 일
·후·미 波방斯승匿·닉·이·라 말·미 :엳ᄌᆞᆸ·고 :쳔량:만·히 시
·러 王왕舍샹城쎵·으·로 가·며 길·헤 艱간
難난ᄒᆞᆫ :사ᄅᆞᆷ ·보❹아·ᄃᆞᆫ :다 布봉施싱·ᄒᆞ더
·라 須슝達따ᇙ·이 護·홍彌밍 지·비 ·니거·늘
護홍彌밍 깃·거·나·아 迎연逢봉·ᄒᆞ·야 지

1) 須達ᄋᆡ손ᄃᆡ: 須達에게. 부사격 조사 'ᄋᆡ손ᄃᆡ/의손ᄃᆡ'는 기원적으로는 관형격 조사 'ᄋᆡ/의'와 체언이 결합한 구성에서 발전한 것으로 추정된다.

2) 波斯匿王ᄭᅴ: 波斯匿王께. 부사격 조사 '께'의 옛말인 'ᄭᅴ'는 'ㅅ긔'로 나타나기도 하는데, 이와 같은 기능을 가지는 조사로는 'ㅅ그에, ㅅ거긔, ㅅ게'도 있다. 이들 조사는 기원적으로 존칭의 유정체언과 결합하는 관형격 조사 'ㅅ'과 '그에, 게, 거긔'의 결합으로부터 문법화한 것이다. 한편 평칭의 유정체언과 결합하는 관형격 조사 'ᄋᆡ/의'와 '그에, 게, 거긔'가 결합하여 문법화한 것에서 현대국어 부사격 조사 '에게'로 발전하였다.

3) 엳ᄌᆞᆸ고: 여쭙고. 동사 '엳ᄌᆞᆸ다'는 기원적으로 "알리다, 말하다"의 의미를 지닌 동사 '옅-'에 객체높임 선어말어미 '-ᄌᆞᆸ-'이 결합하여 형성된 것으로, 말을 하는 주체보다 말을 듣는 대상이 더 높기 때문에 '-ᄌᆞᆸ-'이 쓰인 것이다. 이와 동일한 구성을 지닌 동사로 '뵈ᅀᆞᆸ다>뵙다'도 있다. 한편 동사 '옅-'의 예는 매우 드물게 보이는데, 16세기 문헌에 '엳ㅌ-'으로 중철 표기된 몇 예가 보인다. 예 啓 엳ᄐᆞᆯ 계〈훈몽 상:18〉, 사ᄅᆞᆷ으로 ᄒᆡ여곰 그 엳틈을 미타 ᄒᆞ시니〈소언 6:38〉

4) 보아ᄃᆞᆫ: 보거든. 보면. 연결어미 '-아ᄃᆞᆫ'은 '-거든, -나ᄃᆞᆫ, -야ᄃᆞᆫ', 으로 나타나기도 하였는데, '-나ᄃᆞᆫ'은 동사 '오-' 뒤에서, '-야ᄃᆞᆫ'은 동사 'ᄒᆞ-' 뒤에서만 나타났다.

〈석보상절 6:16앞〉

븨 드려 재①더니 그 지븨셔 차②반 밍③ᄀᆞᆯ 쏘

리 워즈런ᄒᆞ거늘 須슝達ᄄᆞᇙ이 護ᅘᅩᆼ彌

밍ᄃᆞ려 무로ᄃᆡ 主즁④人신이 므슴 차바

ᄂᆞᆯ 손ᅀᆞ ᄃᆞᆫ녀 밍ᄀᆞ노닛가 太탱子중ᄅᆞᆯ

請청ᄒᆞᅀᆞᄫᅡ 이받ᄌᆞᄫᅩ려 ᄒᆞ노닛가 大

땡臣씬ᄋᆞᆯ 請청ᄒᆞ야 이바도려 ᄒᆞ노닛

가 護ᅘᅩᆼ彌밍 닐오ᄃᆡ 그⑤리 이닝다 須슝

達ᄄᆞᇙ이 ᄯᅩ 무로ᄃᆡ 婚혼姻힌 위ᄒᆞ야 아

1) 재더니: 재우더니. 재-+-더-(선어말어미)+-니(연결어미). 동사 '재-'는 '자-'에 사동 접미사 '-이-'가 결합한 것이다. 현대국어 '재우다'는 사동사 '재-'에 다시 사동 접미사 '-우-'가 결합한 것이다.

2) 차반: 한자어 '茶飯'에서 기원한 것으로, 본래는 부처님께 바치는 차와 공양 음식을 가리키던 것에서 의미가 확대되어 "좋은 음식, 잘 차린 음식"을 가리키게 되었다.

3) ᄆᆡᆼᄀᆞᆯ 쏘리: 만드는 소리가. ᄆᆡᆼᄀᆞᆯ-+-ㄹ(관형사형 어미)#소리+ø(주격 조사). '소리'가 '쏘리'로 표기된 것은 관형사형 어미 '-ㄹ' 뒤에 'ㄱ, ㄷ, ㅂ, ㅅ, ㅈ'으로 시작하는 체언이 올 때 이들 초성이 된소리가 되는 것을 반영한 것이다.

4) 主人이 ᄆᆞᅀᆞᆷ 차바ᄂᆞᆯ 손ᅀᅩ ᄃᆞ녀 ᄆᆡᆼᄀᆞ노닛가: 주인이 무슨 음식을 손수 다니며 만드오? 'ᄆᆡᆼᄀᆞ노닛가'는 'ᄆᆡᆼᄀᆞᆯ-+-ᄂᆞ-(선어말어미)+-오-(선어말어미)+-닛가(종결어미)'로 분석된다. 'ᄆᆞᅀᆞᆷ'이란 의문사가 나타난 설명의문문임에도 불구하고 '*ᄆᆡᆼᄀᆞ노닛고'가 아니라 'ᄆᆡᆼᄀᆞ노닛가'로 나타나고 있음이 주목되는데, ᄒᆞ라체나 ᄒᆞ쇼셔체의 경우와 달리 ᄒᆞ야쎠체에서는 판정의문문과 설명의문문의 구분 없이 모두 '-닛가'만 나타난다(중세국어의 의문문에 대한 설명 참조). 한편 선어말어미 '-오-'를 의도법으로 보는 견해에서는 여기에 쓰인 '-오-'를 청자가 주어인 의문문에서 청자의 의도를 묻는 경우에 쓰인 것으로 설명하고 있으나, '-오-'를 화자 주어 표시로 보는 견해에서는 이를 예외적인 경우로 처리하고 있다.

5) 그리 아니ᅌᅵ다: 그것이 아니오. 여기서 '그리'는 "그것이"의 의미로 쓰였는데, 중세국어에서 '그리'는 주로 "그렇게"의 의미를 지닌 부사로 쓰였기 때문에 이는 매우 특이한 경우이다. '아니ᅌᅵ다'는 '아니-+-ᅌᅵ-(선어말어미)+-다(종결어미)'로 분석된다. '-ᅌᅵ-'은 ᄒᆞ야쎠체를 표시하는 상대높임 선어말어미로 평서문에만 쓰인다.

〈석보상절 6:16뒤〉

ᅀᆞ미 오나ᄃᆞᆫ 이바도려 ᄒᆞᄂᆞ닛가 사회 녀긔셔 며느리 녁 지블 婚혼이라 니ᄅᆞ고 며느리 녀긔셔 사회 녁 지블 姻힌이라 니ᄅᆞᄂᆞ니 당가 들며 셔방 마조ᄆᆞᆯ 다 婚혼姻힌ᄒᆞ다 ᄒᆞᄂᆞ니라

護ᅘᅩᆼ彌밍 닐오ᄃᆡ 그리 아니라 ❶부텨와 즁과ᄅᆞᆯ

請청ᄒᆞᅀᆞᄫᅩ려 ᄒᆞ❷ᄂᆡᆼ다 須슝達ᄄᆞᇙ이 부

텨와 즁괏 마ᄅᆞᆯ 듣고 ❸소홈도텨 自쫑然

ᅀᅧᆫ히 ᄆᆞᅀᆞ매 깃❹븐 ᄠᅳ디 이실ᄊᆡ 다시 무

로ᄃᆡ 엇뎨 부톄라 ᄒᆞᄂᆞ닛가 그 ᄠᅳ들 닐

1) 부텨와 즁과ᄅᆞᆯ: 부처와 중을. 현대국어와 달리 중세국어에서는 여러 개의 체언이 접속조사로 연결될 때 마지막 체언에도 '와/과'가 결합한 후 격조사가 결합할 수 있었다. 예 이제 나와 너왜 곧 다ᄅᆞ디 아니ᄒᆞ니〈월석 13:28〉, 이 ᄢᅵ ᄀᆞᅀᆞᆶ와 겨ᅀᅳᆯ왌 ᄉᆞᅀᅵ로소니〈두시-초 8:95〉

2) ᄒᆞ뇡다: 하오. ᄒᆞ-+-ᄂᆞ-(선어말어미)+-오-(선어말어미)+-ᅌᅵ-(선어말어미)+-다(종결어미). 선어말어미 '-오-'는 화자의 의도 또는 화자가 주어임을 표시한다(이에 대해서는 선어말어미 '-오-'에 대한 설명 참조). '-ᅌᅵ-'은 ᄒᆞ야쎠체를 표시하는 상대높임 선어말어미로서 평서문에만 쓰인다.

3) 소홈 도텨: 소름이 돋쳐. 현대국어의 '소름'은 '소홈〉소오롬〉소오름〉소름'의 변화 과정을 거친 것이다. '돋치다'의 옛말인 '도티다'는 동사 '돋-'에 강세를 표시하는 접미사 '-티-'가 결합한 파생어이다. 참고로 중세국어에는 '돋치다'의 옛말인 '도티다' 외에 동사 '돋-'에 사동 접미사 '-히-'가 결합한, "돋게 하다"의 의미를 지닌 사동사 '도티다'도 존재하였다. 예 文身은 모매 文 도틸 씨오〈법화 5:14〉

4) 깃븐: 기쁜. 깃브-+-ㄴ(관형사형 어미). 현대국어 '기쁘다'의 옛말인 '깃브-'는 "기뻐하다"의 의미를 지닌 동사 '긹-'에 형용사파생 접미사 '-브-'가 결합한 것이다.

·어·쎠對됭答담호·ᄃᆡ그·듸·ᄂᆞᆫ아·니❶듣ᄌᆞ·

ᄫᆞᆺ·더·시·닛·가淨쪙飯뻔王왕아·ᄃᆞ·님❷悉

·싫達따ᇙ·이·라·ᄒᆞ샤리나·실나·래❸하·ᄂᆞᆯ로

·셔·설·흔·두가·짓祥썅瑞·쓍ᄂᆞ·리·며一·힗

萬먼神씬靈령·이侍·씽衛·윙·ᄒᆞᅀᆞᄫᆞ·며

자·ᄇᆞ·리:업·시·닐·굽거르·믈:거르·샤니ᄅᆞ

·샤·ᄃᆡ하·ᄂᆞᆯ우하·ᄂᆞᆯ아·래❹나:ᄲᅮᆫ尊존·호·라

·ᄒᆞ시·며모·미金금ㅅ·비·치시·며三삼十

1) 듣ᄌᆞ뱃더시닛가: 들으셨오? 듣-+-ᄌᆞᇦ-(선어말어미)+-아(연결어미)#잇-(동사)+-더-(선어말어미)+-시-(선어말어미)+-닛가(종결어미). 중세국어에서 연결어미 '-아'와 동사 '잇-'의 결합인 '-아잇-'은 '-앳-'으로 축약되어 나타나기도 하고, 여기에서 다시 반모음 y가 탈락한 '-앗-'으로도 나타났다. 중세국어에서 '-아잇- 〉-앳- 〉-앗-'은 "상태, 결과의 지속" 또는 "진행"을 표시하였다. 그 이후에 "동작의 완료", 나아가 "과거 시제"를 표시하는 것으로 발전하여 현대국어의 선어말어미 '-았-'에 이르게 되었다('-어#잇-'의 재구조화에 대한 설명 참조).

2) 悉達이라 ᄒᆞ샤리: 悉達이라고 하시는 분이. 'ᄒᆞ샤리'는 'ᄒᆞ-+-시-(선어말어미)+-오-(선어말어미)+-ㄹ(관형사형 어미)#이(의존명사)+ø(주격 조사)'로 분석된다. 선행 체언이 모음 'ㅣ'로 끝나 주격 조사가 'ø'로 실현되었다. 선어말어미 '-시-'는 선어말어미 '-오-'나 연결어미 '-오ᄃᆡ', 명사형 어미 '-옴' 등과 결합할 때 '-샤-'로 나타났다. 관형절에서 선어말어미 '-오-'가 쓰이는 것에 대해서는 선어말어미 '-오-'에 대한 설명 참조.

3) 하ᄂᆞᆯ로셔: 하늘로부터. 하ᄂᆞᆯ+로셔(부사격 조사). 중세국어에서 '하ᄂᆞᆯ'은 ㅎ 말음 체언으로서 모음으로 시작하는 조사나 매개모음을 갖는 조사 앞에서 '하ᄂᆞᆶ'으로 나타났다. 그러나 이미 15세기부터 말음의 'ㅎ'이 탈락한 예가 보이는데, 여기서도 '하ᄂᆞᆯᄒᆞ로셔' 대신 '하ᄂᆞᆯ로셔'로 나타나고 있다. 부사격 조사 '로셔'는 "로부터"의 의미를 지니는데 기원적으로 부사격 조사 '로'와 '셔'가 결합한 것이다. '셔'는 단독으로 쓰이기도 하지만 연결어미 '-아/어, -고'나 조사 '애, 로' 등과 결합하여 쓰이기도 했는데, 기원적으로 동사 '잇/이시-'의 활용형인 '이셔'에서 발전한 것이다.

4) 나ᄡᅮᆫ: 나만. 보조사 '뿐'의 옛말은 중세국어에서 'ᄲᅮᆫ'으로 나타나는 것이 일반적이었다(앞의 '소리ᄲᅮᆫ 듣노라'의 예 참조). 여기에서처럼 'ᄲᅮᆫ'이 아닌 'ᄡᅮᆫ'으로 나타난 것은 매우 드물어서 "오직 教ᄅᆞᆯ 자바 議論ᄒᆞᆯ ᄡᅮ니어니와〈금삼 1:6〉"의 예 정도만 더 찾아볼 수 있다. 'ᄡᅮᆫ'은 'ᄲᅮᆫ'의 오기(誤記)로 추정된다.

·씹二·싱相·샹八·밣十·씹種·죵好·흫ㅣ❶ㅅ
·더·시·니金금輪륜王왕·이ᄃᆞ외·샤四ᄉᆞᆼ
天텬下·ᅘᅡᆼ·ᄅᆞᆯ❷·ᄀᆞᅀᆞᆷ:아·ᄅᆞ시·련마·ᄅᆞᆫ늘·그
·니病·뼝ᄒᆞ·니·주·근:사ᄅᆞᆷ·보시·고世솅間
간·ᄋᆞᆯ❸·히너·기·샤出·츌家강·ᄒᆞ·샤道ᄯᅩᇢ理
:링닷·ᄀᆞ·샤六·륙年년苦콩行·ᅘᆡᇰ·ᄒᆞ·샤正
·졍覺·각·ᄋᆞᆯ일·우·샤魔망王왕ㅅ兵병馬
·망十·씹八·밣億·ᅙᅳᆨ萬·먼·ᄋᆞᆯ降❹ᅘᅡᆼ服·뽁:히

1) ᄀᆽ더시니: 갖추어져 있으시더니. ᄀᆽ-+-더-(선어말어미)+-시-(선어말어미)+-니(연결어미). 동사 'ᄀᆽ다'는 "갖추어지다, 갖추어져 있다"의 의미를 지닌 자동사로 여기서는 팔종성법에 따라 'ᄀᆺ-'으로 표기되었다. 현대국어 '갖추다'는 'ᄀᆽ-'에 사동 접미사 '-호-'가 결합한 'ᄀᆞ초다'에서 발전한 것이다.

2) ᄀᆞᅀᆞᆷ아ᄅᆞ시련마ᄅᆞᆫ: 주관하실 것이건마는. 맡아 처리하시련마는. ᄀᆞᅀᆞᆷ알-+-ᄋᆞ시-(선어말어미)+-리-(선어말어미)+-언마ᄅᆞᆫ(연결어미). 현대국어 연결어미 '-건마는'의 옛말인 '-건마ᄅᆞᆫ'은 기원적으로 선어말어미 '-거-'를 포함하고 있어서 이형태로 '-안마ᄅᆞᆫ/언마ᄅᆞᆫ', '-난마ᄅᆞᆫ', '-얀마ᄅᆞᆫ'이 나타났다.

3) 슬히: 싫게. "싫다"의 의미를 지닌 형용사 '슬ᄒᆞ-'에 부사파생 접미사 '-이'가 결합한 파생부사이다. 한편 '슬ᄒᆞ다'가 "싫어하다"의 의미를 지닌 동사로 쓰인 예도 있다. 예 十方天仙이 그 내 더러우믈 슬ᄒᆞ야 다 머리 여희며〈능엄 8:5〉

4) 降服ᄒᆡ오샤: 항복시키시어. 降服ᄒᆡ오-+-시-(선어말어미)+-아(연결어미). '降服ᄒᆡ오-'는 동사 '降服ᄒᆞ-'에 사동 접미사 '-이-'와 '-오-'가 결합한 사동사로, "항복하게 하다, 항복시키다"의 의미를 지닌다.

오·샤 光광明명·이 世솅界갱·ᄅᆞᆯ ᄉᆞ❶ᄆᆞᆺ비
·취·샤 三삼世솅·옛 :이·ᄅᆞᆯ ·아·ᄅᆞ실·ᄊᆡ 부:톄
시·다 ·ᄒᆞ·ᄂᆞ닝·다 須숭達땅·이 ·ᄯᅩ 무·로·ᄃᆡ
:엇·뎨 :쥬·이·라 ·ᄒᆞ·ᄂᆞ닛·가 對됭答답·호·ᄃᆡ
부:톄 成❷쎵道ᄄᆞᇢ·ᄒᆞ·야시·ᄂᆞᆯ 梵뻠天텬·이
轉:뎐法법ᄒᆞ·쇼·셔 請:청·ᄒᆞ·ᅀᆞᄫᆞ·ᄂᆞᆯ 轉:뎐法·법은 法법을 그우릴·씨·니 ·부:톄 說쉃法·법·ᄒᆞ·샤 世솅間간·애 法법·이 ·펴·디·여 갈·씨 그·우·리·다 ·ᄒᆞᄂᆞ·니 說쉃法·법·호·믈 轉:뎐法·법·이·라 ·ᄒᆞᄂᆞ니·라
波방羅

1) ᄉᆞᄆᆞᆺ: 꿰뚫어. 훤히. “멀리까지 미치거나 깊이 꿰뚫다, 통하다”의 의미를 지닌 동사 ‘ᄉᆞᄆᆞᆾ-’의 어간이 접미사 없이 바로 부사로 파생된 것이다(‘ᄉᆞᄆᆞᆾ’이 ‘ᄉᆞᄆᆞᆺ’으로 표기된 것은 팔종성법에 따른 것이다). 중세국어에서는 이처럼 용언의 어간이 바로 부사로 파생된 예들이 있었는데, 형용사 ‘하-[大, 多]’에서 파생된 부사 ‘하’, ‘ᄀᆞᇀ-[同]’에서 파생된 ‘ᄀᆞᆮ’, ‘바ᄅᆞ-[直]’에서 파생된 ‘바ᄅᆞ’ 등이 그것이다. 한편 현대국어 부사 ‘사뭇’은 ‘ᄉᆞᄆᆞᆺ’에서 발전한 것이나 의미에서는 차이를 보인다.

2) 成道ᄒᆞ야시ᄂᆞᆯ: 成道하시거늘. ‘成道ᄒᆞ-+-시-(선어말어미)+-야ᄂᆞᆯ(연결어미)’로 분석할 수 있는데, 연결어미 ‘-야ᄂᆞᆯ’의 사이에 선어말어미 ‘-시-’가 나타났다. 이는 연결어미 ‘-거늘/어늘/나ᄂᆞᆯ/야ᄂᆞᆯ’이 기원적으로 선어말어미 ‘-거/어/나/야-’를 포함하고 있기 때문에 가능한 현상이다. 15세기에는 선어말어미 ‘-시-’와 ‘-거-’가 결합할 때 ‘-시거-’의 순서로 결합하기도 하고 ‘-거시-’의 순서로 결합하기도 하였는데(예 如來 큰 神力이 겨샤 ᄂᆞᄆᆡ ᄆᆞᅀᆞᄆᆞᆯ 미리 아ᄅᆞ시거니 네 어드리 害ᄒᆞᇙ다〈월석 22:70〉, 世間애 慧日이 업스샤 울워ᅀᆞᄫᆞ리 업거시다〈석상 23:19〉) 후자가 더 앞선 시기의 국어를 반영하는 것으로 추정된다. 기원적으로 선어말어미 ‘-거-’를 포함한 연결어미 ‘-거늘, -거든’과 선어말어미 ‘-시-’가 결합할 때에도 ‘-시거늘, -시거든’과 함께 ‘-거시늘, -거시든’도 나타났다.

〈석보상절 6:18뒤〉

랑㮈·ᄂᆡᆼ國귁鹿록野:양苑:원·에·가·샤憍
그ᇢ陳띤如ᅀᅧᆼ·ᄃᆞᆯ다·ᄉᆞᆺ:사ᄅᆞ·ᄆᆞᆯ濟·졩渡똥
ᄒᆞ시·며❶버·거鬱·ᅙᅮᇙ卑빙迦강葉·셥三삼
兄훵弟:뗑·의❷·믈一·ᅙᅵᇙ千천:사ᄅᆞ·ᄆᆞᆯ濟·졩
渡똥·ᄒᆞ시·며버·거舍:샹利·링弗·붏目·목
楗껀連련·의·믈五:옹百·ᄇᆡᆨ올濟·졩渡똥
·ᄒᆞ시니·이❸:사ᄅᆞᆷ·ᄃᆞᆯ·히:다神씬足·죡·이自
쫑在·찡·ᄒᆞ·야❹衆·즁生ᄉᆡᆼ·이福·복田뗜·이

1) 버거: 다음으로. 벅-+-어(연결어미). 동사 '벅다'는 "버금가다, 다음가다"의 의미를 지닌다. 예 父母ㅣ 怒ᄒᆞ거시든 ᄠᅳ데 짓디 아니ᄒᆞ며 顔色애 나토디 아니호미 <u>버그니라</u>〈내훈 1:49〉, 아래 알ᄑᆡᆺ 그를 ᅘᅧ샤 通히 사기시고 <u>버구매</u> 各別히 펴샤 詰難ᄋᆞᆯ 마ᄀᆞ시니〈영가 상:117〉

2) 물: 무리. 중세국어에서 "무리"의 의미를 지닌 명사는 '물'로 나타났는데, '무리'는 '물'에 의미나 통사적 변화를 가져오지 않는 접미사 '-이'가 결합한 것이다. 이와 유사한 예로 '두텁+-이→두터비, ᄑᆞᆯ+-이→ᄑᆞ리, 그력+-이→그려기' 등이 있었다.

3) 사ᄅᆞᆷᄃᆞᆯ히: 사람들이. 사ᄅᆞᆷ+-ᄃᆞᇙ(접미사)+이(주격 조사). 복수 표지의 접미사 '-ᄃᆞᇙ'은 ㅎ 말음 체언과 똑같이 모음으로 시작하는 조사나 조사 '과, 도' 앞에서는 어간말의 'ㅎ'이 유지되었으나, 그 외의 자음으로 시작하는 조사와 결합하거나 단독으로 쓰일 때에는 'ㅎ'이 탈락하였다. 본문의 '憍陳如ᄃᆞᆯ'에서 'ㅎ'이 탈락한 예를 볼 수 있다. 한편 중세국어에는 높임의 대상과 결합하는 복수 표지의 접미사 '-내'도 존재하였다. 예 <u>아자바님내ᄭᅴ</u> 다 安否ᄒᆞᅀᆸ고〈석상 6:1〉

4) 衆生ᄋᆡ: 중생의. '衆生'은 "살아 있는 모든 무리"를 가리키는 불교 용어인데, 중세국어 문헌에서는 한자로 표기된 '衆生'과 한글로 표기된 '즁ᄉᆡᆼ'이 서로 다른 의미로 사용된 점이 특기할 만하다. 한글로 표기된 '즁ᄉᆡᆼ'은 '중생' 중에서도 사람을 제외한 '동물'을 가리키는 데 쓰였다. 예 뒤헤ᄂᆞᆫ 모딘 <u>즁ᄉᆡᆼ</u> 알ᄑᆡᄂᆞᆫ 기픈 모새 열ᄫᅳᆫ 어르믈 하ᄂᆞᆯ히 구티시니〈용가 30장〉, 비록 사ᄅᆞᄆᆡ 무레 사니고도 <u>즁ᄉᆡᆼ마도</u> 몯호이다〈석상 6:5〉, 畜生ᄋᆞᆫ 사ᄅᆞᄆᆡ 지ᄇᆡ셔 치ᄂᆞᆫ <u>즁ᄉᆡᆼ이라</u>〈월석 1:46〉. 현대국어의 '짐승'은 '즁ᄉᆡᆼ>즘ᄉᆡᆼ>즘승>짐승'의 변화를 거친 것이다.

〈석보상절 6:19앞〉

ᄃᆞ욀ᄊᆡ :쥬ᅌᅵ·라 ·ᄒᆞ·ᄂᆞ·ᅌᅵ·다 福복田뗜은 福복바·티·니

衆쥬ᇰ生싱·ᄋᆡ 福·복·이 쥬❶·의 그에셔 남❷·과 :나·디 바·틔·셔 :남·과 ·ᄀᆞᄐᆞᆯᄊᆡ 福복바·티·라

ᄒᆞ·니·라 須슝達·딿·이 ·이 :말 듣·고 :부텻·긔 發

·벓 心심ᄋᆞᆯ❸ 니ᄅᆞ·와·다 ·언:제 :새어든 부텨

ᄅᆞᆯ ·가·보ᅀᆞ·ᄫᅩ·려 ·뇨❺·ᄒᆞ·더·니 精졍誠쎵·이

·고❹·ᄌᆞᆨ·ᄒᆞ·니 ·밤·누·니 ·번·ᄒᆞ·거·늘 ·길ᄒᆞᆯ ·ᄎᆞ·자

부텻·긔·로 ·가·ᄂᆞᆫ 저·긔 城쎵門몬·애 ·내·ᄃᆞ

·라 하·ᄂᆞᆯ 祭졩·ᄒᆞ·던 ·ᄯᅡᄒᆞᆯ 보·고 절·ᄒᆞ·다·가

1) 쥬의그에셔: 중에게서. 즁+의그에(부사격 조사)+셔(보조사). 평칭의 유정체언과 결합하는 관형격 조사 'ᄋᆡ/의'와 '그에, 게, 거긔'가 결합하여 문법화한 것이 현대국어 부사격 조사 '에게'의 기원이며, 여기에 '이시-+-어(연결어미) →이셔'에서 기원한 조사 '셔'가 결합한 'ᄋᆡ그에셔, ᄋᆡ게셔' 등이 현대국어 '에게서'로 발전하였다.

2) 남과: 나는 것과. 나-+-옴(명사형 어미)+과(접속조사). '나-'처럼 모음 'ㅏ'로 끝나는 용언 어간에 명사형 어미 '-옴'이나 선어말어미 '-오-'가 결합하면 '*나옴'이나 '*나오-'로 실현되지 않고 '남', '나-'로 실현되었다.

3) 니ᄅᆞ와다: 일으켜. 니ᄅᆞ왇-+-아(연결어미). '니ᄅᆞ왇다'는 "일으키다"의 의미를 지닌 동사 '니ᄅᆞ-'에 강세를 표시하는 접미사 '-왇-(〈-받-)'이 결합한 파생동사이다. '니ᄅᆞ다'는 "일어나다"의 의미를 지난 동사 '닐-'에 사동 접미사 '-ᄋᆞ-'가 결합한 것이다.

4) 고ᄌᆞᆨᄒᆞ니: 지극하니. 고ᄌᆞᆨᄒᆞ-+-니(연결어미). '고ᄌᆞᆨᄒᆞ다'는 "지극하다, 골똘하다"의 의미를 지닌 형용사이다.

5) 번ᄒᆞ거늘: 환하거늘. 번ᄒᆞ-+-거늘(연결어미). '번ᄒᆞ다'는 "환하다"의 의미를 지닌 형용사이다. 예 ᄒᆞᆯᄅᆞᆫ 아ᄎᆞ미 서늘ᄒᆞ고 하ᄂᆞᆳ 光明이 믄득 번ᄒᆞ거늘〈월석 2:51〉, 나도 네 물와 다ᄆᆞᆺᄒᆞ야 다 누니 번호라〈두시-초 10:4〉

【참고】 〈월인천강지곡 상:54앞〉

시·니 라羅·한漢:과果ᄅᆞᆯ ·즉卽·ᅀᅵᇙ日·에 ·득得ᄒᆞ·니

끠其ᅙᅵᇙ一·ᄇᆡᆨ百ᄉᆞᆼ四·씹十·바ᇙ八

·샤舍·위衛·귁國 ·슈須·딿達·이 ·빠婆라羅몬門·ᄋᆞᆯ ·브·려 ·아기 아·ᄃᆞᆯ·이 각·시·ᄅᆞᆯ 꾸ᇹ求ᄒᆞ더·니

왕王·샤舍·쎵城 ·ᅘᅩᆼ護미彌 ·빠婆라羅몬門·ᄋᆞᆯ :알·오 ·아기 ·ᄯᆞᆯ·이 ·보布·시施ᄒᆞ·게 ᄒᆞ몬

·니
끠其·ᅙᅵᇙ一·ᄇᆡᆨ百·ᄉᆞ四·씹十:궇九
빠婆라羅몬門·이:말ᄋᆞᆯ·ᅘᅩ護미彌듣·고
ᄭᅵᆺ·거슈須·ᄄᆞᇙ達·이아·ᄃᆞᆯ·ᄋᆞᆯ·ᄯᆞᆯ·ᄋᆞᆯ얼·유·려
터·니
빠婆라羅몬門·이:유무·를슈須·ᄄᆞᇙ達·이
보·고ᄭᅵᆺ·거·ᅘᅩ護미彌·ᄯᆞᆯ·ᄋᆞᆯ·아·ᄃᆞᆯ얼·이·라
가·니

〈월인천강지곡 상:55앞〉

끠其 ·ᅙᅵᇙ一 ·ᄇᆡᆨ百 :ᅌᅩᆼ五 씹十

이바·딜 ᄃᆞᆫ 그 ·ᄠᅳ·들 무·러·늘 무텻 공功

·득德·ᄋᆞᆯ ·ᅘᅩ護·미彌ㄱ ·장 니ᄅᆞ·니

·졩祭 딴壇·ᄋᆞᆯ 보·다·가 제·ᄂᆞᆫ ·이 어·듣거·늘

부텨 공恭 경敬·ᄋᆞᆯ :버·디·다 ·시 ·ᄋᆞᆯ외·니

끠其 ·ᅙᅵᇙ一 ·ᄇᆡᆨ百 :ᅌᅩᆼ五 씹十 ·ᅙᅵᇙ一

슈須 ·땋達·이 :례禮·ᄅᆞᆯ ·ᄆᆞᆯ·라 ᄒᆞᆫ 번·도 아·니

도·라 ·ᄂᆞᆯ ·쪙淨 거居 텬天·이 ᄀᆞ·ᄅᆞ·ᄎᆞ·려 ᄒᆞ

4

두시언해

해 제

≪두시언해杜詩諺解≫는 당나라 두보(杜甫)의 시(詩)에 주석문을 달고 우리말로 번역한 책이다. '두시'는 '분류두공부시(分類杜工部詩)'를 줄인 말인데 두보의 한시를 '기행(紀行)·술회(述懷)·질병(疾病) ……' 등과 같이 주제별로 분류하였기 때문에 '분류'라는 명칭이 들어가 있다. 판심제(版心題) '두시(杜詩)'를 따라 일반적으로 '두시언해'라고 한다. ≪두시언해≫는 성종의 명으로 유윤겸(柳允謙) 등이 1481년(성종 12)에 번역을 완성하여 을해자(乙亥字)로 간행하였고 전 25권으로 구성되어 있다. 수록된 시는 두보의 시 1,451수와 다른 사람의 시 16수를 합하여 총 1,467수이다.

≪두시언해≫는 당시의 다른 언해서들과는 달리, 원문에 구결을 달지 않고, 언해문의 한자에도 한자음을 달지 않았다는 특징이 있다. 그리고 한글 창제 이후 최초의 시가 언해서로서 번역문학의 대표적인 예로 높이 평가되며 방대한 어휘와 다양한 구문을 보여 주고 있어 중세국어 연구 자료로서 매우 가치가 크다.

≪두시언해≫의 초간본은 전체 25권 중 1, 2, 4권이 남아 있지 않은데 1632년(인조 10)에 다시 간행한 중간본 ≪두시언해≫를 통해 그 내용을 확인할 수 있다. 중간본 ≪두시언해≫는 대체로 초간본과 같지만, 초간본의 잘못이 바로잡힌 부분이 있고 'ㅿ', 'ㆁ'이 나타나지 않는다. 그리고 17세기 경상방언을 반영한 어형이 있어 국어음운사 및 방언사 연구에 귀중한 자료가 된다.

이 책에 수록한 부분은 초간본 ≪두시언해≫ 권7의 '江村', 권 10의 '絶句二首', '絶句', '登高', 권 21의 '寄杜位'이다.

히ᄆᆞᅀᆞ매 거리ᄡᅧ시니 劍閣ᄋᆞᆯ 슬노라 [illegible]

雲은 ᄆᆞ合ᄡᅳ드로 琴臺ᄅᆞᆯ 바랫ᄂᆞ니오

師未報收東郡 城闕秋生畫角哀 時예 思明이 陷東郡

ᄒᆞ니라 至德二年에 升成都爲南京故로 云城闕이라 ○ 王師ㅣ 東郡아ᅀᆞ몰 알외디 몯

ᄒᆞ야시니 城闕에 ᄀᆞᅀᆞᆯ히 나거ᄂᆞᆯ 畫角入 소리 슬프도다

江村

清江一曲抱村流 長夏江村事事幽 ᄆᆞᆯᄀᆞᆫ ᄀᆞᄅᆞᇝ ᄒᆞᆫ ❶고

ᄇᆡ ᄆᆞᅀᆞᆯᄒᆞᆯ 아나 ᄒᆞ르ᄂᆞ니 긴 녀ᄅᆞᇝ 江村애 일마다 幽深ᄒᆞ도다 自去自來堂

上燕相親相近水中鷗 ❷절로 가며 ❹절로 ❸오ᄂᆞ닌 집 우흿 져비오 시

1) 고ᄇᆡ: 굽이. '고ᄇᆡ'는 형용사 '곱-'[曲]에 명사파생 접미사 '-ᄋᆡ'가 결합한 것이다. 형용사 '곱-'과 음상 대립을 보이는 형용사 '굽-'에 명사파생 접미사 '-의'가 결합한 '구븨'의 예도 보인다. [예] 묏 시냇 구븨예셔 녀름지ᅀᅵᄒᆞ고 바ᄅᆞᆳ 구루ᇝ ᄀᆞᅀᅵ 病ᄒᆞ야 누엣도다〈두시-초 21:41〉. 중세국어에 나타나는 명사파생 접미사 '-ᄋᆡ/의'는 몇몇 형용사와만 결합하였는데, '노ᄑᆡ, 기픠, 기릐, 너븨, 킈' 등에서 그 예를 볼 수 있다. 한편 중세국어 '고ᄇᆡ'의 현대형 '고비'는 '구븨'의 현대형 '굽이'와 달리 "일이 되어 가는 과정에서 가장 중요한 단계나 대목. 또는 막다른 절정."이라는 추상적 의미로 분화하였다.

2) 절로: 스스로. '自'를 언해한 것이다. 재귀대명사 '저'에 부사격 조사 '로'가 결합한 것인데 다른 일음절 대명사와 '로'가 결합할 때와 마찬가지로 'ㄹ'이 첨가되었다.

3) 오ᄂᆞ닌: 오는 것은. 오-+-ᄂᆞ-(선어말어미)+-ㄴ(관형사형 어미)#이(의존명사)+ㄴ(보조사). 관형절이 의존명사 '이'를 수식하고 있는 구조인데 단어 경계에서도 관형사형 어미 '-ㄴ'이 연철 표기되었다. 아래의 '갓갑ᄂᆞ닌'도 마찬가지이다.

4) 져비오: 제비이고. 져비+ø(서술격 조사)+-오(연결어미). 선행 체언이 모음 'ㅣ'로 끝나 서술격 조사가 'ø'로 실현되었고, 서술격 조사 뒤에서 연결어미 '-고'의 'ㄱ'이 약화되어 '-오'로 나타난 것이다.

르 親ᄒᆞ며 서르❶갓갑ᄂᆞ닌 믌 가온ᄃᆡᆺ ᄀᆞᆯ며기로다

老妻畫紙爲碁局 稚子敲針作釣鉤 늘근 겨지븐 죠ᄒᆡᄅᆞᆯ 그려 쟝긔파ᄂᆞᆯ ᄆᆡᆼᄀᆞᆯ아ᄂᆞᆯ 져믄 아ᄃᆞᄅᆞᆫ 바ᄂᆞᄅᆞᆯ 두드려 고기 ❷낫ᄀᆞᆯ 낙ᄉᆞᆯ ❸ᄆᆡᆼᄀᆞᄂᆞ다

多病所須唯藥物 微軀此外更何求 한 病에 얻고져 ❹ᄒᆞ논 바ᄂᆞᆫ 오직 藥物이니 져구맛 모ᄆᆡ 이 밧긔 다시 므❺스글 求ᄒᆞ리오

一室

一室他鄉遠空林暮景懸 一室은 卽草堂이라 ○ᄒᆞᆫ 지비 다ᄅᆞᆫ ᄀᆞ올히 머니 뷘 수프렛 나죗 ᄒᆡᆺ비치 ᄃᆞᆯ옛도다

正愁聞塞笛獨立見

1) 갓갑ᄂᆞ닌: 가까이하는 것은. 갓갑-+-ᄂᆞ-(선어말어미)+-ㄴ(관형사형 어미)#이(의존명사)+ㄴ(보조사). 여기서 '갓갑-'은 동사와만 결합하여 현재 시제를 표시하는 선어말어미 '-ᄂᆞ-'와 결합한 것으로 보아, "가까이하다"의 의미인 동사로 쓰였음을 알 수 있다.

2) 낛ᄀᆞᆯ 낙술: 낚을 낚시를. 낛-+-ᄋᆞᆯ(관형사형 어미)#낛+ᄋᆞᆯ(목적격 조사). 동사 '낛-'과 명사 '낛'이 대비된다. 이렇게 받침의 차이로 동사와 명사가 구분되는 단어는 이 예가 유일하다. 한편 동사 '낛-'은 '낚-'으로도 나타났다. 현대국어 '낚시'는 명사 '낛'에 다시 접미사 '-이'가 결합한 것이다.

3) ᄆᆡᇰᄀᆞᄂᆞ다: 만든다. ᄆᆡᇰᄀᆞᆯ-+-ᄂᆞ-(선어말어미)+-다(종결어미). 어간말 'ㄹ'이 'ㄴ' 앞에서 탈락되었다.

4) 져구맛: 조그마한. 져구마+ㅅ(관형격 조사). 명사 '져구마'는 기원적으로 단어의 내적 구조가 확실하지 않지만 형용사 '젹-'과 관련된 것으로 추정된다. '져구마, 져구마ᄒᆞ-'와 연관이 있는 '죠고마, 죠고마ᄒᆞ-'도 존재하였다.

5) 므스글: 무엇을. 므슥+을(목적격 조사). 현대국어의 의문대명사 '무엇'과 관련된 중세국어 단어로는 '므슥, 므스, 므슷, 므슴' 등이 있었다. '므슥'은 의문대명사로 사용된 경우만 보이며 주격 조사나 목적격 조사와 통합하지 않는 '므슴'에 비해 격조사와의 통합에 제약이 없다. '므스'는 '무엇'에 해당하는 의문대명사로 사용되었을 뿐만 아니라 '무슨'에 해당하는 관형사로 사용되기도 했다. '므슷'은 항상 명사구 앞에만 나타나므로 이 자체를 관형사로 보기도 하지만, 의문대명사 '므스'의 관형격 조사 'ㅅ'이 통합한 곡용형으로 보는 것이 일반적이다. '므슴'은 의문대명사, 관형사뿐만 아니라, "어찌"의 의미를 가지는 부사로 사용되기도 하였다(예 나ᄆᆞ닐 다시 므슴 펴리오(餘更何申)〈영가 하:128〉). 16세기 말부터는 '므섯'과 '므엇'이 쓰이기 시작했다.

벌에ᄂᆞᆫ 지븨 ᄀᆞᄃᆞ기 셔 노ᄂᆞ다 獨醪誰造汝 一酌散千憂 흐린 수라 뉘 너를 밍ᄀᆞ니오 ᄒᆞᆫ 번 브ᅀᅥ 머구메 즈믄 시르미 흗ᄂᆞ다

絶句二首

遲日江山麗 春風花草香 詩예 春日遲遲라❶ ᄒᆞ다 ○ 긴 ᄒᆡ예 ᄀᆞᄅᆞᆷ과 뫼쾌 빗나니 봆 ᄇᆞᄅᆞ매 곳과 플왜 ❷곳답도다

泥融飛燕子 沙暖睡鴛鴦 ᄒᆞᆯ기 노ᄀᆞ니 져비 ❸ᄂᆞᆯ오 ❹몰애 더우니 鴛鴦이 ᄌᆞ오ᄂᆞ다

江碧鳥逾白 山青花欲燃 ᄀᆞᄅᆞ미 프ᄅᆞ니 새 더욱 ❺ᄒᆡ오 뫼히 ❻퍼러ᄒᆞ니 곳 비치 블 븓ᄂᆞᆫ ᄃᆞᆺ도다

今春看又過 何日是歸年 옰 보

1) ᄀᆞᄅᆞᆷ과 뫼쾌: 강과 산이. ᄀᆞᄅᆞᆷ+과(접속 조사)#뫻+과(접속 조사)+ㅣ(주격 조사). 중세국어에서는 여러 개의 체언이 접속 조사로 연결될 때 마지막 체언에도 '와/과'가 결합한 후 격조사나 보조사가 결합하기도 하였다. 뒤에 보이는 '곶과 플왜'도 마찬가지이다.

2) 곶답도다: 향기롭구나. 곶답-+-도-(선어말어미)+-다(종결어미). '곶답다'는 "향기롭다"의 의미를 지닌 형용사이다. 현대국어의 '꽃답다'는 꽃이 아닌 대상에 대하여 "꽃과 같은 아름다움이 있다"의 뜻으로 사용되는데, 중세국어의 '곶답다'는 "향기롭다"의 의미로 사용되어 차이를 보인다. 접미사 '-답-'은 명사와 결합하여 형용사를 파생하는 기능을 하였다(예 法답다, 禮답다 등).

3) ᄂᆞᆯ오: 날고. ᄂᆞᆯ-(동사)+-오(연결어미). 중세국어에서는 ㄹ이나 반모음 ㅣ로 끝나는 체언이나 용언 어간 뒤에 '과, 곳, 가'나 '-거-, -거늘, -고'처럼 'ㄱ'으로 시작되는 조사나 어미가 결합할 때 'ㄱ'이 약화되어 '와, 옷, 아, -어-, -어늘, -오' 등으로 나타났다.

4) 몰애 더우니: 모래가 따뜻하니. 원문의 '暖'을 '덥다'로 언해하였다. 현대국어에서 '덥다'는 주로 "대기의 기온이 높다"나 "몸에서 땀이 날 만큼 체온이 높은 느낌이 있다"의 의미로 쓰이나, 중세국어에서는 사물의 온도가 높은 경우에도 '덥다'를 자주 사용하였다. 현대국어에서도 '더운밥, 더운물' 등에서 그러한 예를 찾아볼 수 있다.

5) ᄒᆡ오: 희고. ᄒᆡ-+-오(연결어미). 여기에서는 반모음 y로 끝나는 용언 어간 'ᄒᆡ-' 뒤에서 연결어미 '-고'의 ㄱ이 약화되어 '-오'로 나타난 것이다.

6) 퍼러ᄒᆞ니: 퍼러니. 형용사 '퍼러ᄒᆞ다'는 색채 형용사 '프르다'에 강조를 나타내는 '-어ᄒᆞ-'가 결합한 것으로, 현대국어의 '퍼렇다'로 발전하였다. 그런데 '프르-'에 모음 어미가 결합하면 '프르-+-어 → 프르러'와 같이 어간이 '프를-'로 교체되는데, '프르-+-어ᄒᆞ-'는 '*프르러ᄒᆞ-'가 되지 않은 점, 또한 제1음절 모음이 변화하여 '*프러ᄒᆞ-'가 아니라 '퍼러ᄒᆞ-'가 된 점이 특이하다. 이와 동일한 현상으로, '프르-'와 음상 대립을 보이는 'ᄑᆞᄅᆞ-'에 '-아ᄒᆞ-'가 결합한 경우도 '파라ᄒᆞ-'로 나타난다.

미❶·본ᄃᆞᆫ ᄯᅩ :디나·가❷ᄂᆞ·니 어ᄂᆞ·나리·이 :도·라 갈·ᄒᆡ·오

絶句

江邊踏青罷迴首見旌旗 ᄀᆞᄅᆞᇝ ᄀᆞᇫ 새셔 프른 플❸ᄇᆞᆯ·오 ᄆᆞᆯ ᄆᆞᆺ고 머·릴 ❹횟·돌·아 旌旗ᄅᆞᆯ ❺:보·라

風起春城暮高樓鼓角悲 ᄇᆞᄅᆞ·미 니·렛·ᄂᆞᆫ 봆城 ❻나조·ᄒᆡ 노ᄑᆞᆫ 樓에 ·붑·과 吹角ㅅ 소·리 슬프·도·다

即事

暮春三月巫峽長皛皛行雲浮日光 皛ᄂᆞᆫ 胡了反ᄒᆞ니 明也ㅣ라 ○暮春三月에 巫峽이 :기니 皛皛ᄒᆞᆫ ·녀ᄂᆞᆫ ·구루·미 ·횟비·체 ·뼛도·다 雷聲

1) 본ᄃᆡᆫ: (내가) 보니. 보건대. 보-+-오-(선어말어미)+-ㄴᄃᆡᆫ(연결어미). '본ᄃᆡᆫ'의 성조가 '상성 평성'으로 나타났으므로 동사 '보-' 뒤에 화자의 의도 또는 화자가 주어임을 표시하는 선어말어미 '-오-'가 결합하였음을 알 수 있다(선어말어미 '-오-'에 대한 설명 참조).

2) ᄒᆡ오: 해인가? ᄒᆡ[年]+오(보조사). 반모음 y로 끝나는 체언 뒤에서 보조사 '고'의 ㄱ이 약화되어 '오'로 나타난 것이다. 중세국어에서는 체언에 곧바로 조사 '가/고'가 결합하여 의문문을 만들 수 있었다. 여기에서는 설명 의문문이기 때문에 조사 '고'가 쓰였다('중세국어의 의문문'에 대한 설명 참조).

3) ᄇᆞᆯ오ᄆᆞᆯ: 밟음을. ᄇᆞᆯ오-+-옴(명사형 어미)+ᄋᆞᆯ(목적격 조사). 동사 'ᄇᆞᆲ-'이 모음 어미 앞에서 'ᄇᆞᆯ오-'로 어간이 교체되었다. 현대국어의 '밟다'는 규칙용언이지만 중세국어에서는 'ᄇᆞᆲ-~ᄇᆞᇕ-(〉ᄇᆞᆯ오-)'와 같이 어간 교체를 하였다.

4) 횟돌아: 휘돌려. 돌이켜. 횟돌ㅇ-+-아(연결어미). "휘돌리다, 돌이키다"의 의미를 지닌 동사 '횟도ᄅᆞ다'는 모음 어미 앞에서 '횟돌ㅇ-'으로 어간 교체를 하였다. '횟도ᄅᆞ-'는 "휘돌다"의 의미를 지닌 동사 '횟돌-'에 사동 접미사 '-ᄋᆞ-'가 결합한 사동사이다.

5) 보라: 보았다. 보-+-오-(선어말어미)+-라(종결어미). '보-'의 성조가 '상성'으로 나타났으므로 동사 '보-'에 화자의 의도 또는 화자가 주어임을 표시하는 선어말어미 '-오-'가 결합하였음을 알 수 있다. 중세국어에서 동사의 부정법(不定法)은 과거 시제를 나타내므로 '보라'는 "보았다"로 해석된다.

6) 나조ᄒᆡ: 저녁에. 나조ㅎ+ᄋᆡ(부사격 조사). '나조ㅎ'는 중세국어에서 "저녁"을 의미하는 ㅎ 말음 체언이었다. '나죄' 형태도 나타나는데 이는 '나조ㅎ'에 부사격 조사 'ᄋᆡ'가 결합한 '나조ᄒᆡ'로부터 탈락 및 축약을 거친 형태로 추정된다.

〈두시언해 10:35앞〉

ㅣ違背也ㅣ라○匡衡이 抗疏호매 功名이 :엷고 劉向傳經ᄒᆞ야 ᄂᆞᆯ ᄆᆞᅀᆞ·맷 :이리 어·그르·이 ·체·라

同學少年多不賤 五陵衣馬自輕肥 甫ㅣ言少日同學之人이 ᅀᆞ 皆貴顯而嘆其獨不遇時也ㅣ라○ᄒᆞᆫ ·ᄃᆡ셔 ·글 비·호던 져·믄 :사ᄅᆞ·미 :해 賤ᄒᆞ디 아니ᄒᆞ니 五陵에셔 옷과 ᄆᆞᆯ·왜 :제 가·비·야·오·며 ·ᄉᆞᆯ·지·도·다

登高

風急天高猿嘯哀 渚清沙白鳥飛迴 ᄇᆞᄅᆞ미 ᄲᆞᄅᆞ·며 하ᄂᆞᆯ·히 놉·고 ❶나·비 ❷됫ᄑᆞ라·미 슬프·니 믌ᄀᆞᅀᅵ ᄆᆞᆯ·ᄀᆞ며 몰·애 ·ᄒᆡᆫ ᄃᆡ :새 ᄂᆞ·라 도·라오·놋·다

無邊落木蕭蕭下 不盡長江袞袞來 ᄀᆞᆺ 업슨 ·디ᄂᆞᆫ 나:못 니픈 蕭

1) 나ᄇᆡ: 원숭이의. 납+ᄋᆡ(관형격 조사). '납'은 "원숭이"의 옛말이다. 예 납 爲猿〈훈해 용자례〉. 17세기에는 'ᄌᆞᆺ납, ᄌᆞᆫ납'의 형태도 등장한다. 현대국어 일부 방언이나 속담에 남아 있는 '잔나비'는 바로 이 'ᄌᆞᆺ납, ᄌᆞᆫ납'에서 발전한 것이다. 예 믌 출히 ᄆᆞᆯᄀᆞ니 ᄌᆞᆺ나ᄇᆡ 소리 섯겟고〈두시-중 5:36〉, 獼猴 ᄌᆞᆫ납〈동의 1:57〉, 孫行者ᄂᆞᆫ 이 ᄌᆞᆫ납이라〈박통 하:20〉

2) 됫ᄑᆞ라미: 휘파람이. '됫ᄑᆞ람'은 "오랑캐"의 의미를 지닌 명사 '되'와 관형격 조사 'ㅅ', 명사 'ᄑᆞ람'이 결합한 합성어로 추정된다. 'ᄑᆞ람'이 "휘파람"의 의미로 쓰인 예들도 나타난다. 예 나ᄇᆡ ᄑᆞ람 기리 이푸믈 遠近이 다 듣거든〈영가 하:106〉, 嘯 ᄑᆞ람 쇼〈훈몽 하:14〉

〈두시언해 10:35뒤〉

蕭히 ᄂᆞ·리고❶ 다ᄋᆞᇝ 업슨 긴 ᄀᆞᄅᆞ믄 ·니❷ᅀᅥᆷ니ᅀᅥ 오놋다

萬里悲秋常作客 萬里·예 ᄀᆞᅀᆞᆯ·홀 슬❸·허셔 샹녜 나·그내 ᄃᆞ외요니 百年

百年多病獨登臺 ㅅ 한 病·에 ᄒᆞ올로 臺·예 올❹오라

艱難苦恨繁霜鬢潦倒新停濁酒杯 艱難·애 서·리 ᄀᆞᆮᄒᆞᆫ 귀믿터리 어즈러·우믈 심·히 슬·허ᄒᆞ·노·니 늙·고 사오나❺오매 흐❻린 숤盞ᄋᆞᆯ ·새려 머믈·웻노·라

傷秋

林僻來人少山長去鳥微 수프리 幽僻ᄒᆞ니 올 ·사ᄅᆞ·미 :젹고 :뫼히 기니 ·가ᄂᆞᆫ :새 :져거 :뵈ᄂᆞ·다

高秋收畫扇久客掩柴扉 노ᄑᆞᆫ

1) 다ᄋᆞᇙ 업슨: 다함 없는. 끝없는. ‘다ᄋᆞᇙ’은 ‘다ᄋᆞ-+-ᇙ(명사형 어미)’로 분석된다. ‘-ᇙ’은 ‘-ᇐ’과 마찬가지로 ‘-ㄹ’의 이형태로 파악된다. ‘-ㄹ’이 명사형 어미로 쓰인 것은 이전 시기의 용법이 남아 있음을 보여준다. 중세국어에서 ‘-ㄴ, -ㄹ’은 현대국어와 마찬가지로 대개 관형사형 어미로 쓰였으나, 명사형 어미의 기능을 하는 경우도 간혹 보인다. 예 虞芮 質成ᄒᆞᄂᆞ로 方國이 해 모ᄃᆞ나〈용가 11〉, 諫爭ᄒᆞᄂᆞᆫ 벼스리라 通達티 아니ᇙ 아니로소니〈두시-초 19:16〉, 緣ᄋᆞᆯ 조ᄎᆞ며 感애 브트샤미 두루 아니ᄒᆞᇙ 아니ᄒᆞ시나〈금삼 5:10〉

2) 니ᅀᅥᆷ 니ᅀᅥ: 이어서 이어서. 연이어. ᄂᆡᇫ-+-어(연결어미)+ㅁ(보조사)#ᄂᆡᇫ-+-어(연결어미). 동사 ‘잇다’의 옛말인 ‘닛다’는 모음 어미 앞에서는 ‘ᄂᆡᇫ-’으로 교체되었다. 중세국어에서는 연결어미 ‘-고, -어/아, -며’ 뒤에 보조사 ‘ㄱ, ㅁ, ㆁ’이 결합한 ‘-곡, -곰, -약, -엄, -몡’ 등의 형태를 볼 수 있다. 예 너희 出家ᄒᆞ거든 날 ᄇᆞ리곡 머리 가디 말라〈석상 11:37〉, ᄒᆞᆫ 부체ᄅᆞᆯ 다ᄃᆞ니 ᄒᆞᆫ 부체 열이곰 ᄒᆞᆯ씨〈월석 7:9〉, 工夫ᄅᆞᆯ ᄒᆞ약 ᄆᆞᅀᆞᄆᆞᆯ 뼈 話頭ᄅᆞᆯ 擧티 아니ᄒᆞ야도〈몽법 4〉, 더운 차로 머구ᄃᆡ 虛實을 혜오 時刻 혜디 마라 더으몡 더러 머그라〈구급방 상:70〉. 이들 보조사는 체언 뒤에는 쓰이지 않고 연결어미 뒤에만 쓰인다는 특징이 있었다.

3) 슬허셔: 슬퍼하여서. 슳-+-어셔(연결어미). ‘슳다’는 “슬퍼하다”의 의미를 지닌 동사이다. ‘슳-’에 형용사 파생 접미사 ‘-브-’가 결합한 것이 ‘슬프다’이다.

4) 올오라: 올랐다. 올ㅇ-(동사)+-오-(선어말어미)+-다(종결어미). 중세국어에서 동사의 부정법(不定法)은 과거 시제를 나타내므로 ‘올오라’는 ‘올랐다’로 해석된다. 동사 ‘오ᄅᆞ-’는 모음 어미 앞에서 ‘올ㅇ-’으로 이형태 교체를 보였는데, 16세기부터는 ‘오ᄅᆞ-~올ㄹ-’로 교체된 예들이 나타나기 시작한다.

5) 새려: 새로. 중세국어에서는 “새로”의 의미를 지닌 부사로 ‘새’, ‘새려’, ‘새로’가 공존하였다.

6) 머믈웻노라: (술잔을) 머물게 하여 있노라. (술잔을 들고) 머뭇거리고 있다. 머믈우-+-엣-+-ᄂᆞ-(선어말어미)+-오-(선어말어미)+-라(종결어미). ‘-엣-’은 ‘-어(연결어미)#잇-’이 축약된 형태이다. ‘머믈우다’는 동사 ‘머믈-’에 사동 접미사 ‘-우-’가 결합한 사동사이다.

仍分袂江邊更轉蓬 歲晩애 지즈로 ᄉᆞ매ᄅᆞᆯ 여희요니 ᄀᆞᄅᆞᇝᄀᆞᅀᆡ ᄯᅩ 다봇 올마ᄃᆞᆫ니ᄃᆞᆺ 호라

勿云俱異域飮啄幾回同 異域은 他鄕也ㅣ라 ○ 다ᄅᆞᆫ 짜해 왯노라 니ᄅᆞ디 말라 마시며 딕머구믈 멋 디위ᄅᆞᆯ ᄒᆞᆫ듸셔 ᄒᆞᄂᆞ뇨

寄杜位

寒日經簷短窮猿失木悲 下句ᄂᆞᆫ ❶甫ㅣ 自興ᄒᆞ다 ○ 치운 ᄒᆡᄂᆞᆫ ❷집 기슭그로 디나 ❸뎌ᄅᆞ니 窮困ᄒᆞᆫ ❹나ᄇᆞᆫ ❺남ᄀᆞᆯ 일코 ❻슬ᄂᆞᆺ다

峽中爲客恨江上憶君時 峽中에 나그내 ᄃᆞ외야셔 슬후미 여ᄀᆞᄅᆞᆷ 우희셔 ❼그듸ᄅᆞᆯ ❽ᄉᆞ랑ᄒᆞᄂᆞᆫ

1) 치운: 추운. 치우-+-ㄴ(관형사형 어미). '칩다'는 '춥다'의 옛말로, 모음 어미나 매개모음을 갖는 어미 앞에서는 '치우-'로 어간이 교체되었다.

2) 집기슬그로: 처맛기슭으로. 지붕의 가장자리로. 집기슭+으로(부사격 조사).

3) 뎌ᄅᆞ니: 짧으니. 뎌ᄅᆞ-+-니(연결어미). '뎌ᄅᆞ다'는 '짧다'의 옛말로, 어간 내부에서 모음조화를 지킨 '뎌르다' 형태가 더 일반적이었다. 모음 어미 앞에서는 '뎔ㅇ-'로 교체되었다. 근대국어 시기에 ㄷ구개음화를 거쳐 '져르다'가 되고 '졃다'를 거쳐 현대국어의 '짧다'로 발전하였다.

4) 나ᄇᆞᆫ: 원숭이는. 납+ᄋᆞᆫ(보조사). '납'은 '원숭이'의 옛말이다.

5) 남ᄀᆞᆯ: 나무를. 남ㄱ+ᄋᆞᆯ(목적격 조사). '나무'의 옛말인 '나모'는 '이, ᄋᆞᆯ, ᄋᆞ로, ᄋᆡ, ᄋᆞᆫ' 등 모음으로 시작하는 조사 앞에서는 '남기, 남ᄀᆞᆯ, 남ᄀᆞ로, 남ᄀᆡ, 남ᄀᆞᆫ' 등과 같이 '남ㄱ'으로, 'ㅅ', '도' 등 자음으로 시작하는 조사 앞이나 접속 조사 '와' 앞에서, 그리고 단독으로 쓰일 때에는 '나못, 나모도, 나모와, 나모' 등과 같이 '나모'로 어간 교체를 하였다(이에 대해서는 '체언의 비자동적 교체'를 참조).

6) 슬놋다: 슬퍼하는구나. 슳-+-ᄂᆞ-(선어말어미)+-옷-(선어말어미)+-다(종결어미). '슳다'는 '슬퍼하다'의 의미를 지닌 동사로, 선어말어미 '-ᄂᆞ-' 앞에서 어간말의 'ㅎ'이 탈락하였다.

7) 그듸: 그대. 15세기 국어에서는 이인칭 대명사로 '너'와 '그ᄃᆡ/그듸'가 존재하였는데, '그ᄃᆡ/그듸'는 '너'보다 청자를 한층 높이는 것이었다. 16세기에는 이인칭 대명사 '자내'도 쓰이게 되었다.

8) ᄉᆞ랑ᄒᆞᄂᆞᆫ: 생각하는. ᄉᆞ랑ᄒᆞ-+-ᄂᆞ-(선어말어미)+-ㄴ(관형사형 어미). 중세국어에서 'ᄉᆞ랑ᄒᆞ다'는 "생각하다"와 "좋아하다"의 의미를 모두 지니고 있었는데, 점차 "좋아하다"의 의미로만 쓰이게 되었다. 여기서는 "생각하다"의 의미로서 원문의 '億'을 언해하는 데 쓰였다.

〈두시언해 21:32뒤〉

·①ᄢᅴ로·다 天地身何往風塵病敢辭 天地ㅅ ᄉᆞᅀᅵ·예 ·모미 ②어·드
러 가·리오 風塵에 病·을 敢·히 ③마·라리·아 封書數行淚霑酒裹新
詩 ·글 封ᄒᆞ·고 :두서 ·ᄌᆞᆯ 눉·므·를 ᄲᅳ·려 ④·새 ·그·레 저·지·노·라

寄杜位

近聞寬法離新州想見歸懷尚百憂 新州ᄂᆞᆫ 屬廣南
ᄒᆞ니 位ㅣ 謫新州러·니 朝廷이 量移近郡而 已오 未放還故鄕ᄒᆞᆯᄉᆡ 猶有憂也ㅣ니라 ○
어·윈 法으로 新州ᄅᆞᆯ 여·희요·ᄆᆞᆯ 요ᄉᆞ·ᅀᅵ·예 듣·노니 도라올 ᄠᅳ데 ·오히·려 ·온 가·짓 시·르믈 ·ᄉᆞ
처 보노·라 逐客雖皆萬里去悲君已是十年流 :내ᄧᅩ

1) ᄢᅵ로다: 때로다. ᄢᅵ+ø(서술격 조사)+-로-(선어말어미)+-다(종결어미). 'ᄢᅵ'는 "때"를 의미하는 명사로 현대국어에서 "밥 한 끼"의 '끼'는 여기에서 기원한 것이다. 같은 의미를 지닌 명사로 'ᄣᅳ'도 나타나고(예 밤 낫 여슷 ᄣᅳ로 뎌 藥師瑠璃光如來ᄅᆞᆯ 저ᅀᆞ바 供養ᄒᆞᅀᆞᆸ고〈석상 9:32〉), 'ᄣᅴ'도 보인다(예 그 ᄣᅴ 太子ㅅ 나히 漸漸 ᄌᆞ라거시ᄂᆞᆯ〈석상 3:5〉). 'ᄣᅴ'는 기원적으로 'ᄣᅳ'에 부사격 조사 '의'가 결합한 형태로 추정된다.

2) 어드러: 어디로. '어드러'는 그 자체가 "어디로"의 의미를 지니지만, 여기에 다시 부사격 조사인 '로', '셔'가 결합한 '어드러로, 어드러셔'도 나타난다. 예 十月에 ᄆᆞᆯᄀᆞᆫ 서리 하거든 불여 어드러로 갈고〈두시-초 17:38〉, 횟도로 흐르ᄂᆞᆫ 므른 어드러셔 드러오ᄂᆞ뇨〈두시-초 15:47〉. 한편 현대국어 '어디'의 옛말인 '어듸'에 부사격 조사 '로'가 결합한 예는 드물게 나타난다. 예 슬피 우러 어듸로 가ᄂᆞ니오〈두시-초 9:33〉

3) 마라리아: 사양하랴? 말-+-아-(선어말어미)+-리아(종결어미). 중세국어에서 동사 '말다'는 금지를 나타내는 보조동사로 쓰일 뿐만 아니라 "그만두다, 이별하다, 사양하다"의 의미를 지닌 본동사로도 쓰였다. 여기에서는 원문의 '病敢辭'를 '病을 敢히 마라리아'로 언해하였는데, 이때 '말다'는 "사양하다"의 의미로 쓰인 것이다.

4) 새 그레 저지노라: 새 글을 젖게 하노라. 적시노라. 저지-+-ᄂᆞ-(선어말어미)+-오-(선어말어미)+-라(종결어미). '저지-'는 동사 '젖-'에 사동 접미사 '-이-'가 결합한 사동사이다. '저지다'의 대상은 대개 목적어로 나타났으나(예 므리 바ᄐᆞᆯ 저져 草木이 生長ᄏᆞᆺ ᄒᆞ니라〈능엄 8:86〉, 서리와 이슬로 ᄒᆡ여 사ᄅᆞᄆᆡ 오ᄉᆞᆯ 저지게 마롤 디니라〈두시-초 15:44〉), 여기서처럼 대상이 부사어로 나타난 예도 드물게 보인다. 예 八教ᄅᆞᆯ 너비 부르샤 六合애 저지시며 十方애 저지샤〈월석 서:7〉

5

번역박통사

해 제

≪번역박통사飜譯朴通事≫는 16세기 초 조선 중종 때(1517년 이전) 최세진(崔世珍)이 중국어 학습서인 ≪박통사朴通事≫의 원문 한자에 한글로 중국어의 정음과 속음을 달고 번역한 책이다. 책 제목에서 '통사(通事)'는 "통역관"의 뜻이므로 '박통사'는 "박씨 성을 가진 통역관" 정도의 뜻이다. ≪박통사朴通事≫의 원문은 누가 언제 지은 것인지 알려져 있지 않으나, 중국어 학습서로 사용된 ≪노걸대老乞大≫와 함께 고려 말기에 지어진 것으로 추정되며 원문은 원나라 말기와 명나라 초기의 일상 언어를 반영하는 것으로 볼 수 있다.

책의 내용은 중국인의 생활 풍습과 제도 등에 관한 문답을 모은 것이다. 원간본은 을해자 간본으로 상 · 중 · 하 3권 3책으로 간행되었을 것으로 보이나 현재 상권 1책만이 전한다. ≪번역노걸대≫와 함께 국어사 자료에서 드물게 보이는 대화체 자료로서 가치가 크다. 그리고 동일 원문을 시기를 달리하여 언해한 ≪박통사언해朴通事諺解≫ 등의 비교를 통해서 국어 변화를 연구하는 데도 매우 귀중한 자료가 된다.

≪박통사언해≫는 1677년(숙종 3)에 사역원에서 중국어 학습서 ≪박통사≫를 언해하여 간행하였으며 최세진의 ≪노박집람老朴集覽≫ 중 ≪박통사집람≫을 해당 구절의 주석으로 넣고, ≪노걸대집람≫과 ≪단자해單字解≫를 부록으로 하였다. 한편 1765년(영조 41)에 한문본 ≪박통사≫의 중국어가 당시 사용하기에 맞지 않아 내용을 수정하여 ≪박통사신석朴通事新釋≫ 1권을 만들면서 이를 언해한 ≪박통사신석언해朴通事新釋諺解≫를 평안 감영에서 3권 3책으로 간행하였다.

여기에서는 양가죽[전피(猠皮)] 매매 및 흥정 과정에서 이루어지는 대화가 나오는 부분을 소개하였다. 그리고 이에 해당하는 ≪박통사언해≫ 부분을 참고로 제시하였다.

닷고 복을 무ᄡᅥ 나오나 因인힌 此ᄎᆞᄎᆞ 上샹ᄽᅣᇰ ○ 이런 젼ᄎᆞ로 今긴긴 世시ᄾᅵ

裏리리 那나나 般번번 得듸듸 自ᄌᆞᄌᆞ 在재째 ○ 이싱애 더러ᄃᆞ 시편안이 됴하

잇ᄂᆞ니 易이잉 經깅깅 云윤윤 積지징 善션쎤 之ᄌᆞᄌᆞ 家갸갸 ○ 쥬역에 닐

어쇼ᄃᆡ 됴흔 열만 히 무ᄡᅥ난 자븐 必비빙 有우임 餘유유 慶킹킹 ○ 반ᄃᆞ시 기틴 경

시 잇ᄂᆞ니라

店뎐뎐 裏리리 買매매 獨뎐뎐 皮피삐 去큐큐 來레래 ○ 뎜에 뎐피❶ ❷사라 가져

那나나 箇거거 店뎐뎐 裏리리 去큐큐 ○ 어느 뎜에 가료 山산산 西시시 店

뎐뎐 裏리리 去큐큐 ○ 산셔뎜 예 가져 買매매 獨뎐뎐 皮피삐 做주주 甚슴씸

麼마마 ○ 뎐피 사 므❸슴 ᄒᆞ려 ᄒᆞ❹ᄂᆞᆫ다 做주주 坐조쭤 褥수숭 皮피삐 搭다당 連

1) 뎐피: 전피(獭皮). 양가죽

2) 사라 가져: 사러 가자. 사-+-라(연결어미)#가-+-져(종결어미). 연결어미 '-라'는 동작의 목적을 나타내는 연결어미로 현대국어에서는 '-러'로 변화하였다. '-져'는 ᄒᆞ라체 청유형 종결어미이다.

3) 므슴호려: 무엇하려. 므슴ᄒᆞ-+-오려(연결어미). 중세국어에서 "무엇"에 해당하는 의문대명사 '므슥'과는 달리 '므슴'에는 'ᄒᆞ-'가 결합 할 수 있었다. '-오려'는 의도나 바람을 나타내는 연결어미로 현대국어에서는 '오'가 빠진 '-(으)려'로 변화하였다.

4) ᄒᆞᄂᆞᆫ다: 하느냐. ᄒᆞ-+-ᄂᆞ-(선어말어미)+-ㄴ다(종결어미). '-ㄴ다'는 ᄒᆞ라체 의문형 종결어미로, 주어가 이인칭(청자)일 때 쓰였다(중세국어의 의문문에 대한 설명 참고).

〈번역박통사 상:31뒤〉

朴通事上 三十一

련:련 ○ 나아 ·개잣 ·호·재 리·와 ·라:걸 남 這 ·져·져 兩 :량량 件 :견견 東 둥둥 西 시·시 做

주·추 時 :쏘:스 ○ ·슬·이 뭥:두 ·길가 면·짓 거 使 ·소:스 的 ·딩디 六 ·룽·루 箇 ·거·거 㹠 ·뎐·뎐

皮 ·삐:피 ○ ·쁘:뎐 ·리피 로여 ·다스 ·슬 賣 ·매·매 㹠 ·뎐·뎐 皮 ·삐:피 的 ·딩디 ○ ·뿔뎐[2] ·리피

·야 好 :항화 㹠 ·뎐뎐 皮 ·삐:피 有 :잉위 麽 마:마 ○ 잇:됴 느혼 ·녀:뎐 피 那 나나 裏

:라리 將 장·장 不 ·불·부 好 :항·한 的 ·딩·디 來 래:레 ○ ·오어 ·니디 가·가 ·져사[3] 오·오 ·료나 都

두·두 是 :쏘·스 好 :항화 的 ·딩·디 ○ ·니:다 ·라:됴 ·ᄒᆞ 伱 :니니 要 ·향·얀 幾 :기기 箇 ·거거

○ ·며:네 ·ᄒᆞ며 는·츨 ·다:호 要 ·향·얀 六 ·룽·루 箇 ·거거 ○ ·려여 ·ᄒᆞ스 ·노·슬 ·라:호 這 ·져져 六

·룽루 箇 ·거거 商 샹·샹 量 량:량 價 ·갸·갸 錢 쪈·쳔 者 :쪄:죠 ○ :혜·이 ·아여 리·스 ·져·슬 ·갑

伱 :니니 說 ·숴·쉬 都 두·두 是 :쏘·스 好 :항·한 的 ·딩·디 ○ ·ᄒᆞ:네 니닐 ·라·오 ·ᄒᆞ·ᄃᆡ 더:다 ·니:됴

1) 아잣쌔와 걸남나개 호리라: 깔개와 가죽 걸낭을 만들 것이다. ≪박통사언해≫에서는 '아답개와 가족대련을 ᄆᆡᆼ들려 ᄒᆞ노라'로 표현되었다. 'ᄒᆞ-'는 이 문헌에서 문맥에 따라 "만들다, 사다" 등의 뜻을 갖는 동사를 대신하여 많이 쓰이고 있다.

2) ᄑᆞᆯ리야: 파는 사람아. 팔-+-ㄹ(관형사형 어미)#이(의존명사)+야(호격 조사). 이곳의 관형사형 어미 '-ㄹ'은 '-ㄴ'과 시제 대립을 가지지 않는 것으로 한자의 훈에 사용되는 관형사형 어미와 같은 것이다. 어간 말음이 'ㄹ'인 동사에 관형사형 어미 '-ㄹ'이 통합하면 어간의 'ㄹ'이 탈락하므로 이곳의 '리'에서 'ㄹ'은 관형사형 어미 '-ㄹ'과 의존명사 '이' 사이에서 'ㄹ'이 중복 표기된 것으로 보아야 한다.

3) 사오나오니: 좋지 않은 것. 사오나오-+-ㄴ(관형사형 어미)#이(의존명사). 중세국어 '사오납-/사오나오-'는 "거칠고 나쁘다"의 의미와 "모질고 억세다"의 의미를 지니고 있었는데 여기서는 전자의 의미로 쓰였다.

〈번역박통사 상:32앞〉

怎즘좀 麼마마 無우우 一힝이 箇거거 中즁즁 使ᄉᆞᄉᆞ 的딩디 ○ 엇디 ᄒᆞ나

토 ᄡᅳ매 마ᄌᆞ니 업스뇨❶ 十씨시 箇거거 指즈즈 頭뜰투 ○ 열 손가락도 也여여

有잉우 長쨩챵 的딩디 短뒨된 的딩디 ○ 또 기니 뎌르니 잇ᄂᆞ니 有잉우 的

딩디 是쓰ᄉᆞ 独뚜두 皮삐피 裏리리 ○ 잇❷ 뎌 피ᄀᆞ 예 져 你니니 自쯔ᄌᆞ 揀견견

着쨯죠 要향얀 ○ 네 ᄀᆞᆯ ᄒᆡ 야 這져져 一힝이 等등등 花화화 兒ᅀᅳᅀᅵ

的딩디 怎즘좀 麼마마 賣매매 ○ 이 ᄒᆞᆫ 등엣 고ᄌᆞᆫ❸ 소홈 그 고 나

勻윤윤 大따다 的딩디 ○ 예 ᄀᆞ 이 뎌 여 엿 나 ᄉᆞ 됴 니 예 낫 每

一힝이 箇거거 討탐토 五우우 錢쪈쳔 銀인인 子쯔ᄌᆞ ○ ᄆᆡ 이 ᄒᆞ나 닷 돈

老랖랖 實씽시 價갸갸 錢쪈쳔 ○ 은 ᄇᆞᄅᆞᆫ 마ᄅᆞᆫ 고디❹ 갑시 ᄉᆞᆫ 四ᄉᆞᄉᆞ 錢

1) ᄡᅮ매 마ᄌᆞ니: 쓰기에 알맞은 것이. 쓸 만한 것이. ᄡᅳ-+-움(명사형 어미)+애(부사격 조사)#맞-+-ᄋᆞᆫ(관형사형 어미)+이(의존명사)+ø(주격 조사).

2) 잇ᄀᆞ졋: 많은. 원문의 '有的是'를 언해한 것이다. 기원적으로 '이(대명사)+ㅅ(관형격 조사)#ᄀᆞ지+예(부사격 조사)+ㅅ(관형격 조사)'의 구조를 가졌을 것으로 추정된다. 관련된 형태로 '잇ᄀᆞ장', '잇ᄀᆞᆺ', '잇ᄀᆞ지' 등이 있다.

3) 소홈: 원문의 '花兒'에 대응한다. 중세국어 '소홈'은 보통 "소름"의 의미로 사용되었는데 이곳의 '소홈'은 "가죽의 돋은 부분" 정도의 의미로 파악된다.

4) 고디시근: 실제의. 고디식-+-은(관형사형 어미). 여기서 '고디식-'은 주로 '眞實'을 언해하는 데 사용되며 "꾸밈이 없고 진실하다"의 의미이다. '고디싁-', '고디식ᄒᆞ-'로도 나타났다. 예 이 사ᄅᆞᄆᆞᆫ ᄆᆞᅀᆞ미 <u>고디싁고</u> 正憶念이 이시며〈석상 21:61〉, <u>고디식ᄒᆞ니</u> 유신ᄒᆞ니 듣본 일 하닐 벋ᄒᆞ면 유익ᄒᆞ고〈정속 15〉. 현대국어의 '고지식하다'는 "성질이 외곬으로 곧아 융통성이 없다"의 의미로 변하였다.

〈번역박통사 상:32뒤〉

一箇家將去麼 ○ 네 돈애 ᄒᆞ나식 가져가라

你來 ○ 이바 我說與你 ○ 내 너ᄃᆞ려 닐오마

無來由胡討價錢怎麼 ○

속절업시 간❶대로 갑❷슬 ᄢᅴ와 므슴홀다 三錢一箇家買

你的 ○ ❸세 돈애 ᄒᆞ나식 네 ᄒᆞ를 사리라 罷罷 ○ 두워

將銀子來看 ○ 은 가져오라 보자 六箇

典皮 ○ 여ᄉᆞᆺ 낫 뎐피예 每一箇三錢家

算時 ○ ᄆᆡ ᄒᆞ나치 세 돈식 혜면 通該一兩

八錢 ○ ❹대도히 ᄒᆞᆫ 량 여듧 돈이로다 我的都是

1) 간대로: 함부로. '간대'는 'ᄯᅩ 世間앳 邪魔外道앳 妖怪ᄅᆞᄫᆡᆫ 스스을 信ᄒᆞ야 간대옛 禍福ᄋᆞᆯ 닐어든〈석상 9:36〉'에서 알 수 있듯이 "망령", "미혹" 등의 의미를 가지는 명사이다. 여기에 부사격 조사 '로'가 결합한 부사어 '간대로'가 부사로 굳어진 것이다.

2) 갑슬 ᄭᅬ와: 값을 불러. '討價錢'를 언해한 것으로 'ᄭᅬ오-'는 "호가(呼價)하다"의 의미이다. 한편 "꾀다, 유혹하다"의 뜻을 갖는 단어는 중세국어에서 'ᄭᅬ-'였는데 후대에 'ᄭᅬ오-'로도 나타난다.

3) 네 하를: 네 것을. '하'는 "것"을 뜻하는 의존명사로 주로 인칭대명사의 관형격 형태 뒤에 나타난다. 현대국어에서도 같은 환경에서 같은 의미로 사용되는데 형태는 '해'로 변하였다.

4) 대도히: 모두. 통틀어. '대도(大都)히'는 '대도ᄒᆞᆫ디', '대되' 등으로도 나타난다.

細 시·시 絲 ᄉᆞ ᄉᆞ 官 권·권 銀 인:인 ○ 내·해 다 :실 ᄀ·는 구❶·의 나 ·긷 ·시 :픈 ·은 ·이 ·니 每 :믜 믜

一 ·힝·이 兩 :량:량 傾 킹·킹 白 ·삥:버 臉 :련 련 銀 인:인 子 :ᄌᆞ ᄌᆞ ○ ·미 ᄒᆞᆫ 량·의 ❷ᄂᆞᆺ 조ᄒᆞᆫ 은

·을 ᄃᆞ 틔 우·면 出 츙 츄 一 ·힝·이 錢 쪈:쳔 裏 :리 리 ○ ᄒᆞᆫ 돈 식 나 ·리 ·라 罷 ·빠·바 罷 ·빠·바

我 :어 오 知 징·지 道 ·땋 ·닾 ○ ·두 ❸위 ·두 ·위 ·내 :알 ·와 :라 出 ·츙 츄 饋 :귀 귀 你 :니 니 一 ·힝·이

錢 쪈:쳔 八 ·빵:바 分 ·뿐 ·분 銀 인:인 子 :ᄌᆞ ᄌᆞ ○ 너 ·를 ᄒᆞᆫ 돈 여 ·ᄃᆞᆲ 픈 ·은 ·을 내 ·여 :주 ·마 咳

·캐·해 你 :니 니 忒 ·퉁 ·티 細 ·시 ·시 詳 썅 샹 ○ ·해 :네 너 므 ᄎᆞᆫ ᄎᆞᆫ ᄒᆞ ·다 覓 ·믱 ·미 得 ·딍 ·디 高

·강 ·고 麗 리 :리 錢 쪈 쳔 ○ ·고 렷 쳔 :어 ·뎌 ·사 大 ·따 ·다 快 ·쾌 ·쾌 三 산 산 十 ·씽 ·시 年 년 년

○ 셜 흔 ·히 ·를 ·츨 가 ·려

李 리 리 小 :ᄉᆞᇢ :샾 兒 ᅀᆞ ·ᅀᆞ 那 ·나 ·나 廝 ᄉᆞ ᄉᆞ ○ :니 ·쇼 ·쉬 ·라 ·ᄒᆞ ·논 ·뎌 ·노 ·ᄆᆞᆯ 這 ·져 ·져 兩

1) 구의나깃 시픈 은이니: 원문의 '官銀'을 언해한 것으로 "관청에서 제조한 최상 등급 은이니" 정도의 의미이다. '구의나깃'에서 '구의'는 '그위', '구위'로도 나타나며 "관청"의 의미를 가지고 '나기'는 현대국어 접미사 '-내기'의 옛말이다. '구의나기'에 관형격 조사 'ㅅ'이 통합하여 '시픈 은'을 수식한다. '시픈'은 '十分'의 한글 표기로 황금 등의 품질을 10등급으로 나누었을 때 가장 높은 등급을 나타내는 "십성(十成)"을 나타낸다.

2) ᄂᆞᄌᆞᆫ 은을 드틔우면: (세사관은을) 낮은 등급의 은으로 떨어뜨리면. 'ᄂᆞᄌᆞᆨᄒᆞ-'는 이 시기 문헌에 "나직하다"의 의미를 가지는 'ᄂᆞᄌᆞᆨᄒᆞ-'와 같이 나타난다. '드틔우-'는 '傾'을 언해한 것인데 문맥상 "(질을) 떨어뜨리다"의 의미를 가진다. '드틔우-'가 이 예에서만 나타나기 때문에 "디디다"의 의미를 가지는 중세국어의 '드티다'나 "틈을 내다", "미루다"의 의미를 가지는 현대국어의 '드티다' 등과 어떤 관련을 가지고 있는지 설명하기 어렵다.

3) 알와라: 알았다. 알-+-거-(선어말어미)+-오-(선어말어미)+-라(종결어미). 화자의 주관적 믿음을 나타내는(확인법) 선어말어미 '-거/ 어-'에 선어말어미 '-오/우-'가 결합한 형태가 '-과-'로 실현되었는데 여기서는 어간말음 'ㄹ' 뒤에서 'ㄱ'이 약화되어 '-와-'로 나타났다. '-거/어-'와 '-오-'가 결합한 형태가 평서형 종결어미 앞에서는 '-과라', '-과소라', '-과이다' 등과 같이 '-과-'로 나타났으나, 다른 어말어미 앞에서는 '-가니, -가니와, -간마ᄅᆞᆫ', '-가니오, -가뇨' 등과 같이 '-가-'로 나타났다.

【참고】 〈박통사언해 상:29앞〉

즈즈 家 갸갸 必 삐비 有 잏우 餘 유유 慶 킹킹 ○ 積善ᄒᆞᆫ 집은 반ᄃᆞ시 餘慶이 잇다 ᄒᆞ니라

店 뎐뎐 裏 리리 買 매매 獺 뎐뎐 皮 삐피 去 큐큐 來 래레 ○ 店에 獺皮 사라 가쟈 ○ 店 停物

貨賣之舍 客商往來者多寓之 官所營建收稅者曰官店 獺皮 質問云 羊皮去毛熟軟有鬃眼作靴好者 今按

獺字韻書不收 字義未詳 那 나나 箇 거거 店 뎐뎐 裏 리리 去 큐큐 ○ 어니 店에 가료 山 산산

西 시시 店 뎐뎐 裏 리리 去 큐큐 ○ 山西店에 가쟈 買 매매 獺 뎐뎐 皮 삐피 做 주주 甚

씸숨 麽 마마 ○ 獺皮 사 므섯 ᄒᆞ려 ᄒᆞᄂᆞᆫ다 做 주주 坐 쭤조 褥 숳우 皮 삐피 搭 다다 連 련련

○ 아답개와 가족 대련을 ᄆᆡᆫ들려 ᄒᆞ노라 這 져져 兩 량량 件 견견 東 둥둥 西 시시 做 주주

時 쓰스 ○ 이 두 가짓 거슬 ᄆᆡᆫ돌려 ᄒᆞ면 使 쓰스 的 딩디 六 룽루 箇 거거 獺 뎐뎐 皮 삐피

○ 여ᄉᆞᆺ 獺皮롤 쓰리로다 賣 매매 獺 뎐뎐 皮 삐피 的 딩디 好 항핳 獺 뎐뎐 皮 삐피 有

잏우 麽 마마 ○ 獺皮 ᄑᆞᄂᆞᆫ 니아 됴ᄒᆞᆫ 獺皮 잇ᄂᆞ냐 那 나나 裏 리리 將 쟝쟝 不 붕부 好 항핳

的 딩디 來 래레 ○ 어디 됴티 아니니롤 가져오리오 都 두두 是 쓰스 好 항핳 的 딩디 ○

흔다 이이 라됴 伱니니 要햫얀 幾기기 箇거거 ○ 고비 져몃 흐치 논나 다흐 要햫얀 六륙릭

箇거거 ○ 져여 흐슷 노슬 라흐 고 這져져 六륙릭 箇거거 商샹샹 量량량 價갸갸 錢

쩐쳔 着쟣죠 ○ 헤이 아여 리슷 자갑 슬 伱니니 說쉏쉬 都두두 是씃스 好함핲 的딍디

○ 됴네 타블 흐고 더티 니다 이 怎즘즘 麽마마 沒뭉무 一힝이 箇거거 中중즁 使승스

的딍디 ○ 즈엇 흐디 니흐 업나 누토 됴뱀 十씹시 箇거거 指죵즈 頭뜰투 也여여 有잏우

長쨩창 的딍디 短됟된 的딍디 ○ 뎌열 ᄅ손 니가 잇락 누도 니기 니 有잏우 的딍디 是

쏭스 獭텬텬 皮삐피 裏리리 ○ 獭잇 皮거 에져 흔 伱니니 自쪼즈 揀견견 着쟣죠 要

햫얀 ○ 히네 여손 사즈 라글 這져져 一힝이 等등등 花화화 兒숭올 勻윤윤 大따다 的

딍디 ○ 고이 로흔 고가 크지 니소 롤흠 怎즘즘 麽마마 賣매매 ○ 폴엇 다디 這져져 六륙릭

箇거거 大따다 的딍디 ○ 크이 니여 예슷 每믜믜 一힝이 箇거거 討탈탈 五우우 錢

쩐쳔 銀인인 子즈즈 ○ 을미 씨흐 오나 려히 니닷 와돈 은 老랄랖 實씽시 價갸갸 錢쩐쳔

〈박통사언해 상:30앞〉

○고디식ᄒᆞᆫ갑슨 四ᄉᆞ스 錢쪈쳔 一ᅙᅵᆼ이 箇거거 家갸갸 將쟝쟝 去큐큐 麼마마 ○
너 돈에 ᄒᆞ나식 ᄒᆞ여 가져갈다 你니니 來래레 ○ 이바 我어오 說쉉숴 與유유 你니니 ○
내 너ᄃᆞ려 니ᄅᆞ마 沒뭉무 來래레 由잉우 胡ᅘᅮ후 討탕탄 價갸갸 錢쪈쳔 怎즘즘 麼
마마 ○ 쇽졀업시 간대로 갑ᄉᆞᆯ ᄡᅵ옴은 엇디오 三산산 錢쪈쳔 一ᅙᅵᆼ이 箇거거 家갸갸 買
매매 你니니 的ᄃᆡᆼ디 ○ 서 돈에 ᄒᆞ나직ᄒᆞ여 네 하롤 사쟈 罷빠바 罷빠바 將쟝쟝 銀ᅙᅵᆫ인
子ᄌᆞ즈 來래레 看칸칸 ○ 두어두어 銀 가져오라 보쟈 六륙루 箇거거 獭텬텬 皮삐피
每믜믜 一ᅙᅵᆼ이 箇거거 三산산 錢쪈쳔 家갸갸 筭숸숸 時ᄊᆞ스 ○ 여ᄉᆞᆺ 獭皮에 믜ᄒᆞ나
히 서 돈식 혜아리면 通퉁퉁 該개개 一ᅙᅵᆼ이 兩량량 八방바 錢쪈쳔 ○ 通ᄒᆞ여 ᄒᆡ오니 ᄒᆞᆫ 냥
여ᄃᆞᆲ 돈이로다 我어오 的ᄃᆡᆼ디 都두두 是ᄉᆞ스 細시시 絲ᄉᆞ스 官권권 銀ᅙᅵᆫ인 ○ 내 하
ᄂᆞᆫ 다 이 細絲官銀이라 ○ 銀十品曰十成曰足色曰成色曰細絲曰手絲兒曰吹螺曰白銀九品曰九成曰青
絲八品曰八成総称元宝 元宝釋見下 每믜믜 一ᅙᅵᆼ이 兩량량 傾킹깅 白ᄈᆡᆼ버 臉련런 銀

인인 子즈즈 出츙츄 一힝이 錢쪈쳔 裏리리 ○ 每ᄒᆞᆫ냥에白臉銀을디 위민ᄃᆞᆯ려ᄒᆞ면ᄒᆞᆫ돈을

내리라 ○ 傾質問云將碎銀子與銀匠化了傾成整錠 白臉質問云將好銀子與銀匠化了傾成細絲雪白錠

兒又有光色好 着即十成銀也 罷빼바 罷빼바 我어오 知징지 道땋닾 ○ 두어두어 내알과라

出츙츄 饋긔긔 你니니 一힝이 錢쪈쳔 八빵바 分븐븐 銀인인 子즈즈 ○ 너롤 ᄒᆞᆫ돈

八分銀을 내여주마 咳해해 你니니 忒틍틔 細시시 詳썅샹 ○ 애네너모 細詳ᄒᆞ다 覔밍미

得등더 高걍갸 麗리리 錢쪈쳔 大따다 快쾌쾌 三산산 十씽시 年넌텬 ○ 高麗 ㅅ錢

을어든들크게三 十年을즐기라

李리리 小샹샾 兒ᅀᆞ올 那나나 厮ᄉᆞ스 ○ 李小兒ㅣ 란뎌놈을 這져져 兩량량 日잉이

不붕부 見견견 他타타 ○ 이두어날뎌롤 보디몯ᄒᆞ니 你니니 見견견 來래래 麼마마

○ 네보앗 ᄂᆞᆫ다 你니니 饋긔긔 我어오 尋씬신 見견견 了랼랴 拿나나 將쟝쟝 來

래례 ○ 네ᄎᆞ자보아잡아 다가날을주고려 你니니 不붕부 理리리 會휘휘 的딩디 ○ 아녜

6

번역소학

해 제

≪번역소학飜譯小學≫은 1518년(중종 13)에 김전(金詮), 최숙생(崔淑生) 등이 중국 송나라 유자징(劉子澄)이 편찬한 ≪소학小學≫을 번역하여 언해한 책이다. 10권 10책의 목판본이다. 남곤(南袞)의 발문(跋文)에는 간행 경위가 자세히 적혀 있는데, "광인유포(廣印流布)하여 아동부녀(兒童婦女)에게까지 그 내용을 널리 깨닫게 하는 것보다 더 급한 일이 없다"라고 하였다.

이 책의 가장 큰 특징은 15세기의 전통적인 번역 방식인 '직역(直譯)'을 따르지 않고, '의역(意譯)'을 했다는 점이다. 원문의 문맥이나 표현을 존중하지 않은 것은 아니나 자연스러운 우리말의 표현을 살리려고 하였고, 원문의 문맥만으로는 이해하기 어려운 대목에서는 주석(註釋)에 해당될 만한 내용을 번역에 포함시켰다. 그러나 직역의 전통 속에서 이 책의 번역 태도는 비판을 피하기 어려웠다. 그리하여 선조 때에 와서 교정청에서 ≪소학언해小學諺解≫(1587)를 간행하기에 이르렀다. 이 책은 직역체로 되어 있으며, 모두 6권 4책이다. ≪소학언해≫의 〈범례凡例〉에는 ≪번역소학≫의 의역에 대한 비판을 하고 있다.

≪번역소학≫은 16세기 초 국어를 연구함에 있어 중요한 자료가 된다. 다만 현존본이 복각본이어서 그 이용에는 세심한 주의가 요망된다. 오늘날 원간본은 전하지 않고 복각본만이 전하는데 그나마 영본(零本: 낙질이 많은 책)이다. 권3과 권4는 대구의 개인 소장이다. 권6, 권7, 권8은 고려대학교 도서관에, 권9는 서울대학교 도서관 가람문고에, 권10은 국립중앙도서관에 각각 소장되어 있다. 이들은 을해자본을 복각한 목판본이므로, 원간본이 을해자본이었음을 추정할 수 있다. 이 목판본은 16세기 말엽, 교정청(校正廳)의 ≪소학언해≫가 간행되기 이전에 간행된 것으로 추측되나 확실한 것은 기록이 없어 알 수 없다.

여기서는 ≪번역소학≫ 권6의 앞 부분을 소개하고, 그에 대응되는 ≪소학언해≫ 부분을 참고로 소개하였다.

〈번역소학 6:1뒤〉

문ᄒᆞ야 述ᄉᆞᆯ嘉가言언ᄒᆞ며 紀긔善션行ᄒᆡᇰᄒᆞ야 ᄡᅥ
위 小쇼學ᄒᆞᆨ外외篇편ᄒᆞ노라
毛모詩시예 ᄀᆞ로ᄃᆡ❶ 하ᄂᆞᆯ히 모ᄃᆞᆫ ᄇᆡᆨᄉᆡᇰ을
내샤 여러 가짓 이ᄅᆞᆯ 두시고 일마다❷ ᄒᆞᆯ
법을 두시니 ᄇᆡᆨᄉᆡᇰ이❸ 자밧논 常샹性셩이
라 이 어딘 德덕을 됴히 너겨❹ ᄒᆞᆫ다 ᄒᆞ야ᄂᆞᆯ
孔공子ᄌᆞㅣ ᄀᆞᄅᆞ샤ᄃᆡ 이 詩시 지ᅀᅳᆫ 사*ᄅᆞᆷ은
이여 그 도리ᄅᆞᆯ 아ᄂᆞᆫ뎌❺ 이런ᄃᆞ로 여러**
짓 이리 이시면 일마다 ᄒᆞᆯ 법이 잇ᄂᆞ니

* 사름, ** 가, ※영인본 자체의 문제임.

1) 하ᄂᆞ리: 하늘이. 중세국어에서 '하ᄂᆞᆯ'은 ㅎ 말음 체언으로서 조사 '-이'와 결합할 때 '하ᄂᆞᆯ히'로 나타나는 것이 일반적이었지만, '하ᄂᆞ리'로 나타나기도 하였다. 예 여ᅀᅳᆺ <u>하ᄂᆞ리</u> 어늬ᅀᅡ ᄆᆞᆺ 됴ᄒᆞ니잇가〈석상 6:35〉('ㅎ 말음 체언'에 대한 설명 참조)

2) ᄒᆞ욜 법을: 해야 할 법을. 'ᄒᆞ욜'은 'ᄒᆞ-+-오-(선어말어미)+-ㄹ(관형사형 어미)'로 분석된다. 동사 'ᄒᆞ-'는 어미 '-아'와 결합할 때는 'ᄒᆞ야'로 나타난다. 그런데 어미 '-오ᄃᆡ, -옴'이나 선어말어미 '-오-'와 결합할 때는 '호ᄃᆡ, 홈, 호-'로 나타나는 것이 일반적이었지만, 드물게는 'ᄒᆞ요ᄃᆡ, ᄒᆞ욤, ᄒᆞ요-'로 나타나기도 하였다. 이 예에서 선어말어미 '-오-'는 피수식 명사 '법'이 관형절의 서술어 'ᄒᆞ-'의 목적어이기 때문에 나타났다(선어말어미 '-오-'에 대한 설명 참조).

3) 자뱃논: 가지고 있는. 잡-+-앳-+-ᄂᆞ-(선어말어미)+-오-(선어말어미)+-ㄴ(관형사형 어미). '-앳-'은 '-아(연결어미)#잇-'이 축약된 형태이다. 중세국어의 '-아 잇-' 구성은 현대국어의 '-어 있-' 구성보다 그 의미가 넓어서 현대국어의 '-고 있-'이 담당하는 의미까지 포괄할 수 있었다. 여기에서의 '-아 잇-'은 현대국어의 '-고 있-'과 그 의미가 같다.

4) ᄒᆞᆫ다: 한다. 중세국어에서는 'ᄒᆞᄂᆞ다'[ᄒᆞ-+-ᄂᆞ-(선어말어미)+-다(종결어미)]로 나타나는 것이 일반적인데, 여기서는 'ᄒᆞᆫ다'로 나타났다. 'ᄒᆞᆫ다'는 16세기 이후 내포문에서부터 나타나기 시작해서 근대국어 이후 상위문까지 확대되었다.

5) 아ᄂᆞᆫ뎌: 아는구나. 알-+-ᄂᆞ-(선어말어미)+-ㄴ뎌(종결어미). '알-'의 종성 'ㄹ'이 선어말어미 '-ᄂᆞ-'의 초성 'ㄴ' 앞에서 탈락하여 '아-'로 나타났다. '-ㄴ뎌'는 감탄형 종결어미이다.

〈번역소학 6:2앞〉

ᄇᆡᆨ셩이 자밧논❶ 常샹性셩이 ᄅᆞᆫᄃᆞ로 이어

딘 德덕을 됴히 너겨 ᄒᆞᄂᆞ다 ᄒᆞ시니 녜 글

월을 ᄌᆞ셔히 샹고ᄒᆞ며 내 드론❷ 일 조차 ᄇᆞ

텨 됴ᄒᆞᆫ 말ᄉᆞᆷ을 올❸이며 어딘 ᄒᆡᆼ뎍을 긔록

ᄒᆞ야 小쇼學ᄒᆞᆨ 外외篇편을 ᄆᆡᆼᄀᆞ노라

嘉가言언 第뎨五오

아ᄅᆞᆷ다온 말ᄉᆞᆷ 긔록ᄒᆞᆫ 다ᄉᆞᆺ잿 편이라

橫횡渠거張댱先션生ᄉᆡᆼ이 曰왈 敎교小쇼兒ᅀᅵ

호ᄃᆡ 先션要요 安안詳샹恭공敬경이니 今금世셰예

1) 常性이론 ᄃᆞ로: 상성(常性)인 까닭에. '常性이론'은 '常性+이-(서술격 조사)+-로-(선어말어미)+-ㄴ(관형사형 어미)'로 분석된다. 선어말어미 '-로-'는 선어말어미 '-오-'의 이형태로서, 서술격 조사 '이-' 뒤에서 나타난다. 이 예의 '-오-'는 보문관형절에 결합하는 것으로, 중세국어에서도 수의적인 경향을 보였다(선어말어미 '-오-'에 대한 설명 참조).

2) 듣본: 듣고 본. 듣보-+-오-(선어말어미)+-ㄴ(관형사형 어미). '듣보-'는 '듣-'과 '보-'가 결합한 합성어이다. '듣보-'처럼 연결어미 없이 용언의 어간이 바로 결합한 합성어를 비통사적 합성어라고 한다. '듣본'의 '본'이 상성이라는 점에서 선어말어미 '-오-'가 결합되었음을 알 수 있다. 선어말어미 '-오-'는 관형절의 피수식 명사인 '일'이 관형절 서술어인 '듣보-'의 목적어이기 때문에 나타난 것이다(선어말어미 '-오-'에 대한 설명 참조).

3) 올이며: 올리며. '올이-'는 '오ᄅᆞ-'에 사동 접미사 '-이-'가 결합된 것이다. '올이-'가 연철되지 않는 것은 두 번째 음절의 초성이 유성후두마찰음 'ㅇ[ɦ]'이기 때문이다. 15세기 말부터 유성후두마찰음 'ㅇ[ɦ]'이 소멸되기 시작하는데, 이에 따라 '올이-'도 '올리-'로 나타나게 된다. 예 눈을 둘오ᄃᆡ ᄂᆞᆾ치 올리디 말며〈소언 2:15〉

〈번역소학 6:2뒤〉

學ᄒᆞᆨ不블講강ᄒᆞ야男남女녀ㅣ從쫑幼유便뼌驕

교惰타壞괴了료ᄒᆞ야到도長댱益익凶흉狠ᄒᆞᆫᄒᆞᄂᆞ

니只지爲위未미嘗샹爲위子ᄌᆞ弟뎨之지事ᄉᆞ

라ㅣ則즉於어其기親친에已이有유物믈我아ᄒᆞ야

不블肯궁屈굴下하ᄒᆞ야病병根근常샹在ᄌᆡᄒᆞ야又

우隨슈所소居거而ᅀᅵ長댱ᄒᆞ야至지死ᄉᆞ只지依

의舊구ㅣ니라

橫ᅘᅬᇰ渠거先션生ᄉᆡᇰ이❶ ᄀᆞᄅᆞ샤ᄃᆡ❷ 혀근아ᄒᆡ롤

❸ ᄀᆞᄅᆞ초ᄃᆡ몬져모로매안졍ᄒᆞ고샹심ᄒᆞ며공

1) ᄀᆞᄅᆞ샤ᄃᆡ: 말씀하시되. ᄀᆞᆯ-+-ᄋᆞ시-(선어말어미)+-오ᄃᆡ(연결어미). 중세국어에서 동사 'ᄀᆞᆯ-'은 연결어미 '-오ᄃᆡ'와 결합한 'ᄀᆞ로ᄃᆡ, ᄀᆞᄅᆞ샤ᄃᆡ'나 관형사형 어미 '-ㄴ'과 결합한 'ᄀᆞᆯ온'과 같이 활용형이 매우 제한적으로 나타났다. 선어말어미 '-시-'는 선어말어미 '-오-'나 '오'로 시작하는 어미('-오ᄃᆡ', '-옴')와 결합할 때는 '-샤-'로 나타난다. 이에 대해서는 '-시-'가 '오'와 결합하여 '-샤-'로 나타난다고 설명하기도 하고, 이들 어미 앞에서 '-시-'의 이형태인 '-샤-'가 나타난다고 설명하기도 한다.
2) 혀근: 작은. '혁-'은 "작다"의 의미를 지닌 형용사로서, 같은 의미를 가지는 단어로 '젹-, 쟉-, 횩-, 햑-'도 있었다.
3) ᄀᆞᄅᆞ쵸ᄃᆡ: 가르치되. ᄀᆞᄅᆞ치-+-오ᄃᆡ(연결어미). 중세국어의 연결어미 '-오ᄃᆡ'는 근대국어 시기에 모음 'ㅗ'가 탈락하면서, '-(ᄋᆞ/으)ᄃᆡ'로 나타난다.

〈번역소학 6:3앞〉

경계ᄒᆞᆯ디니 이 시져레ᄂᆞᆫ 學ᄒᆞᆨ問문을 講ᄀᆞᆼ論론
논 아니ᄒᆞᆯ시 남진ᄀᆡ 지비❶ 아ᄒᆡ ᄢᅴ브터 교만
ᄒᆞ며 게을어 어딘 셩을 ᄒᆡ여ᄇᆞ려 ᄌᆞ라매 니르
러ᄂᆞᆫ 더옥 흉악ᄒᆞ고 강퍅ᄒᆞᄂᆞ니 오직 子ᄌᆞ
弟뎨의 ᄒᆞᆯ 이ᄅᆞᆯ ᄒᆞ디 아니ᄒᆞᆯ시곤 그 어❷버
ᅀᅴ 거긔도 ᄒᆞ마 ᄂᆞ미며 내라 ᄒᆞᄂᆞᆫ ᄆᆞ❸ᅀᆞ미 이셔
구펴 ᄂᆞᄌᆞᆨ호려 ᄒᆞ디 아니ᄒᆞ야 그❹ ᄲᅧᆺ블휘 ᄆᆡ양
이셔 ᄯᅩ 관ᄃᆡ마다 기려 주구매 니르러도 ᄒᆞᆫ가
지라

1) 아ᄒᆡ ᄣᅵ브터: 아이 때부터. 중세국어에서 “때”의 의미를 가지는 단어로는 ‘ᄣᅵ’ 외에 ‘ᄣᅳ, ᄣᅢ’도 있었다(예 밤낫 여슷 ᄣᅳᆯ 닛디 마라ᅀᅡ ᄒᆞ리라〈월석 10:22〉, 이 ᄣᅢ 부텻 나히 닐흔둘히러시니〈월석 11:11〉). ‘ᄣᅵ’의 초성 ‘ᄣ’는 근대국어 이후 ‘ᄭ’으로 변화하여 ‘ᄭᅴ’로 나타난다.

2) 어버ᅀᅴ거긔도: 어버이에게도. 이 예에서 ‘의거긔’는 현대국어의 부사격 조사 ‘에게’와 같은 기능을 가진다. 현대국어의 부사격 조사 ‘에게, 께’는 관형격 조사 ‘ᄋᆡ/의/ㅅ’과 ‘그ᅌᅦ, 게, 거긔’의 결합에서 발달한 것이다.

3) ᄆᆞᅀᆞᆷ미: 마음이. 15세기에는 ‘ᄆᆞᅀᆞ미’로 연철되었을 어형인데, 16세기 이후 ‘ᄆᆞᅀᆞᆷ미’처럼 중철 표기로 나타나는 경우가 보이기 시작한다.

4) 벼ᇱ 불휘: 병의 뿌리가. 병+ㅅ(관형격 조사)#불휘+ø(주격 조사). 중세국어의 관형격 조사 ‘ㅅ’은 존칭의 유정체언과 무정체언에 결합하는 것이었다(‘중세국어의 관형격 조사’에 대한 설명 참조). 중세국어에서 주격 조사는 자음 뒤에서는 ‘이’, 모음 뒤에서는 ‘ㅣ’로 나타났고, ‘ㅣ’모음이나 반모음 y를 포함한 경우에는 표기상 드러나지 않았는데, 여기서 ‘불휘’가 반모음 y를 포함하였기 때문에 주격 조사가 표기상 드러나지 않은 것이다.

〈번역소학 6:3뒤〉

爲위子ᄌᆞ弟뎨則즉不블能ᄂᆞᆼ安안灑섀掃소應

ᅌᅳᆼ對ᄃᆡᄒᆞ고接졉朋ᄇᆞᆼ友ᅌᅮ則즉不블能ᄂᆞᆼ下하朋

ᄇᆞᆼ友ᅌᅮᄒᆞ고有ᅌᅲ官관長댱則즉不블能ᄂᆞᆼ下하官

관長댱ᄒᆞ고爲위宰ᄌᆡ相샹則즉不블能ᄂᆞᆼ下하天

텬下하之지賢현이니라

子ᄌᆞ弟뎨❶도외여셔灑섀掃소應ᅌᅳᆼ對ᄃᆡ를편

안히너기디아니ᄒᆞ고버들❷ᄃᆡ졉호ᄃᆡ버디게

능히❸ᄂᆞ죽디아니ᄒᆞ고웃관원니잇거든능히

웃관원의게ᄂᆞ죽디아니ᄒᆞ고ᄌᆡ상이도외야

1) 도외여셔: 되어서. 도외-+-어셔(연결어미). 동사 '도외-'는 15세기의 'ᄃᆞᄫᆡ-'에서 변화한 것이다. 'ᄃᆞᄫᆡ-'는 순경음 'ㅸ'의 소멸 이후 'ᄃᆞ외-'로 나타나는데, '도외-'는 'ᄃᆞ외-'의 제1음절 모음 'ㆍ'가 제2음절 모음 'ㅚ[oy]'의 영향으로 원순성동화를 겪어 나타난 것이다. '-어셔'는 기원적으로 연결어미 '-어'와 보조사 '-셔'가 결합한 것이다. 보조사 '셔'는 동사 '이시-'의 이형태인 '시-'와 연결어미 '-어'가 결합한 형태에서 형성된 것이다.
2) ᄃᆡ졉호ᄆᆡ: 대접함에. ᄃᆡ졉ᄒᆞ-+-옴(명사형 어미)+ᄋᆡ(부사격 조사). 16세기 말부터 명사형 어미 '-옴/움'에서 모음 'ㅗ/ㅜ'가 탈락하여 '-(ᄋᆞ/으)ㅁ'으로 나타나기 시작한다. 이에 따라 같은 부분이 ≪소학언해≫에서는 'ᄃᆡ졉ᄒᆞᆷ애ᄂᆞᆫ'으로 나타난다.
3) ᄂᆞᄌᆞᆨ디: 낮추지. ᄂᆞᄌᆞᆨᄒᆞ-+-디(연결어미). 'ᄂᆞᄌᆞᆨᄒᆞ-'처럼 '-ᄒᆞ-'가 결합한 어근의 말음절 종성이 'ㄱ, ㄷ'인 경우 자음으로 시작하는 어미와 결합할 때 '-ᄒᆞ-'가 생략되었다. 'ᄂᆞᄌᆞᆨᄒᆞ-'는 형용사 'ᄂᆞᆽ-'과 접미사 '-ᄋᆞᆨ'이 결합한 'ᄂᆞᄌᆞᆨ'에 다시 접미사 '-ᄒᆞ-'가 결합한 것이다. 'ᄂᆞᄌᆞᆨᄒᆞ-'는 일반적으로 형용사로서 "나직하다"의 의미를 가지지만, 여기서는 동사로서 "낮추다"의 의미로 쓰였다.

〈번역소학 6:4앞〉

ᄂᆞᆫ뎌ᄒᆞᆺ어딘사ᄅᆞᆷ의게ᄂᆞᆼ히ᄂᆞᆺ디아니ᄒᆞᄂᆞ
니라
甚심則즉至지於어徇슌私ᄉᆞ意의ᄒᆞ야義의理리
都도喪상也야ᄒᆞ니ᄂᆞ只지爲위病병根근이不블
去거ᄒᆞ야隨슈所소居거所소接접而ᅀᅵ長댱이니라
심히ᄃᆞ외면❶아ᄅᆞᆷ뎌ᄡᅳ들조차ᄒᆞ야어딘이리
다업게ᄃᆞ외ᄂᆞ니오직그병불휘❷업디아니ᄒᆞ
야간ᄃᆡ며❸다ᄃᆞᄅᆫᄃᆡ마다❹가려갈ᄊᆡ니라
○楊양文문公공家가訓훈에曰왈童동穉티之

1) 아ᄅᆞᆷ뎌: 사사로이. “사사로움”의 의미를 가지는 명사 ‘아ᄅᆞᆷ’에 접미사 ‘-뎌’가 결합하여 파생된 부사이다. 중세국어에서는 ‘아ᄅᆞᆷ뎌’ 외에도 명사 ‘아ᄅᆞᆷ’에서 파생된 단어로 형용사인 ‘아ᄅᆞᆷᄃᆞ외-, 아ᄅᆞᆷ없-’, 부사인 ‘아ᄅᆞᆷ도이, 아ᄅᆞᆷᄃᆡ로’ 등이 있었다. 또한 ‘아ᄅᆞᆷ’이 결합된 합성어로 명사인 ‘아ᄅᆞᆷᄠᆞᆮ, 아ᄅᆞᇝ일, 아ᄅᆞᇝ것, 아ᄅᆞᇝ집’ 등이 있었다.

2) 업디: 없어지지. 없-+-디(연결어미). 중세국어에서 ‘없-’은 형용사로서 “없다”의 의미를 가지고, 동사로서 “없어지다”의 의미를 가지는데, 여기서는 동사의 의미로 쓰였다.

3) 다ᄃᆞᄅᆞᆫ: 다다른. 다ᄃᆞᆯ-+-ᄋᆞᆫ(관형사형 어미). 동사 ‘다ᄃᆞᆮ-’은 모음으로 시작하는 어미와 결합할 때는 ‘다ᄃᆞᆯ-’로, 자음으로 시작하는 어미와 결합할 때는 ‘다ᄃᆞᆮ-’으로 나타나는 불규칙 용언이다.

4) 기러 갈: 길어져 갈. ‘길-’은 형용사로서 “길다”의 의미를 가지고, 동사로서 “길어지다”의 의미를 가진다. 여기서는 후자의 의미로 쓰였다. 어떠한 사태가 진행되어 감을 나타내며 주로 동사와 결합하는 ‘-어 가다’가 ‘길-’과 결합한 점도 이러한 것을 보여 준다.

〈번역소학 6:4뒤〉

지 學ᄒᆞᆨ은 不블止지記긔誦숑이라 養양其기良량

知디良량能능ᄒᆞ야 當당以이先션入입之지言언

으로 爲위主쥬ㅣ라 ᄒᆞ니

楊양文문公공의 집사ᄅᆞᆷ ᄀᆞᄅᆞ치ᄂᆞᆫ 글월에 ᄀᆞ

로ᄃᆡ 져❶믄 아ᄒᆡ 비호믄❷ ᄆᆞᅀᆞᆷ애 다마 두며 외옴

ᄯᆞᄅᆞᆷ 아니라 ᄌᆞ연이 알며 ᄌᆞ연이 잘ᄒᆞᄂᆞ니

ᄅᆞᆯ 길❸워 모로매 몬져 ᄃᆞᆫ 어딘 말로 옷ᄃᆞ미❹ ᄃᆞ외에

ᄒᆞᆯ 디니라

日일記긔故고事ᄉᆞᄒᆞ야 不블拘구今금古고ᄒᆞ야 ...

1) 져믄 아ᄒᆡ: 어린아이. 중세국어의 '졈다'는 "나이가 적다"와 "젊다"의 의미를 모두 가졌는데, 여기서는 "나이가 적다"의 의미로 쓰였다. 18세기 이후 '졈다'는 'ㄹ'이 첨가된 '젊다'로 변하였다. 15세기에 '어리다'는 "어리석다"의 의미로 쓰였으나, 16세기 이후 점차 "나이가 적다"의 의미로 쓰이게 되었다.

2) ᄆᆞᅀᆞᆷ애 다마 두며: 마음에 담아 두며. "기억하다"의 의미인 '記'를 번역한 것이다. '記'는 ≪번역소학≫ 권6의 5ㄱ에서는 '긔디ᄒᆞ-'로 번역되었다. 'ᄆᆞᅀᆞᆷ애'는 'ᄆᆞᅀᆞ매'를 분철 표기한 것이다.

3) 길워: 길러. 길우-+-어(연결어미). '길우-'는 동사 '길-'에 사동 접미사 '-으-'가 결합하여 파생된 '기르-'에 사동 접미사 '-우-'가 다시 결합한 사동사이다. 중세국어에서 '길우-'와 '기르-'는 큰 의미 차이가 없이 쓰였다.

4) 되에 홀 디니라: 되게 해야 할 것이니라. '되에'는 '되-+-게(연결어미)'로 분석되는데, '-게'가 반모음 y 아래에서 'ㄱ'이 약화되어 '-에'로 나타났다. '홀 디니라'의 '-올 디니라'는 '-오-(선어말어미)+-ㄹ(관형사형 어미)#ᄃᆞ+ㅣ-(서술격 조사)+-니-(선어말어미)+-라(종결어미)'로 분석된다. "당위"의 의미를 나타내는 '-올 디니라'는 중세국어에서 선어말어미 '-오-'가 결합된 형태로 나타났지만, 근대국어 이후 '-오-'가 탈락되고 구개음화를 겪게 되면서 현대국어의 종결어미 '-을지니라'로 변화하였다.

〈번역소학 6:5앞〉

필先션以이孝효弟뎨忠튱信신禮례義의廉렴
恥티等등事ᄉᆞㅣ니如셔黃황香향의扇션枕침과
陸륙績젹의懷회橘귤와叔슉敖오의陰음德덕
과子ᄌᆞ路로의負부米미之지類류ㅣ니只지如여
俗쇽說셜이면便뼌曉효此ᄎᆞ道도理리니久구久
구成셩熟슉이면德덕性셩이若약自ᄌᆞ然연矣의
라리
날마다녯이ᄅᆞᆯ그디ᄒᆞ야이제며녜예❶블ᄅᆞ이
·디마라모로매효❷도며❸공슌ᄒᆞ며❹튱심ᄃᆞ외며

1) 븓들이다: 붙들리지. '븓들이-'는 동사 '븓들-'에 피동 접미사 '-이-'가 결합한 것이다. '븓들이-'가 연철되지 않는 것은 세 번째 음절의 초성이 유성후두마찰음 'ㅇ[ɦ]'이기 때문이다. 15세기 말부터 유성후두마찰음 'ㅇ[ɦ]'이 소멸되기 시작하는데, 이에 따라 '븓들이-'도 '븓들리-'로 나타나게 된다. 예 퐐을 둥기미니 븓들리단 말이라〈소언 6:123〉

2) 효되며: 효도이며. 효도+ㅣ-(서술격 조사)-+-며(연결어미).

3) 공슌ᄒᆞ며: 공손하며. '공슌ᄒᆞ-'의 '공슌'은 '恭順'의 한자음을 한글로 표기한 것이다.

4) 튱심ᄃᆞ외며: 충성스러우며. '튱심ᄃᆞ외-'는 '튱심'(忠心)에 형용사파생접미사 '-ᄃᆞ외-'가 결합한 것이다. 접미사 '-ᄃᆞ외-'는 15세기 말 이후 'ㅸ'이 소멸함에 따라 나타난 것으로, '-ᄃᆞᄫᅵ-'에서 변화한 것이다.

〈번역소학 6:5뒤〉

유신ᄒᆞ며례되며올ᄒᆞᆫ이리며쳥념ᄒᆞ며붓그
리ᄂᆞᆫ일ᄃᆞᆯᄒᆞᆯ몬져ᄇᆡᄒᆞᆯ디니黃황香향의어버
ᅀᅵ벼개부춤과❶陸륙績젹의橘귤푸몸과叔슉
敖오의그❷ᄉᆞ기어딘일ᄒᆞ욤과子ᄌᆞ路로의ᄡᆞᆯ
지던❸뎨옛일ᄃᆞᆯᄒᆞᆯ세속애샹녜말ᄀᆞ티ᄒᆞ면곤
이도리ᄅᆞᆯ알리니ᄀᆞ장오라이러니그면어딘
ᄉᆡᇰ이ᄌᆞ연ᄒᆞᆫᄃᆞᆺᄒᆞ리라
明명道도程뎡先션生ᄉᆡᇰ이曰왈憂우子ᄌᆞ弟
뎨之지輕경俊쥰者쟈ᄂᆞᆫ只지教교以이經경學

1) 부춤과: (부채로) 부침과. 붗-+-움(명사형 어미)+과(접속조사). 중세국어에서 '붗-'과 비슷한 의미로 쓰인 단어로 '부치-'도 있었다. '부치-'는 '붗-'에 접미사 '-이-'가 결합된 것이다. '붗-'에 명사파생 접미사 '-에' 혹은 '-애'가 결합된 '부체'와 '부채'가 15세기부터 나타난다.

2) 그ᅀᅳ기: 은밀히. 몰래. 어근 '그슥'에 부사파생 접미사 '-이'가 결합한 것이다. 16세기 이후 'ㅿ'이 소멸되면서 '그으기'로 나타나기 시작한다.

3) 톄옛: 따위의. 톄+예(부사격 조사)+ㅅ(관형격 조사). 중세국어에서 '톄(體)'는 "모양", "따위", "체, 척"의 의미를 가졌다. 부사격 조사 '애/에/예'와 관형격 조사 'ㅅ'의 결합인 '앳/엣/옛'은 중세국어에서 관형격 조사와 유사한 기능으로 쓰였다.

▶ 참고

- 황향(黃香)은 중국의 후한(後漢) 때 사람이다. 9살 때 어머니를 여의고 아버지에 대한 효성이 지극하여, 여름에는 베갯머리에서 부채질을 하고 겨울에는 몸으로써 이불을 따뜻하게 했다고 한다. 이와 관련된 고사가 '황향선침(黃香扇枕)'이다.

- 육적(陸績)은 중국의 오(吳) 나라 때 사람이다. 6세 때 원술(袁述)이 육적에게 귤을 주었는데, 먹지 않고 품 안에 감추었다. 육적이 돌아가려고 할 때, 품 안에 있던 귤이 떨어지자 원술이 손님으로 와서 귤을 먹지 않고 감춘 이유를 물었다. 육적이 집에 돌아가서 어머니에게 귤을 대접하고 싶었기 때문이라고 하자 원술이 감동하였다. 이와 관련된 고사가 '육적회귤(陸績懷橘)'이다.

- 숙오(叔敖)는 중국의 초(楚) 나라 때 사람이다. 어렸을 때 머리가 둘 달린 뱀을 보고 다른 사람이 보면 죽을까 하여 그 뱀을 죽여 땅에 묻었다. 그리고 나서 자신이 죽을까 두려워 울자 그 어머니가 음덕(陰德)이 있는 자는 반드시 보답을 받는다고 달래었다고 한다. 이와 관련된 고사가 '숙오음덕(叔敖陰德)'이다.

- 자로(子路)는 중국의 노(魯) 나라 때 사람이다. 어렸을 때부터 효성이 지극하였는데, 매일 남의 쌀을 지고 백 리 밖까지 날라 주면서 그 삯으로 양친을 봉양하였다고 한다. 이와 관련된 고사가 '자로부미(子路負米)'이다.

【참고】〈소학언해 5:1뒤〉

위小쇼學ᄒᆞᆨ外외篇편ᄒᆞ노라

詩시모시烝증民민篇편이라예 ᄀᆞᆯ오ᄃᆡ 하ᄂᆞᆯ히 모ᄃᆞᆫ
ᄇᆡᆨ셩을 내시니 物믈온갓 거시라이 이심애 법
이 잇도다 ᄇᆡᆨ셩의 자밧ᄂᆞᆫ 덛덛ᄒᆞᆫ 거시라
이 아ᄅᆞᆷ다온 德덕을 됴히 너긴다 ᄒᆞ야ᄂᆞᆯ
孔공子ᄌᆞㅣ ᄀᆞᆯᄋᆞ샤ᄃᆡ 이 詩시ᄅᆞᆯ ᄒᆞᆫ 이여
그 도리ᄅᆞᆯ 안뎌 그러모로 物믈이 이시면
반ᄃᆞ시 법이 잇ᄂᆞ니 ᄇᆡᆨ셩의 자밧ᄂᆞᆫ 덛덛
ᄒᆞᆫ 거시라 그러모로 이 아ᄅᆞᆷ다온 德덕을
됴히 너긴다 ᄒᆞ시니 傳뎐과 記긔녯글월ᄃᆞᆯ히라

〈소학언해 5:2앞〉

를녜며보며드른거슬브텨아ᄅᆞᆷ다온말
ᄉᆞᆷ을닷그며어딘ᄒᆡᆼ실을긔록ᄒᆞ야小쇼
學ᄒᆞᆨ外외篇편을ᄆᆡᆼᄀᆞ노라

嘉가言언第뎨五오ㅣ라
아ᄅᆞᆷ다온말ᄉᆞᆷ이니ᄎᆞ례예다ᄉᆞᆺ재라

橫횡渠거張댱先션生ᄉᆡᆼ이曰왈敎교小쇼兒ᅀᆞ
호ᄃᆡ先션要요安안詳샹恭공敬경이니今금世셰예
學ᄒᆞᆨ不블講강ᄒᆞ야男남女녀ㅣ從종幼유便편驕
교惰타壞괴了료ᄒᆞ야到도長댱益익凶흉狠ᄒᆞᆫᄒᆞᄂᆞ
니只지爲위未미嘗샹爲위子ᄌᆞ弟뎨之지事ᄉᆞ

小學諺解卷之五

〈소학언해 5:2뒤〉

ᅵ라 則즉於어其기親친에 已:이有:유物믈我:아ᄒᆞ야
不블肯:긍屈굴下:하ᄒᆞ야 病:병根근常샹在:ᄌᆡᄒᆞ야 又
:우隨슈所:소居거而이長:댱ᄒᆞ야 至:지死:ᄉᆞ只:지依
의舊:구ᅵ니라
橫횡渠거ᄯᅡ 일:홈이라 張댱先션生ᄉᆡᇰ 일:홈은 載:ᄌᆡ오 ᄌᆞᄂᆞᆫ 子:ᄌᆞ
厚:후ᅵ니 宋송 적 大:대賢현이라 이 ᄀᆞᆯᄋᆞ샤ᄃᆡ 져믄 아ᄒᆡ를 ᄀᆞᄅᆞ
치되 몬져 모롬이 안졍ᄒᆞ고 샹심ᄒᆞ며 공슌ᄒᆞ
고 조심케 홀 디니 이제 셰샹애 혹 믄을 강논티
아니ᄒᆞ야 ᄉᆞ나ᄒᆡ며 간나ᄒᆡ 아ᄒᆡ 제브터 곧 교
만ᄒᆞ며 게을어ᄒᆞ야 ᄇᆞ려 ᄌᆞ람애 니르러 더옥

흉악고강퍅ᄒᆞᄂᆞ니오직일즉子ᄌᆞ弟뎨의일
을ᄒᆞ디아니홈을위ᄒᆞᆫ디라곧그어버의게임
윗ᄂᆞᆷ이며내라홈이이셔즐겨굴복ᄒᆞ야ᄂᆞ초
디아니ᄒᆞ야病뼝ᄲᅮᆯ휘샹해이셔ᄯᅩ인ᄂᆞᆫ바ᄅᆞᆯ
조차기러죽음애니르러도오직녜ᄀᆞᆮᄂᆞ니라
爲위子ᄌᆞ弟뎨則즉不블能능安안灑새掃소應
ᅌᅳᆼ對ᄃᆡᄒᆞ고接졉朋붕友우則즉不블能능下하朋
붕友우ᄒᆞ고有유官관長댱則즉不블能능下하官
관長댱ᄒᆞ고爲위宰ᄌᆡ相샹則즉不블能능下하天
텬下하之지賢현이니라

〈소학언해 5:3뒤〉

子ᄌᆞ弟뎨되야ᄂᆞᆫ能ᄂᆞᆼ히灑새掃소應응對ᄃᆡ
ᄅᆞᆯ편안히너기디몯ᄒᆞ고번을ᄃᆡ접ᄒᆞᆷ애ᄂᆞᆫ能
ᄂᆞᆼ히번의게ᄂᆞ리디몯ᄒᆞ고옷관원이이심애
ᄂᆞᆫ能ᄂᆞᆼ히옷관원의게ᄂᆞ리디몯ᄒᆞ고宰ᄌᆡ相
샹이되야ᄂᆞᆫ能ᄂᆞᆼ히天텬下하의어딘사ᄅᆞᆷ의
게ᄂᆞ리디몯ᄒᆞᄂᆞ니라
甚심則즉至지於어徇슌私ᄉᆞ意의ᄒᆞ야義의理리
都도喪상也야ᄒᆞᄂᆞ니只지爲위病병根근이不블
去거ᄒᆞ야隨슈所소居거所소接접而이長댱이니라
甚심ᄒᆞ면ᄉᆞᄉᆞᆺᄠᅳ들조차올ᄒᆞᆫ도리다업슴애

〈소학언해 5:4앞〉

니ᄅᆞᄂᆞ니오직病병ᄲᅮᆯ휘업디아니ᄒᆞ야인ᄂᆞᆫ
배며다ᄃᆞᆫᄂᆞᆫ바ᄅᆞᆯ조차길흘위ᄒᆞᆷ이니라
○楊양文문公공家가訓훈에曰왈童동穉티之
지學혹은不블止지記긔誦숑이라養양其기良량
知디良량能능이니當당以이先션入입之지言언
으로爲위主쥬ㅣ니라
楊양文문公공일홈은億억이니宋송적사ᄅᆞᆷ이라의家가訓훈
집사ᄅᆞᆷᄀᆞᄅᆞ친글월이라에ᄀᆞᆯ오ᄃᆡ아ᄒᆡ비홈은그디ᄒᆞ며
외올만ᄒᆞᆯ줄이아니라ᄌᆞ연히알며ᄌᆞ연히能
능히ᄒᆞᄂᆞᆫ거ᄉᆞᆯ칠디니맛당히몬져드ᄅᆞᆫ말로ᄡᅧ

〈소학언해 5:4뒤〉

小學諺解卷之五 四

옷듬을삼을디니라

日일記긔故고事ᄉᆞᄒᆞ야不블拘구今금古고ᄒᆞ디必

필先션以이孝효弟뎨忠튱信신禮례義의廉렴

恥티等등事ᄉᆞ니如여黃황香향의扇션枕침과

陸륙績젹의懷회橘귤와叔슉敖오의陰음德덕

과子ᄌᆞ路로의負부米미之지類류를只지如여

俗쇽說셜이면便변曉효此ᄎᆞ道도理리니久구久

구成셩熟슉ᄒᆞ면德덕性셩이若약自ᄌᆞ然연矣의

리라

날로녯일올긔디ᄒᆞ야이제며녜예걸엇기디

〈소학언해 5:5앞〉

아니호ᄃᆡ반ᄃᆞ시효도ᄒᆞ며손슌ᄒᆞ며튱셩되
며믿브며례졀이며올ᄒᆞᆫ일이며쳥렴ᄒᆞ며붓
그리ᄂᆞᆫ일ᄃᆞᆯ로ᄡᅥ몬져ᄒᆞᆯ디니黃황香향의벼
개부ᄎᆞᆷ과黃황香향이녀ᄅᆞᆷ에어버의벼개ᄅᆞᆯ붓더니라陸륙績젹의
橘귤품음과陸륙績젹이이ᄉᆞᆺ설에ᄂᆞᆷ의집의가橘귤ᄋᆞᆯ주어ᄂᆞᆯ어미주려품으
니라叔슉敖오의그윽ᄒᆞᆫ德덕과叔슉敖오ㅣ나노다가두머리
가진ᄇᆡ얌보고보니면죽ᄂᆞ다ᄒᆞ야ᄂᆞᆷᄂᆞᆷ도볼가ᄒᆞ야죽겨묻고가울어ᄂᆞᆯ아미닐오ᄃᆡ그ᄋᆞᆯ
ᄒᆞᆫ德덕은하ᄂᆞᆯ히福복으로갑ᄂᆞ니네아니죽으리라ᄒᆞ더나후에楚초ㅅ지샹되니라子
ᄌᆞ路로의ᄡᆞᆯ짐子ᄌᆞ路로ㅣ어버이위ᄒᆞ야百뵉里리밧긔가ᄡᆞᆯ자더니라
곧ᄐᆞᆫ類류ᄅᆞᆯ다ᄆᆞᆫ세쇽의말ᄉᆞᆷᄀᆞ티ᄒᆞ면곧이

〈소학언해 5:5뒤〉

道도理리를알리니오라며오라셔이러니그
면어딘性셩이自ᄌᆞ然연ᄒᆞᆫ돗ᄒᆞ리라
○明명道도程뎡先션生ᄉᆡᆼ이曰왈憂우子ᄌᆞ弟
뎨之지輕경俊쥰者쟈ᄂᆞᆫ只지敎교以이經경學
ᄒᆞᆨ念렴書셔오ㅣ不블得득令령作작文문字ᄌᆞ니
라子ᄌᆞ弟뎨凡범百ᄇᆡᆨ玩완好호ㅣ皆개奪탈志
지니ᄒᆞᄂᆞ 至지於어書셔札찰ᄒᆞᆫ於어儒유者쟈事
ᄉᆞ애 最최近근이언마ᄂᆞᆫ然연이나一일向향好호著탹
ᄒᆞ면亦역自ᄌᆞ喪상志지니라
明명道도 표셕애쓴일홈이니 宋송직대현이라 程뎡先션生ᄉᆡᆼ

7

순천 김씨 묘 출토 한글편지

해 제

순천 김씨 묘 출토 한글편지는 충북 청원군 북일면에 있는 순천 김씨의 묘에서 출토된 16세기 중반의 편지 자료이다. 한글로 쓴 편지가 대부분으로 모두 189건이지만, 한문으로 쓴 편지 3건 외에, 이두문이 포함되어 있는 경우도 드물게 있다. 현재 충북대학교 박물관에 소장되어 있다.

이 편지 자료에는 순천 김씨의 어머니인 신천 강씨(信川康氏)가 순천 김씨에게 보낸 편지가 117건, 순천 김씨의 남편인 채무이(蔡無易, ?~1594)가 순천 김씨에게 보낸 편지가 41건으로 가장 많다. 가장 많은 편지를 쓴 신천 강씨는 경상도 선산 사람으로 서울로 시집을 가 살다가 시골로 내려가 살았던 것으로 추정되며, 순천 김씨의 남편 채무이도 서울서 살다가 청주로 내려온 인물로 추정된다.

이 자료는 16세기 국어의 여러 모습을 파악할 수 있다는 점에서 매우 중요한 자료이다. 발신자와 수신자가 분명한 편지가 대부분이기에 경어법의 위계를 파악하기에 적절하며, 언해 자료에서 볼 수 없는 다양한 일상 표현과 어휘들을 담고 있다는 점에서도 중요하다.

여기서는 남편인 채무이가 아내인 순천 김씨에게 보낸 편지, 남동생인 여흘(汝屹)이 누나인 순천 김씨에게 보낸 편지를 소개하였다.

① 남편 채무이 → 아내 순천 김씨

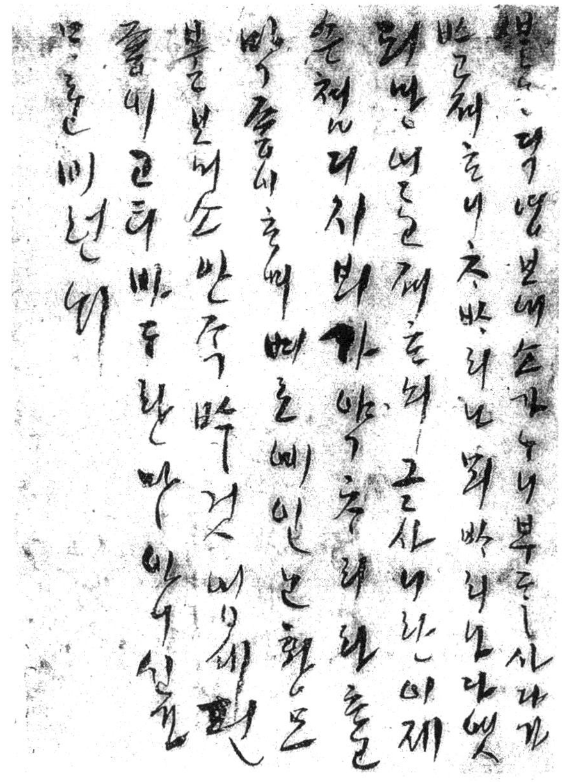

❶샐온 ❷딕녕 ❸보내소

가ᄂᆞ니 부ᄃᆞᆯ 사다가 ᄡᅳ고져 ᄒᆞ니 ❹ᄎᆞᄡᆞ리나 뫼ᄡᆞ리나 다엿 되만 얻고져 ᄒᆞᄂᆡ

귿사니란 이제 손 쳠디 지븨 가 약 ᄎᆞ리라 ᄒᆞ고

막죵이 ᄒᆞ여 벼로예 ❺인ᄂᆞᆫ 황모 붇 보내소 ❻안ᄌᆞᆨ ᄡᅳᆯ 것 업세

필죵이 고티 바ᄃᆞ란 말 ❼아니신가

ᄆᆞᄅᆞᆫ ❽비런뇌

1) 샐온: 빤. 샐-+-오-(선어말어미)+-ㄴ(관형사형 어미). 중세국어의 선어말어미 '-오-'는 관형절의 피수식 명사가 관형절 서술어의 목적어나 부사어일 경우 나타났다. 이 예에서는 '딕녕'이 관형절의 서술어 '샐-'의 목적어이다(선어말어미 '-오-'에 대한 설명 참소).

2) 딕녕: 직령(直領). '직령'은 조선 시대에 무관이 입던 웃옷으로, 깃이 곧고 뻣뻣하며 소매가 넓은 옷이다.
3) 보내소: 보내소. 보내-+-소(종결어미). '-소'는 16세기에 새로이 등장한 중간 등급인 ᄒᆞ소체의 명령형 어미이다('ᄒᆞ소체'에 대한 설명 참조).
4) ᄎᆞᄡᆞ리나: 찹쌀이나. 'ᄎᆞᄡᆞᆯ'은 "끈기가 있고 차진"의 의미인 접두사 'ᄎᆞᆯ-'과 '쌀'의 옛말인 'ᄡᆞᆯ'이 결합한 'ᄎᆞᆯᄡᆞᆯ'에서 'ᄎᆞᆯ-'의 종성 'ㄹ'이 탈락한 것이다. 'ᄎᆞᄡᆞᆯ'은 이후 'ᄎᆞᆸᄉᆞᆯ/ᄎᆞᆸᄊᆞᆯ'로 나타나다가 현대국어의 '찹쌀'이 되었다.
5) 인ᄂᆞᆫ: 있는. 잇-+-ᄂᆞ-(선어말어미)+-ㄴ(관형사형 어미). '잇-'의 종성 'ㅅ'이 [t]로 발음되고 이것이 후행하는 선어말어미 '-ᄂᆞ-'의 [n]에 동화되면서 '인'으로 나타난 것이다. 15세기에는 종성에 나타난 'ㅅ' [s]와 'ㄷ'[t]이 구분되었으나 16세기 이후 이러한 구분이 사라지게 되었는데, 이 예는 'ㅅ'이 [t]로 발음되었음을 보여 준다.
6) 안ᄌᆞᆨ: 당분간. 잠시. '안ᄌᆞᆨ'은 중세국어에서는 '짧은 시간'을 가리키는 시간부사였으나, 근대국어 이후 현대국어와 같은 '미완, 지속'의 의미를 지니는 "아직"의 의미로 변화하였다.
7) 아니신가: 아니하셨는가. 아니ᄒᆞ-+-시-(선어말어미)+-ㄴ가(종결어미). 동사 '아니ᄒᆞ-'의 'ᄒᆞ'가 탈락된 형태이다. 의문형 종결어미 '-ㄴ가'는 15세기에는 주로 간접의문문에서 쓰였으나 점차 직접의문문으로 그 쓰임이 확대되면서 ᄒᆞ소체의 의문형 어미가 되었다. 중세국어에서는 동사의 경우 시제를 나타내는 선어말어미가 나타나지 않으면 과거 시제로 해석된다.
8) 비런뇌: 빌렸네. 빌려 두었네. 빌-+-엇-+-뇌(종결어미). '-엇-'은 '-어(연결어미)#잇-'이 축약된 형태이다. '-엇-'의 종성 'ㅅ'은 [t]로 발음되었고, 이것이 후행 음절의 초성 'ㄴ'에 동화되어 '-언-'으로 나타났다. '-뇌'는 16세기에 새로이 등장한 중간등급인 ᄒᆞ소체의 평서형 어미이다('ᄒᆞ소체'에 대한 설명 참조).

② 남동생 김여흘 → 누나 순천 김씨

문안ᄒᆞᆸ고 요ᄉᆞ이는 엇더ᄒᆞ신고
온 후의는 긔별 몰라 ❶ᄒᆞᆸ뇌이다
예는 다 됴히 겨시이다
날도 치워 가고 몸 조심ᄒᆞ여 ❷간ᄉᆞᄒᆞ쇼셔
약갑슨 술와건마는 보내신디 몰라 ᄒᆞᆸ뇌
형님도 가 겨신가
보기리 슈니 두 아긔 ❸쵸여는 갓가ᄉᆞ로 술와 지어 보내뇌이다
아바님 ❹알픠 드러셔 ❺유무를 ❻스니 하 요〃ᄒᆞ여 이만

시월 열닐웬날

❼오라비 ❽여흘

1) ᄒᆞᄋᆞᆸ뇌이다: 합니다. ‘ᄒᆞᄋᆞᆸ뇌이다’는 ‘ᄒᆞᄋᆞᆸ노이다〉ᄒᆞᄋᆞᆸ노이다〉ᄒᆞᄋᆞᆸ뇌이다’의 변화를 겪은 것으로서, ‘ᄒᆞᄋᆞᆸ노이다’의 ‘노’가 후행하는 ‘-이-’의 영향으로 반모음 y가 추가되어 ‘뇌’로 나타났다. ‘ᄒᆞᄋᆞᆸ노이다’는 ‘ᄒᆞ-+-ᄋᆞᆸ-(선어말어미)+-ᄂᆞ-(선어말어미)+-오-(선어말어미)+-이-(선어말어미)+-다(종결어미)’로 분석된다.

2) 간ᄉᆞᄒᆞ쇼셔: 간수하십시오. ‘-쇼셔’는 상대높임법의 가장 높은 등급인 ᄒᆞ쇼셔체의 명령형 종결어미이다.

3) 쵸여: 뜻을 알기 어렵다.

4) 알ᄑᆡ: 앞에. 앒+ᄋᆡ(부사격 조사). 명사 ‘앒’은 근대국어 이후 종성 ‘ㄹ’이 탈락하여 현대국어의 ‘앞’이 되었다. 중세국어에서 관형격 조사와 형태가 동일한 부사격 조사 ‘ᄋᆡ/의’는 ‘집, 앒, 우ㅎ, 城’ 등 일부 체언과만 결합하였는데, 이를 ‘특이처격’이라 부르기도 한다.

5) 유무ᄅᆞᆯ: 편지를. “소식, 편지”의 의미를 지닌 ‘유무’가 한자어 ‘有無’에서 온 것이라고 보는 견해도 있다.

6) 스니: 쓰니. ‘스-’는 15세기에 ‘쓰-’로 나타났던 것인데, ≪원각경언해≫(1465) 이후 각자병서가 폐지됨에 따라 ‘스-’로 나타났다.

7) 오라비: 남동생. ‘오라비’는 여자의 남자 형제를 두루 가리키는 말로, “오빠”와 “남동생”을 모두 가리킬 수 있었다.

8) 여흘: 순천 김씨의 남동생 여흘(汝屹)이다. 여흘은 김훈(金壎)의 첫째 아들로, 자(字)가 사앙(士仰)이고, 호(號)가 파산처사(坡山處士)이다.

8

이응태 묘 출토 한글편지

해 제

이응태 묘 출토 한글편지는 이응태(李應台, 1566~1586)의 부인이 남편이 죽은 후 애도의 마음을 담아 쓴 한글 편지이다. 이 편지는 1998년 4월 고성 이씨의 문중 묘를 이장하던 중 복식과 함께 발견된 것으로, 현재 안동대학교 박물관에 소장되어 있다. 이 편지의 말미에는 '병술 6월 초하룻날 집에서'라고 적혀 있는데, 이를 통해 1586년(丙戌)에 쓰인 편지임을 짐작할 수 있다.

이 편지는 16세기 국어의 모습을 파악할 수 있다는 점에서 매우 중요한 자료이다. 수신자와 발신자가 분명하여 경어법의 위계를 파악하기에 적절하며, 언해 자료에서 볼 수 없는 다양한 일상 표현과 어휘들을 담고 있다는 점에서도 중요하다.

여기에서 제시하는 판독문은 ≪문헌과 해석≫ 6호(1999)에 실린 것이다.

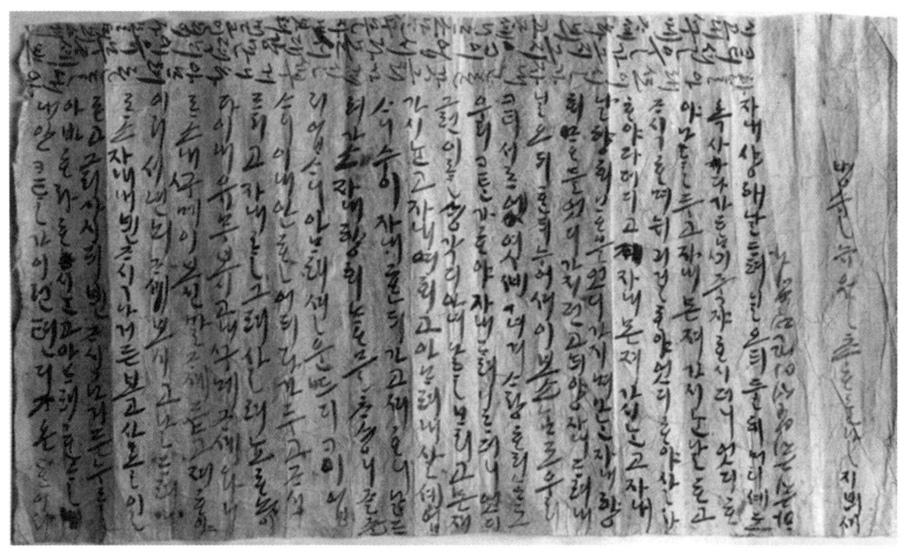

워늬 아바님씌 샹ᄇᆡᆨ

❶자내 샹해 날ᄃᆞ려 닐오ᄃᆡ 둘히 머리 셰도록 사다가 ❷홈ᄭᅴ 죽쟈 ᄒᆞ시더니 엇디ᄒᆞ야 나ᄅᆞᆯ 두고 자내 몬져 ❸가시ᄂᆞᆫ 날ᄒᆞ고 ᄌᆞ식ᄒᆞ며 뉘 긔걸ᄒᆞ야 엇디ᄒᆞ야 살라 ᄒᆞ야 다 더디고 자내 몬져 가시ᄂᆞᆫ고 자내 날 향히 ᄆᆞᄋᆞ믈 엇디 가지며 나ᄂᆞᆫ 자내 ❹향히 ᄆᆞᄋᆞ믈 엇디 가지던고 ❺ᄆᆡ양 자내ᄃᆞ려 내 닐오ᄃᆡ ᄒᆞᆫᄃᆡ 누어셔 이 보소 ᄂᆞᆷ도 우리ᄀᆞ티 서ᄅᆞ 에엿ᄡᅵ 녀겨 ᄉᆞ랑ᄒᆞ리 ᄂᆞᆷ도 우리 ᄀᆞᄐᆞᆫ가 ᄒᆞ야 자내ᄃᆞ려 니ᄅᆞ더니 엇디 그런 이ᄅᆞᆯ ᄉᆡᆼ각디 ❻아녀 나ᄅᆞᆯ ᄇᆞ리고 몬져 가시ᄂᆞᆫ고 자내 여희고 아ᄆᆞ려 내 살 셰 업ᄉᆞ니 수이 자내 ᄒᆞᆫᄃᆡ 가고져 ᄒᆞ니 날 ᄃᆞ려 가소 자내 향히 ᄆᆞᄋᆞ믈 ❼ᄎᆞᄉᆡᆼ ❽니ᄌᆞᆯ 줄리 업ᄉᆞ니 아ᄆᆞ려 셜운 ᄠᅳ디 ᄀᆞ이 업ᄉᆞ니 이 내 안ᄒᆞᆫ 어ᄃᆡ다가 두고 ᄌᆞ식 ᄃᆞ리고 자내ᄅᆞᆯ 그려 살려뇨 ᄒᆞ노이다 이 내 유무 보시고 내 ᄭᅮ메 ᄌᆞ셰 와 니ᄅᆞ소 내 ᄭᅮ메 이 보신 말 ᄌᆞ셰 듣고져 ᄒᆞ야 이리 ❾서 년뇌 ᄌᆞ셰 보시고 날ᄃᆞ려 니ᄅᆞ소 자내 내 ᄇᆡᆫ ᄌᆞ식 나거든 보고 사ᄅᆞᆯ 일 ᄒᆞ고 그리 가시ᄃᆡ ᄇᆡᆫ ᄌᆞ식 나거든 ❿누ᄅᆞᆯ ⓫아바 ᄒᆞ라 ᄒᆞ시ᄂᆞᆫ고 아ᄆᆞ려 ᄒᆞᆫᄃᆞᆯ 내 안 ᄀᆞᄐᆞᆯ가 이런 텬디 ⓬ᄌᆞ온ᄒᆞᆫ 이리 하ᄂᆞᆯ 아래 ᄯᅩ 이실가 자내ᄂᆞᆫ ᄒᆞᆫ갓 그리 가 겨실 ᄲᅮᆫ거니와 아ᄆᆞ려 ᄒᆞᆫᄃᆞᆯ 내 안ᄀᆞ티 셜울가 그지그지 ᄀᆞ이 업서 다 몬 서 대강만 뎍뇌 이 유무 ᄌᆞ셰 보시고 내 ᄭᅮ메 ᄌᆞ셰 와 뵈고 ᄌᆞ셰 니ᄅᆞ소 나ᄂᆞᆫ ᄭᅮ믈 자내 보려 믿고 인뇌이다 ⓭몰태 뵈쇼셔 하 그지그지 업서 이만 뎍뇌이다

병슐 뉴월 초ᄒᆞᄅᆞᆫ날 지븨셔

1) 자내: 당신. 중세국어의 '자내'는 본래 "자기"의 의미를 지닌 재귀대명사로 쓰이다가 '너'보다 한 등급 높은 이인칭 대명사로 쓰이게 되었다. 여기서는 이인칭 대명사로 쓰인 것이다. '자내'는 현대국어의 '자네'로 발달하게 되는데, 그 사용 범위가 현대국어보다는 더 넓었다.

2) ᄒᆞᆷᄭᅴ: 함께. 'ᄒᆞᆷᄭᅴ'는 관형사 'ᄒᆞᆫ'과 "때"의 의미인 'ᄢᅴ'가 결합한 'ᄒᆞᆫᄢᅴ'에서 변화한 것이다. 'ᄒᆞᆫ'의 종성 'ㄴ'이 후행하는 양순음 'ㅂ'에 동화되어 'ㅁ'으로 나타나고, 'ㅴ'이 'ㅺ'으로 변화하였다.

3) 가시ᄂᆞᆫ: 가시는고. '가시ᄂᆞᆫ고'[가-+-시-(선어말어미)+-ᄂᆞ-(선어말어미)+-ㄴ고(종결어미)]에서 의문형 종결어미 '-ㄴ고'의 '고'가 탈락한 형태이다. 의문사가 있는 설명의문문에서는 '-ㄴ고'가 사용되었고, 의문사가 없는 판정의문문에서는 '-ㄴ가'가 사용되었다.

4) 향ᄒᆡ: 향하여. 중세국어에서 'ᄒᆞ-'가 연결어미 '-아'와 결합할 때 'ᄒᆞ야'로 나타나는 것이 일반적이므로, '향ᄒᆞ-'와 연결어미 '-아'의 결합도 '향ᄒᆞ야'로 나타나는 것이 일반적이다. 따라서 여기서의 '향ᄒᆡ'는 16세기 당시로서는 꽤 특이한 형태이다.

5) 믜양: 항상. 한자어 '每常'의 한글 표기인 15세기의 'ᄆᆡᅀᅣᆼ'에서 16세기 이후 'ㅿ'이 소멸하고 제1음절 모음 'ㆎ'가 'ㅢ'로 변화한 형태이다.

6) 아녀: 아니하여. '아니ᄒᆞ여'[아니ᄒᆞ-+-어(연결어미)]에서 'ᄒᆞ'가 탈락한 후 축약한 형태이다.

7) ᄎᆞᄉᆡᆼ: "차생(此生). 이승. 이 세상"의 의미로 추정된다.

8) 니ᄌᆞᆯ 줄리: 잊을 줄이. '줄리'는 '줄+이(주격 조사)'로 분석되며, 중철 표기된 것이다.

9) 서 년뇌: 써 넣네. '스-'는 15세기에 '쓰-'로 나타났던 것인데, ≪원각경언해≫(1465) 이후 각자병서가 폐지됨에 따라 '스-'로 나타났다. '년뇌'는 '녛-+-뇌(종결어미)'로 분석된다. '녛-'의 종성 'ㅎ'은 음절말에서 [t]로 발음되는데, 후행하는 'ㄴ'에 동화되어 '년-'으로 나타난 것이다.

10) 누ᄅᆞᆯ: 누구를. 의문대명사 '누'는 의문조사 '고'와 결합한 '누고'에서 근대국어 이후 '누구'로 변화되고 이것이 현대국어의 의문대명사 '누구'로 이어졌다.

11) 아바: 아버지여. 아비+아(호격 조사). 명사 '아비'는 호격 조사 '아'와 결합할 때 어간말의 'ㅣ'가 탈락하여 '아바'로 나타난다.

12) ᄌᆞ온ᄒᆞᆫ: "아득한" 정도의 의미로 추정된다.

13) 몰태: '몰태'로 보이는데, 문맥상 '몰래'일 가능성이 높다.

9

동국신속삼강행실도

해 제

≪동국신속삼강행실도東國新續三綱行實圖≫는 광해군의 명에 따라 홍문관 부제학 이성(李惺) 등이 편찬한 책으로 1615년에 완성되었으나, 전체 18권 18책의 방대한 분량을 담고 있어서 중앙에서 한 번에 간행하지 못하고 지방 5도에서 나누어 1617년(광해군 9)에 목판본으로 간행되었다. ≪동국신속삼강행실도≫는 이전에 간행된 ≪삼강행실도三綱行實圖≫와 ≪속삼강행실도續三綱行實圖≫의 속편 성격을 가지는데 신라, 고려시대의 효자·효녀, 충신, 열녀는 물론 임진왜란 이후에 정표(旌表)를 받은 효자·효녀, 충신, 열녀의 이야기를 함께 엮었다.

전체 18권 중 권1～8은 〈효자도〉, 권9는 〈충신도〉, 권10～17은 〈열녀도〉이며 부록으로 권18에는 ≪삼강행실도≫와 ≪속삼강행실도≫에 실린 우리나라 사람의 사례 72가지를 가려 뽑아 수록하였다. 각 사례에 대한 구성은 ≪삼강행실도≫나 ≪속삼강행실도≫와 마찬가지로, 각 사례마다 한 장의 그림으로 그 행적을 보인 후 본문에 한문 원문과 그에 대한 언해를 붙였다.

이 책은 근대국어 초기의 자료로서 중세국어에서 근대국어로 교체되는 시기의 여러 가지 언어 변화를 보여준다는 점에서 국어의 역사를 연구하는 데 매우 중요한 자료이다. 더욱이 권18은 15세기, 16세기에 간행된 내용과 같은 내용을 담고 있고 1797년에 간행된 ≪오륜행실도五倫行實圖≫에도 겹치는 내용이 있어 여러 세기에 걸친 국어 변화의 모습을 비교 고찰할 수 있는 자료로서 가치가 크다.

여기에는 〈효자도〉 권1 중에서 '손순득종(遜順得鐘, 손순이 종을 얻다)'과 '지은효양(知恩孝養, 지은이 효성으로 봉양하다)', 권4 중에서 '이자감호(二子感虎, 두 아들이 호랑이를 감동시키다)'를 제시하였다.

〈효자도 1:1〉

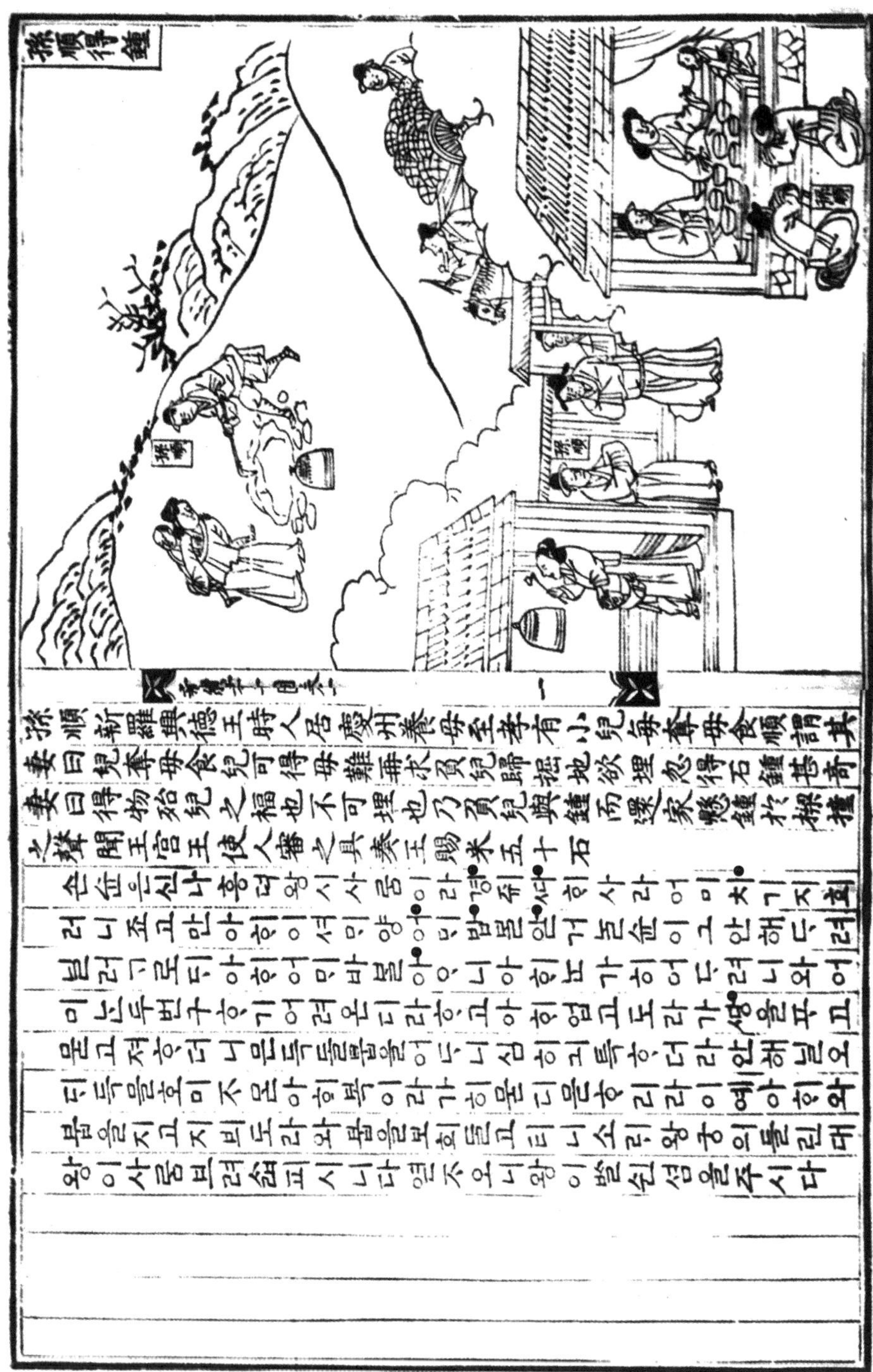

孫順得鍾

孫順新羅興德王時人居慶州養母至孝有小兒每奪母食順謂其
妻曰兒奪母食兒可得母難再求乃負兒歸掘地欲埋忽得石鍾甚奇
妻曰得物殆兒之福也不可埋也乃負兒與鍾而還家懸鍾於樑撞
之聲聞王宮王使人審之具奏王賜米五十石

손슌은신나흥덕왕시사ᄅᆞᆷ이라경쥐ᄯᅡ희사라어미치기지회
러니죠고만아ᄒᆡ이셔ᄆᆡ양어ᄆᆡ밥을앗거ᄂᆞᆯ슌이그안해ᄃᆞ려
닐러ᄀᆞ로ᄃᆡ아ᄒᆡ어ᄆᆡ바ᄇᆞᆯ아ᄉᆞ니아ᄒᆡᄂᆞᆫ가히어ᄃᆞ려니와어
미ᄂᆞᆫ두번구ᄒᆞ기어려온디라ᄒᆞ고아ᄒᆡ업고도라가ᄯᅡᆼ을ᄑᆞ고
믇고져ᄒᆞ더니믄득돌붑을어ᄃᆞ니심히긔특ᄒᆞ더라안해닐오
ᄃᆡ득믈호미ᄌᆞ못아ᄒᆡ복이라가히믇디몯ᄒᆞ리라이예아ᄒᆡ와
붑을지고지븨도라와붑을보희ᄃᆞᆯ고티니소ᄅᆡ왕궁의들린대
왕이사ᄅᆞᆷ브려ᄉᆞᆯ피시니다엳ᄌᆞ오니왕이ᄡᆞᆯ쉰셤을주시다

1) 경줘: 경주(慶州). '州'의 한자음으로는 '줘'와 '쥬'가 공존하였는데, 여기에서는 '줘'가 쓰였다. 예 州 고을 줘〈천자문-광주 26〉, 州 큰 고올 쥬〈신합 상:19〉

2) 짜희: 땅에. 짜ㅎ+의(부사격 조사). 현대국어 '땅'의 옛말인 '짜ㅎ'은 ㅎ 말음 체언으로, 모음이나 'ㄱ, ㄷ'으로 시작하는 조사와 결합할 때에는 '짜ㅎ', 그 외의 자음으로 시작하는 조사와 결합하거나 단독으로 쓰일 때에는 '짜'로 나타났다.

3) 치기: 봉양하기. 치-+-기(명사형 어미). 중세국어나 근대국어에서 동사 '치다'는 "봉양하다"의 의미도 지니고 있었는데, 현대국어에서는 이러한 '치다'의 의미가 "(가축을) 기르다"의 의미로 제한되었다.

4) 어믜: 어미의. 어미+의(관형격 조사). 이처럼 'ㅣ'모음으로 끝난 유정체언에 관형격 조사 '의/의'나 호격 조사 '아'가 결합할 때 어간말음 'ㅣ'가 탈락하는 경우가 종종 있었다. 예 아비+의→아븨, 가히+의→가희, 아기+아→아가 등

5) 밥블: 밥을. '밥+올(목적격 조사)'의 구성을 중철 표기한 것이다. 근대국어 문헌에는 기존의 연철 표기와 더불어 분철 표기가 확대되면서 그 과도기적 형태인 중철 표기도 많이 나타난다.

6) 앋거늘: 빼앗거늘. 앗-+-거늘(연결어미). 동사 '앗-'이 '앋-'으로 표기된 것은 16세기 이래로 음절말 자음 'ㅅ'이 'ㄷ'과 발음이 구별되지 않게 되면서 표기에 혼란이 일어났기 때문이다.

7) 아으니: 빼앗으니. 동사 '앗다'는 중세국어 시기에 '앗-/앐-'으로 어간이 교체되었는데, 16세기 이래로 'ㅿ'이 사라지면서 '아사, 아ᅀᆞ니' 등은 '아아, 아으니' 등으로 변화하였다.

8) 쌍을: 땅을. 중세국어에서 ㅎ 말음 체언이었던 명사 '짜ㅎ'은 17세기에 '쌍'으로 변화하였다. 이처럼 ㅎ 말음 체언의 말음 'ㅎ'이 'ㅇ'으로 변화한 예는 '짜ㅎ〉쌍'과 함께 '집우ㅎ〉지붕' 정도가 보인다. '쌍' 형태가 등장한 이후에도 19세기까지 여전히 '짜ㅎ' 형태도 공존하였다.

〈효자도 1:4〉

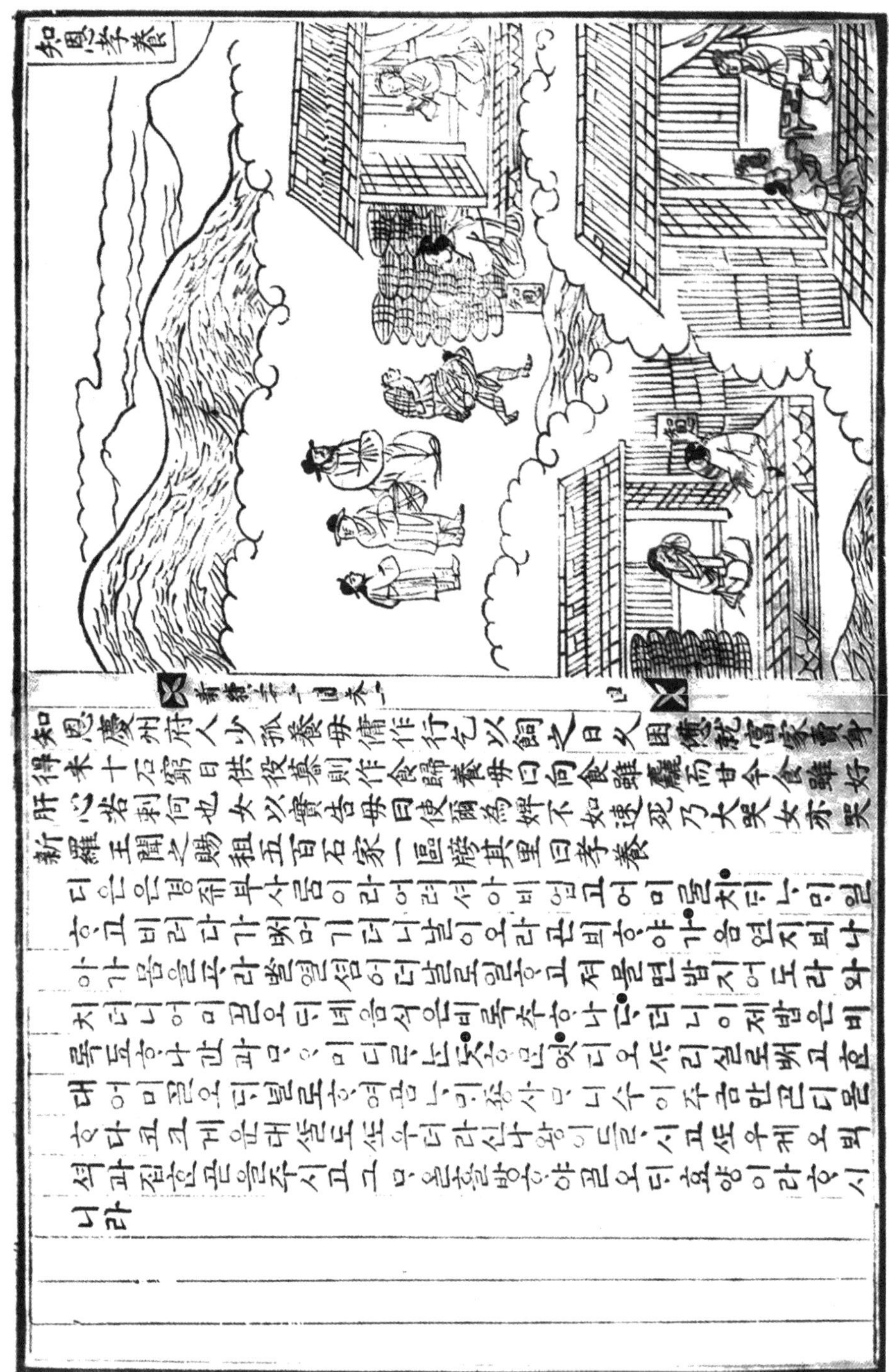

1) 치ᄃᆡ: 봉양하되. 치-+-ᄃᆡ(연결어미). 중세국어의 연결어미 '-오ᄃᆡ/우ᄃᆡ'는 16세기 말 이래로 차츰 '오/우'가 탈락한 '-(ᄋᆞ/으)ᄃᆡ'로 나타나기 시작하였다.

2) 가음연: 부유한. 가음열-+-ㄴ(관형사형 어미). 15세기의 '가ᅀᆞ멸다'에서 16세기에 ㅿ의 소멸과 제2음절 이하에서 'ㆍ>-'의 변화를 겪어 '가으멸다/가음열다' 형태가 나타나게 되었다.

3) ᄃᆞ더니: 달더니. ᄃᆞᆯ-+-더-(선어말어미)+-니(연결어미). 현대국어와 달리 ㄷ으로 시작하는 어미 앞에서 어간말 자음 'ㄹ'이 탈락하였다. 중세국어와 근대국어 시기에 어간말 자음이 'ㄹ'인 용언은 'ㄷ, ㅈ'으로 시작하는 어미 앞에서 'ㄹ'이 탈락하고, 반면 '-(ᄋᆞ/으)시-'나 '-(ᄋᆞ/으)쇼셔' 앞에서는 'ㄹ'이 유지되었다는 점에서 현대국어의 활용 양상과 차이를 보인다.

4) 듯ᄒᆞᄆᆞᆫ: 듯함은. 듯ᄒᆞ-+-ㅁ(명사형 어미)+ᄋᆞᆫ(보조사). 중세국어의 명사형 어미 '-옴/움'은 16세기 말 이래로 차츰 '오/우'가 탈락한 '-(ᄋᆞ/으)ㅁ'으로 나타나기 시작하였다. 이에 따라 중세국어에서는 '듯호ᄆᆞᆫ'으로 나타났을 것이 여기에서는 '듯ᄒᆞᄆᆞᆫ'으로 나타나게 된 것이다. 아래에 보이는 '주금만' 역시 본래 '주굼만'으로 나타날 것이 명사형 어미 '-움'에서 '우'가 탈락하여 '-음'으로 바뀐 것이다.

5) 엇디오: 어째서이냐? 엇디+오(보조사). 의문문을 만드는 보조사 '고'가 'ㅣ' 모음 뒤에서 'ㄱ'이 약화되어 '오'로 나타나게 된 것이다.

〈효자도 4:90〉

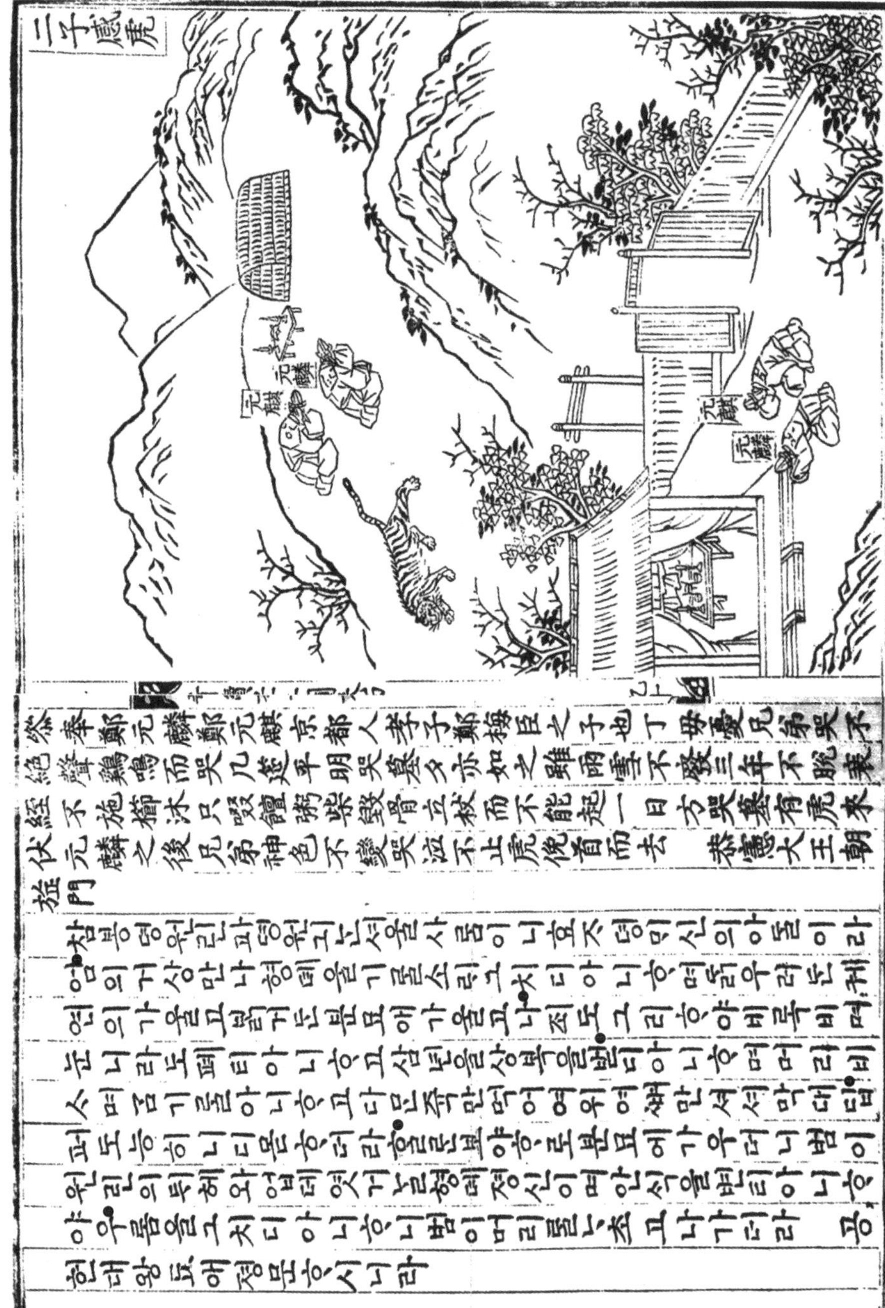

參奉鄭元麟鄭元麒京都人孝子鄭梅臣之子也丁毋憂兄弟哭不絶聲鷄鳴而哭凡奠平明哭墓夕亦如之雖雨雪不廢三年不脫衰經不施櫛沐只啜饘粥柴毁骨立杖而不能起一日方哭墓有虎來伏元麟之後兄弟神色不變哭泣不止虎俛首而去　恭憲大王朝旌門

참봉뎡원린과뎡원긔ᄂᆞᆫ셔울사ᄅᆞᆷ이니효ᄌᆞ뎡ᄆᆡ신의아ᄃᆞᆯ이라
엄의거상만나형뎨울기ᄅᆞᆯ소ᄅᆡ그치디아니ᄒᆞ며ᄃᆞᆰ우러ᄃᆞᆫ졔
연의가울고ᄇᆞᆰ거ᄃᆞᆫ분묘애가울고나죄도그리ᄒᆞ야비록비며
눈니라도폐티아니ᄒᆞ고삼년을상복을벗디아니ᄒᆞ며머리비
ᄉᆞ며ᄀᆞᆷ기ᄅᆞᆯ아니ᄒᆞ고다ᄆᆞᆫ죽만먹어여위여ᄡᅧ만셔셔막대딥
퍼도능히니디몯ᄒᆞ더라ᄒᆞᄅᆞᆫ보야ᄒᆞ로분묘에가우더니범이
원린의뒤헤와업데엿거ᄂᆞᆯ형뎨졍신이며안ᄉᆡᆨ을변티아니ᄒᆞ
야우룸을그치디아니ᄒᆞ니범이머리ᄅᆞᆯᄂᆞᆺ초고나가더라　공
헌대왕됴애졍문ᄒᆞ시니라

東國新續三綱行實孝子圖卷之四

1) 엄의: 어머니의. '어미+의(관형격 조사)'의 구성으로 본래 '어믜'로 표기될 법한데 이처럼 '엄의'로 표기된 것을 이른바 '과잉 분철'이라고도 한다. 근대국어 시기에는 분철 표기의 경향이 두드러지는데, 그 과정에서 종종 이처럼 과잉 분철 표기도 나타난다.

2) 나죄도: 저녁에도. 나죄+도(보조사). 중세국어에는 "저녁"의 의미를 지닌 ㅎ 말음 체언 '나조ㅎ'이 존재하였는데, '나조ㅎ'에 부사격 조사 'ᄋᆡ'가 결합한 '나조ᄒᆡ'에서 기원한 것으로 추정되는 '나죄' 형태도 '나조ㅎ'과 함께 15세기부터 나타났다.

3) 벋디: 벗지. '벗-+-디(연결어미)'의 구성인데, '벗디' 대신 '벋디'로 표기된 것은 16세기 이래로 음절말에서 'ㅅ'이 'ㄷ'과 발음이 구별되지 않게 됨에 따라 표기의 혼란이 일어났기 때문이다.

4) 딥퍼도: 짚어도. 딮-+-어(연결어미)+도(보조사). 중세국어에서라면 '디퍼도'로 연철 표기될 만한 것인데, 근대국어 시기에는 이처럼 어간말 종성이 'ㅍ'인 경우에는 'ㅂㅍ'으로 중철 표기된 예가 많이 나타난다. 이 밖에 '딥허'처럼 어간말 종성 'ㅍ'이 'ㅂㅎ'으로 재음소화 표기된 예도 보인다.

5) ᄒᆞᆯᄅᆞᆫ: 하루는. ᄒᆞᆯㄹ+ᄋᆞᆫ(보조사). 명사 '하루'의 옛말인 'ᄒᆞᄅᆞ'는 단독으로 쓰이거나 자음으로 시작하는 조사 앞에서는 'ᄒᆞᄅᆞ', 모음으로 시작하는 조사 앞에서는 'ᄒᆞᆯㄹ'로 나타났다('체언의 비자동적 교체'에 대한 설명 참조).

6) 우롬을: 울음을. 명사 '우롬'은 동사 '울-'에 명사형 어미 '-옴/움'이 결합한 형태가 명사로 굳어진 것이다. 동사에서 파생된 명사의 경우 명사파생 접미사 '-ᄋᆞᆷ/음'이 결합하는 것이 일반적이나(열-+-음→여름, 얼-+-음→어름, 걷-+-음→거름 등), 여기에서 보이듯이 명사형 어미 '-옴/움'이 결합한 활용형이 명사가 된 경우도 간혹 나타난다(웃-+-움→우숨, 츠-+-움→춤 등).

10

첩해신어

해 제

≪첩해신어捷解新語≫는 사역원(司譯院)의 역관(譯官) 강우성(康遇聖)이 일본어 학습을 위하여 편찬한 책으로 1676년(숙종 2) 10권 10책으로 간행되었다. 현재 전하는 활자본에 '康熙十五年丙辰孟冬開刊'이라는 간기가 있으므로 간행된 시기가 1676년임을 알 수 있는데, ≪개수첩해신어改修捷解新語≫의 범례에 따르면 이 책의 원고가 이루어진 시기는 1618년(광해군 10)이라 한다. 원고 전체가 완성된 것은 1625년 또는 1636년 이후로 추정된다.

다른 외국어 학습서와 마찬가지로 이 책 역시 대화 형식으로 되어 있다. 일본어 문장을 히라가나로 표기하고 그 오른편에 한글로 음을 달았으며, 한 어구가 끝난 곳에 언해를 제시하였다. 권1~권4와 권9의 전반부는 동래, 부산포의 조선 관리와 부산 왜관(倭館)의 일본인 사이의 대화로, 일본인의 내왕과 접대, 무역과 관련된 내용을 다루었고, 권5~권8은 조선 통신사 일행이 부산포를 떠나 대마도, 오사카를 거쳐 에도를 다녀오는 과정에서 벌어진 일을 대화 형식으로 제시하였다. 권9의 후반부에는 당시 일본 8주(州)의 이름과 그에 속한 66군의 수효, 권10에는 당시 대왜(對倭) 관계에 쓰이던 각종 공문서나 서간문 서식을 제시하였다. 또한 권1과 권10의 끝에는 본문에 나타난 몇몇 일본식 한자어의 의미를 해석하여 모아놓았다.

이 책은 근대국어의 특징을 보여주는 중요한 자료이며, 특히 문어체인 다른 자료들과는 달리 대화체 형식으로 당시의 구어를 상당히 반영하고 있다는 점에서 매우 귀중한 자료이다. 18세기에 이 책을 수정한 ≪개수첩해신어≫(1748)와 ≪중간첩해신어≫(1781)가 간행되었다.

여기에는 권1의 첫 부분인, 동래, 부산포의 조선 관리와 왜관의 일본인, 그리고 일본에서 건너온 도선주의 대화를 제시하였다.

〈첩해신어 1:1〉

捷解新語 第一

なにかしこちこいそちか 나닝가시고찌고이소찡가

たいくわんにいてみかや 다이관니이뗴밍가뭇ᄌᆞ

❶아ᄆᆞ가히 이러오라 네 代官의 가 내 말로

おとついここも 오도쭈이고고모

とゑくたてきのうに 도예군다뗴 기노우니

그적긔여 긔ᄂᆞ려와

もまいるおろしのく 모마이루오 로시노구

❷어제라도 오올거ᄉᆞᆯ

捷解新語第一 一

たひれにいまこそもんま 다바레니이마고쏘몬만

てまいてこそせされ 뎨마이뗴고쏘쎄사레

路次의 ᄇᆞ매이제

うちにせさらは 우지니쎄사라바

❸야門셔지 왓ᄉᆞᆸ니 ❹안히 계시면

まいるとあんおいこそや 마이루또안나이고쏘뭇시

まるすれとめぐてこい 마루수레또유우뎨고이

오려 ᄒᆞ여

❺案內ᄉᆞᆯ오시ᄃᆞ라니ᄅᆞ고오라

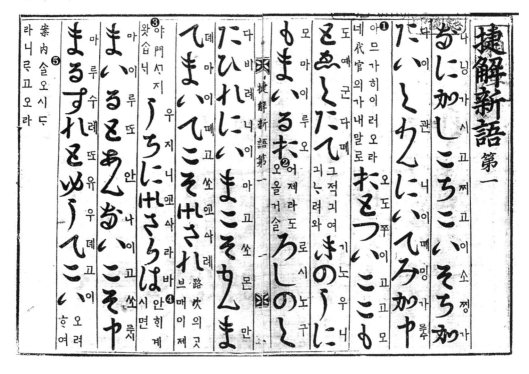

1) 아므가히: 아무개. 관형사 '아므'와 명사 '가히'가 결합한 것이다.

2) 오올: 올. 오-+-오-(선어말어미)+-ㄹ(관형사형 어미). 이때의 선어말어미 '-오-'는 '-ᄉᆞᆸ/ᄉᆞ오-'의 이형태로서 이른바 의도법 또는 대상표시의 선어말어미 '-오-'와는 구별되는 것이다. 중세국어라면 '오- +-ᅀᆞᆸ-+-ᄋᆞᆯ→오ᅀᆞᄫᆞᆯ'로 나타날 것이 '오ᅀᆞᄫᆞᆯ>오ᅀᆞ올>오ᄋᆞ올>오올'로 변화한 것이다. 중세국어에서 객체높임을 표시하던 선어말어미 '-ᄉᆞᆸ/ᄉᆞ오-'는 16세기 이래로 차츰 의미 기능이 변화하여 객체높임의 의미 외에도 주체에 대한 화자의 겸양이나 청자에 대한 화자의 겸양을 표시하는 것으로 확대되었는데, 여기에서는 청자에 대한 화자의 겸양을 표시하고 있다(선어말어미 '-ᄉᆞᆸ-'에 대한 설명 참조).

3) 왓ᄉᆞᆸᄂᆡ: 와 있네. 왔네. 오-+-앗-+-ᄉᆞᆸ-(선어말어미)+-ᄂᆡ(종결어미). 중세국어 '-아#잇->-앳->-앗-'에서 발전한 근대국어의 '-앗-'은 "상태나 결과의 지속"을 표시하기도 하고 "완료" 또는 "과거"를 표시하기도 하였다. 바로 이 '-앗-'으로부터 현대국어에서 완료 또는 과거 시제를 표시하는 선어말어미 '-았-'이 기원하였다. 여기에 쓰인 선어말어미 '-ᄉᆞᆸ-'은 청자에 대한 화자의 겸양을 표시하는 것으로서 이로부터 '상대높임'을 표시하는 '-ᄉᆞᆸ->-습-'이 발전하게 되었다(선어말어미 '-ᄉᆞᆸ-'에 대한 설명 참조). '-ᄂᆡ'는 16세기에 새로이 등장한 ᄒᆞ소체의 종결형태이다('ᄒᆞ소체'에 대한 설명 참조).

4) 안ᄒᆡ: 안에. 안ㅎ+ᄋᆡ(부사격 조사). 중세국어에서 관형격 조사와 형태가 동일한 부사격 조사 'ᄋᆡ/의'는 몇몇 특정 체언과만 결합하였으나, 근대국어에 와서는 그러한 제약이 사라져서 부사격 조사 'ᄋᆡ/의'와 '애/에'가 수의적으로 선택되었다.

5) ᄉᆞᆯ오시ᄃᆞ라: 사뢰시더라. ᄉᆞᆯ오-+-시-(선어말어미)+-더-(선어말어미)+-라(종결어미). 동사 'ᄉᆞᆲ-'은 모음으로 시작하는 어미나 매개모음을 지닌 어미 앞에서 'ᄉᆞᆯ오-'로 교체되었다. 'ᄉᆞᆯ오시더라'로 나타나야 하는데, 근대국어 문헌에는 선어말어미 '-더-'가 '-ᄃᆞ-' 또는 '-드-'로 표기되는 일이 간혹 나타났다.

〈첩해신어 1:2〉

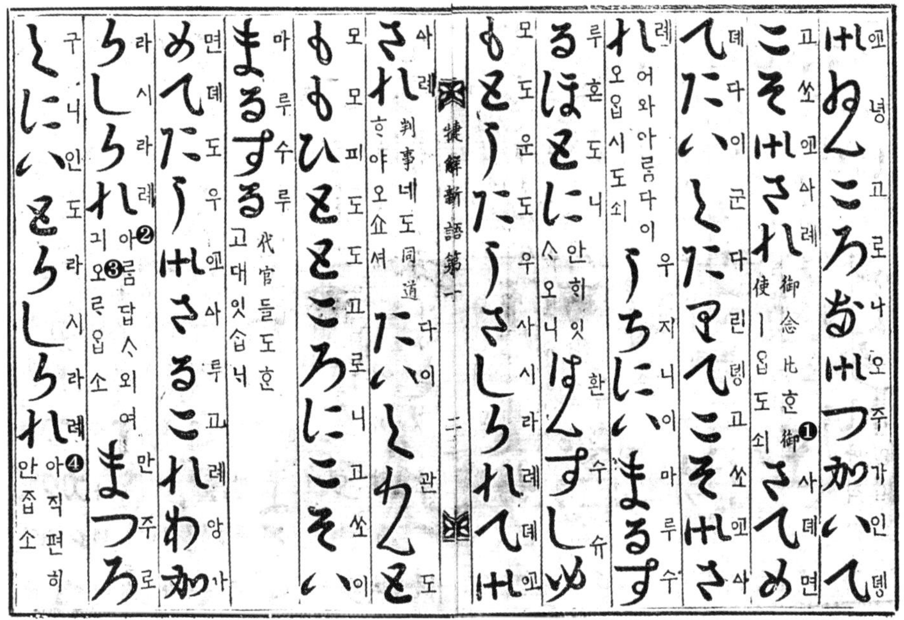

예녕고로나오주가인뎽

고쏘예사레 御念比ᄒᆞᆫ御❶ 사뎨면

뎨다이군다린뎽고쏘예사 使ㅣ옵도쇠

레 어와아름다이 오옵시도쇠 우지니이마루수

루혼도니 안히잇ᄉᆞ오니 ᄒᆞᆫ수슈

모도운도우사시라레뎨예

捷解新語第一 二

사레 判事네도同道ᄒᆞ야오쇼셔 다이관도

모모피도도꼬로니고쏘이

마루수루 代官들도ᄒᆞᆫ고대잇ᄉᆞᆸᄂᆡ

면뎨도우예사루꼬레앙가

라시라레❷ 아름답ᄉᆞ외여 그리오❸ᄅᆞ옵소 만주로

구니인도라시라레❹ 아직편히 안ᄌᆞᆸ소

1) 御使ㅣ옵도쇠: 어사(御使)이로군요. 御使+ㅣ-(서술격 조사)+-옵- (선어말어미)+-도쇠(종결어미). 여기에서 선어말어미 '-옵-'은 청자에 대한 화자겸양을 표시한다. '-도쇠'는 ᄒᆞ소체의 종결형태 중 하나로서 기원적으로 감탄을 표시하는 선어말어미 '-돗-'을 포함하고 있다('ᄒᆞ소체'에 대한 설명 참조).

2) 아름답ᄉᆞ외: 아름답소, (일본어 원문을 참고하면) 반갑소. 아름답-+-ᄉᆞ외(종결어미). '-ᄉᆞ외'는 ᄒᆞ소체 종결형태 중 하나로서 기원적으로 청자에 대한 화자 겸양을 표시하는 선어말어미 '-ᄉᆞᆸ/ᄉᆞ오-'를 포함하고 있다. ᄒᆞ소체 종결형태인 '-ᄂᆡ, -데, -리, -도쇠, -ᄉᆞ외, -새' 등을 선어말어미와 종결어미 '-ㅣ'의 결합으로 볼 수 있는지에 대해서는 여러 견해가 엇갈리고 있다('ᄒᆞ소체'에 대한 설명 참조). 참 めでたい/目出度い: 반갑다, 경사스럽다, 축하할 만하다.

3) 오ᄅᆞ옵소: 오르오. 오ᄅᆞ-+-옵-(선어말어미)+-소(종결어미). '-소'는 ᄒᆞ소체의 명령형 종결어미이다('ᄒᆞ소체'에 대한 설명 참조).

4) 아직: 잠시. 당분간. 중세국어에서 부사 '안즉, 아직'은 "짧은 시간"을 가리키다가 근대국어 이후에 현대국어와 같이 "미완, 지속"의 의미를 지니게 되었다. 여기에서는 여전히 중세국어와 같이 "짧은 시간"을 가리키는 것으로 해석된다.

〈첩해신어 1:3〉

와례와가가뎨마이따련도
나는소임으로 왓숩거니와
모 화시메뎨모엔사
리❶ 처음이 옵고
마다와쇼신나모
논 쟈 혼도니 오노
또는 싱소훈 거시오니
오노노 운도시우오모와
시라료우까 긴주까
各各 답답이 너기실가

捷解新語 第一

이마루수루혼도니❷ 만
氣運ᄒᆞ 오니
시니 온피기마와세오다노
미바까린뎨 엔삭루
萬事의 두로
❸스그 리시물미
들ᄯᆞ름이
옵도쇠
싱기노아이사쭈낭가라
인ᄉᆞ 당의
말숨야ᇰ 어니와
온고도바세쭝가기깅

1) 처음이ᄋᆞᆸ고: 처음이고. 처음+이-(서술격 조사)+-ᄋᆞᆸ-(선어말어미)+-고(연결어미). 중세국어 '처ᅀᅥᆷ〉처엄'이 '처음'으로 바뀐 예는 17세기부터 보인다.≪첩해신어≫에는 '처엄'과 '처음'이 둘 다 나타난다.

2) 氣遣ᄒᆞ오니: 걱정하니. 염려하니. '氣遣'은 "걱정, 염려"의 의미를 지닌 일본어이다.

3) ᄭᅳ리시믈: 이끌어 주심을. ᄭᅳ리-+-시-(선어말어미)+-ㅁ(명사형 어미)+을(목적격 조사). 'ᄭᅳ리다'는 현대국어 '꾸리다'의 옛말로, 여기서는 "일을 추진하여 처리해 나가거나, 생활을 규모 있게 이끌어 나가다."의 의미이다. 명사형 어미가 '-옴'이 아닌 '-ㅁ'으로 나타나고 있음을 볼 수 있다. 16세기 말 이래로 명사형 어미 '-옴/움'에서 '오/우'가 탈락한 '-(ᄋᆞ/으)ㅁ'이 나타나게 되었는데, 그 결과 명사파생 접미사 '-ᄋᆞᆷ/음'과 형태가 같아지게 되었다.

〈첩해신어 1:4〉

ことてこそ御されて
고돈뎽고쏘엔사레
말숨겻치 들엄즉ᄒᆞ외

われにたのましらること
와레니다노마시라루고도

わはりさきなり
와화리사기나리
우리게 미ᄃᆞ❶시ᄂᆞᆫ 일은 바ᄂᆞᆯ 굿타오

これよりたのむことわや
고레요리다노무고도와야

まのことくて御さろうほ
마농고도꾼뎨엔사로우홈

とに❷御ころつ
도나 온고고론주
이러로셔 미들 일은 뫼곳조올 거시니

捷解新語第一 四

けれたのひて御さる
계오다노문뎨엔사루
ᄆᆞ음 브티시물 미더

습ᄂᆡ

まつこなたのまへわ御
만주고나다노마예와엔

ねころにおしらるほと
녕고로니오시라루혼도

に❸きおのはしま
니 기오노바시마
아직 자ᄂᆡ네❹ 앏흔 극진이 니ᄅᆞ시니

るした加またそさ加
루시땅가 마다소상가
뜻❺을 펴거니와

1) 긋티오: 끝이고. 긑+이-(서술격 조사)+-오(연결어미). 서술격 조사 '이-' 뒤에서 연결어미 '-고'의 'ㄱ'이 약화되어 '-이고>-이오'로 나타난 것이다. 중세국어에서는 '그티오' 정도로 연철 표기될 것이 여기에서는 중철 표기되어 '긋티오'로 나타났다. 종성 발음에 따르면 '귿티오'로 나타날 법한데, 근대국어 시기에는 종성의 'ㄷ'을 'ㅅ'으로 표기하는 경향이 있었기 때문에 이렇게 나타난 것이다.

2) 이러로셔: 여기로부터. 이쪽에서부터. 이러+로셔(부사격 조사). '이러'는 "이리로"의 의미를 지닌 부사로도 쓰였지만 여기서는 "여기, 이쪽"의 의미를 지닌 대명사로 쓰였다. '로셔'는 "로부터"의 의미를 지니는데 기원적으로 부사격 조사 '로'와 '셔'가 결합한 것이다.

3) 자ᄂᆡ네: 자네들. 당신들. 15세기에 '자내'는 "자기"의 의미를 지닌 삼인칭 재귀대명사로서(예 薄拘羅ㅣ 자내ᄡᅳᆫ 어디디ᄫᅵ ᄂᆞᆷ ᄀᆞᄅᆞ쵸ᄆᆞᆯ 아니ᄒᆞᆯᄊᆡ〈석상 24:40〉), '저'보다는 높고 'ᄌᆞ갸'보다는 낮은 등급으로 쓰였다. 그런데 16세기 한글편지부터 '자내'가 '너'보다 한 등급 높은 이인칭 대명사로 쓰인 예가 보이기 시작하여, 근대국어에 와서는 '자내, 자ᄂᆡ, ᄌᆞᄂᆡ'가 이인칭 대명사로만 쓰이게 되었다. 한편 복수접미사 '-내/네'는 높임의 대상이 되는 체언과 결합한다는 점에서 '-ᄃᆞᇂ'과 구별되었다.

4) 앏흔: 앞은. 앒+은(보조사). 어간말 종성 'ㅍ'을 'ㅂㅎ'으로 나누어 표기한, 이른바 '재음소화 표기'의 예이다. 근대국어 시기에는 여전히 연철 표기도 나타나지만 분철 표기 경향이 뚜렷해지고 이와 더불어 중철 표기도 많이 나타나는데, 이때 어간말의 'ㅋ, ㅌ, ㅍ'을 'ㄱ, ㄷ(또는 ㅅ), ㅂ'과 'ㅎ'으로 나누어 표기하는 재음소화 표기도 함께 나타나고 있다.

5) ᄣᅳᆺ을: 뜻을. '뜻'의 옛말인 'ᄠᅳᆮ'을 'ᄣᅳᆺ'으로 표기한 것은 근대국어 시기에 종성의 'ㄷ'을 'ㅅ'으로 표기하는 경향에 따른 것이다. 그런데 이러한 표기상의 경향이 단어 형태에까지 영향을 미쳐 근대국어 후기에는 종성이 'ㅅ'으로 바뀌게 되었다.

〈첩해신어 1:5〉

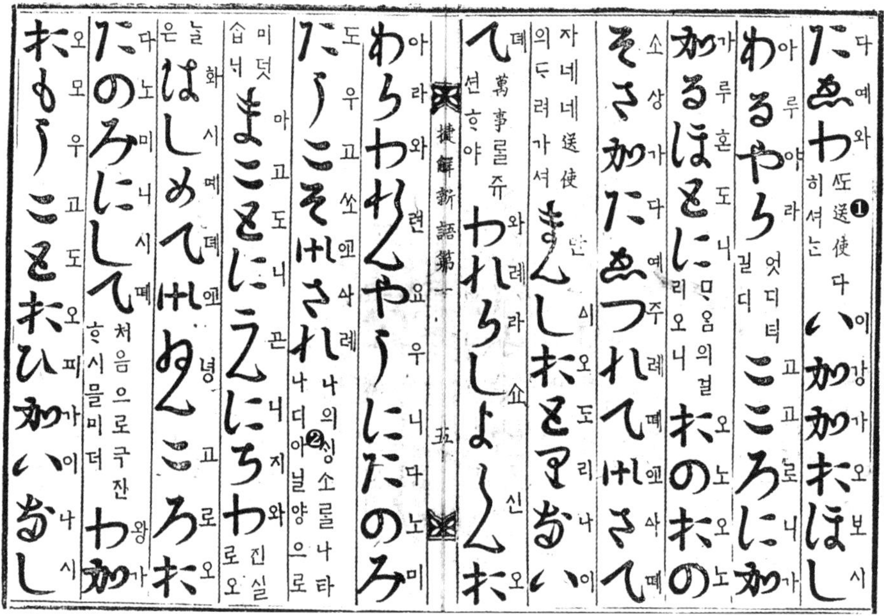

1) 送使 다히셔ᄂᆞᆫ: 송사(送使) 쪽에서는. 送使#다히(의존명사)+셔(부사격 조사)+ᄂᆞᆫ(보조사). '다히'는 "쪽"의 의미를 지닌 의존명사이다. 중세국어에는 이와 더불어 "대로"의 의미를 지닌 의존명사 '다히'와 "처럼, 같이, 대로"의 의미를 지닌 조사 '다히'도 존재하였다. 예 呪는 빌 씨니 이 法으로 비러 비론 다히 ᄃᆞ외의 ᄒᆞᆯ 씨라〈석상 21:22〉, 大臣이 닐오ᄃᆡ 그러면 太子ㅅ ᄠᅳᆮ다히 호리이다〈석상 11:20〉

2) 아닐: 아니할. '아니ᄒᆞ-+-ㄹ(관형사형 어미)'의 구성에서 'ᄒᆞ-'가 탈락한 것이다.

〈첩해신어 1:6〉

1) 無調法이: 서투르게. 엉성하게. 권1의 끝에 일본 한자어의 뜻을 풀어 설명한 부분에서 '無調法'을 '서의탄 말이라'라고 하였다. '서의ᄒᆞ다'는 "엉성하다, 성기다"의 의미와 "쓸쓸하다, 처량하다"의 의미를 지니고 있었는데, 여기에서는 전자의 의미로 쓰인 것이다.

2) 하: 아주. 매우. "많다, 크다"의 의미를 지닌 형용사 '하-'의 어간이 접미사 없이 바로 부사로 파생된 것이다.

3) 無ᄒᆞ方ᄒᆞ여: 의지할 바 없어서. 권1의 끝에서 '無ᄒᆞ方'에 대해 "의지 업단 말이라"라고 풀이하였다.

4) ᄉᆞᆲᄂᆞᆫ: 사뢰는. ᄉᆞᆲ-+-ᄂᆞ-(선어말어미)+-ㄴ(관형사형 어미). 'ᄉᆞᆲᄂᆞᆫ'으로 나타나야 할 것인데, 여기에서는 'ㄴ' 앞에서 'ㅂ'이 'ㅁ'으로 자음동화(비음화)를 겪은 형태가 표기에 반영되었다.

5) 거ᄅᆞ기: 대단하게, 많이. 중세국어와 근대국어 문헌에는 대개 '거르기'로 나타나는데, 어근 '거륵'에 부사파생 접미사 '-이'가 결합한 것이다. 중세국어의 '거륵ᄒᆞ다, 거르기'로부터 현대국어의 '거룩하다, 거룩히'로 발전하였다. 다만 '거륵ᄒᆞ다'는 "대단하다"의 의미로, 현대국어 '거룩하다'의 "뜻이 매우 높고 위대하다"라는 의미와는 차이가 있다.

〈첩해신어 1:7〉

さいんてはかなわんしき 사인뎨와가나완싱긴

てはけさる加 こな 뎨와ᄋᆡ사룽가 고나 ❶모시디아냐ᄂᆞᆫ못 ᄒᆞᆯ일이어니와

たひとりけさても し 다피도리ᄋᆡ사뎨모 싱 자네ᄒᆞᆫ자 가셔도

きのわいさつのころとこ 기노아이사쯔노고로도고

ろなし そさ加たも 로나시 소상가다모 인ᄉᆞ댱의낫❷ 븐되업ᄉᆞ니

たいめんならは き 다이면나라바 긴 送使ᄭᅴ對 面ᄒᆞ면

捷解新語第一 七

とくにおもはるるはん 도구니오모와루루와ᄉᆞᆫ

しまえちやほとに 시마옌자ᄒᆞᆫ도니 奇特이너기ᄆᆞᆫ ❸아ᄂᆞᆫ앏피니

こちのこころもちてそえ 고찌노고고로모지뎨소예

るところはありそ 루도고로와 아리소 우리의ᄠᅳᆮ으로보탤바ᄂᆞᆫ

ひなこそけされとも 무노고쏘ᄋᆡ사련도모 이실ᄃᆞᆺ아

けともこそしまるすれ 오도모고쏘시마루수레 니ᄒᆞ건마ᄂᆞᆫ

1) 모시디 아냐ᄂᆞᆫ: 모시지 아니하여서는. '아냐ᄂᆞᆫ'은 '아니ᄒᆞ-+-야(연결어미)+ᄂᆞᆫ(보조사)'으로 분석되는데, 어간의 'ᄒᆞ-'가 탈락한 후 축약된 형태이다.

2) 낫븐: 부족한. 낫브-+-ㄴ(관형사형 어미). 중세국어에서 '낟ᄇᆞ다>낟브다'는 "부족하다", "기준에 미치지 못하다"의 의미를 지녔는데, 여기서도 여전히 그런 의미로 쓰이고 있다. '낟브-'가 '낫브-'로 표기된 것은 종성의 'ㄷ'을 'ㅅ'으로 표기하는 근대국어 표기법의 경향 때문이다.

3) 앒피니: 앞이니. 앒+이-(서술격 조사)+-니(연결어미). '앒'을 '앒ㅍ'으로 표기한 것은 전형적인 중철 표기의 예이다. 근대국어 시기에는 여전히 연철 표기도 나타나는 한편 분철 표기 경향이 강하게 나타났는데, 이 과정에서 과도기적 양상인 중철 표기도 많이 나타났다. 한편 근대국어 시기에는 음절말 종성 'ㅍ'을 'ㅂㅎ'으로 나누어 표기하는 이른바 '재음소화 표기'도 보인다.

〈첩해신어 1:8〉

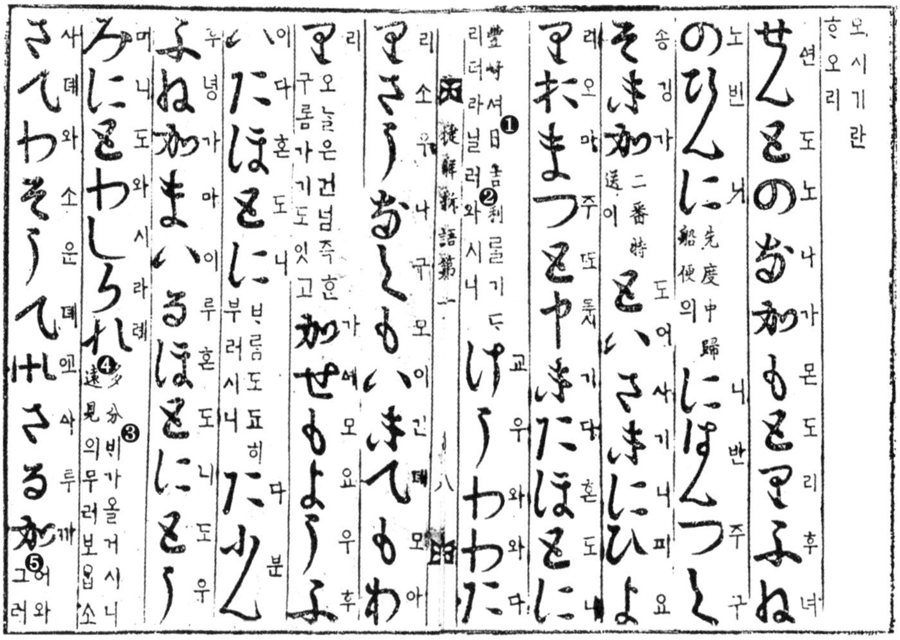

1) 日吉利: “좋은 날씨”를 의미하는 일본 한자어이다.

2) 와시니: 와 있으니. 왔으니. 오-+-아시-+-니(연결어미). ‘-아시-’는 ‘-아#잇-’에서 발전한 ‘-앗-’의 이형태이다. 본래 동사 ‘잇-’은 모음으로 시작하는 어미나 매개모음을 갖는 어미와 결합할 때에는 ‘이시-’로 나타났다. 따라서 “상태의 지속”이나 “진행”, 나아가 “완료” 또는 “과거”를 표시하는 ‘-아#잇->-앳->-앗-’의 이형태로 ‘-아#이시->-애시->-아시-’가 나타났다(‘-아#잇-’의 재구조화에 대한 설명 참조).

3) ᄇᆡ가: 배가. ᄇᆡ+가(주격 조사). 주격 조사 ‘가’의 등장은 근대국어 문법의 가장 큰 특징 중 하나이다(‘가’의 최초 출현 시기가 16세기 후반이라는 견해도 있으나 자료의 해석에 논란의 여지가 있음). 처음에는 ‘ㅣ’모음 또는 반모음 y로 끝나는 체언 뒤에 쓰이다가 차츰 모든 모음 뒤에 쓰이는 것으로 확대되었다. 따라서 근대국어 후기까지도 모음으로 끝나는 체언 뒤에는 여전히 주격 조사 ‘ㅣ’와 ‘가’가 공존하였다.

4) 遠見의: ‘遠見’은 바닷가 높은 곳에 세워 경계 근무를 하는 망루를 가리키는 일본 한자어이다.

5) 그러ᄒᆞ온가: 그러한가? 그러ᄒᆞ-+-오-(선어말어미)+-ㄴ가(종결어미). 여기에서 선어말어미 ‘-오-’는 청자에 대한 화자 겸양을 표시하는 ‘-ᄉᆞᆸ/ᄉᆞ오-’의 이형태이다. 형태상으로는 중세국어 ‘-ᅀᆞᆸ-’과 매개모음의 결합인 ‘-ᄉᆞᄫᆞ-’로부터 ‘-ᄉᆞ오->-ᄋᆞ오->-오-’로 변화한 것이다. ‘-ㄴ가’는 ᄒᆞ소체의 의문형 종결어미이다. 15세기에 ‘-ㄴ가/ㄴ고, -ㄹ가/ㄹ고’는 간접의문문의 종결어미로 쓰이다가 차츰 직접의문문에 쓰이게 되었고, 16세기에 ᄒᆞ소체가 등장하면서 ᄒᆞ소체의 의문형 종결어미로 자리 잡게 되었다.

〈첩해신어 1:9〉

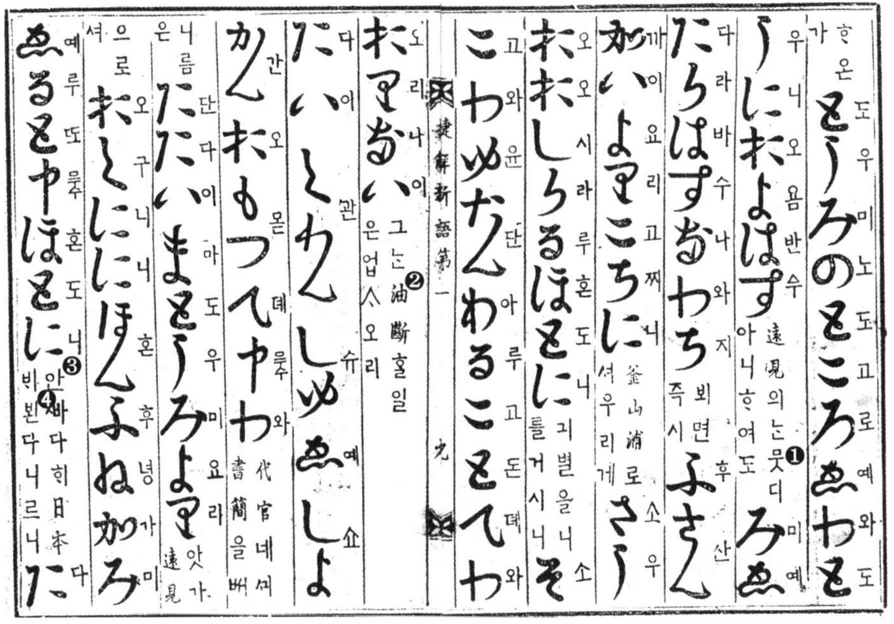

1) 뭇디: 묻지. 묻-+-디(연결어미). 동사 '묻-'이 '뭇-'으로 표기된 것은 종성의 'ㄷ'을 'ㅅ'으로 표기하는 근대국어 표기법의 경향 때문이다.

2) 油斷홀: '油斷'은 "방심, 부주의"를 뜻하는 일본 한자어이다.

3) 안싸다히: 안 바다에. 안+ㅅ(관형격 조사)#바닿+이(부사격 조사). 관형격 조사 'ㅅ'이 뒤에 오는 명사 '바다ㅎ'의 초성과 함께 표기된 것이다.

4) 뵌다: 보인다. 중세국어에서는 '뵈ᄂᆞ다[뵈-+-ᄂᆞ-(선어말어미)+-다(종결어미)]'로 나타나는 것이 일반적이고 근대국어 시기에도 여전히 '-ᄂᆞ다'가 나타나고 있으나, 16세기 이후로는 내포문에서부터 이처럼 '-ᄂᆞ다'가 '-ㄴ다'로 바뀐 형태가 보이기 시작하였다.

〈첩해신어 1:10〉

ふんにほんつそき加まい 분니반죽송깅가마이
りそうおほとに 리소우나혼도니 일뎡 二番特送이
おのおのもこころゑさし 오노오노모고고로예사서 오ᄂᆞᆫ가시브니
られ 라레 자네네도 아ᄋᆞᆸ소
このふねやおにふねて叶 고노후녀와나니후녀뎨예
さる加 사루깨 이비ᄂᆞᆫ므❶슴❷빈고

捷解新語第一

たうねんてうにほんつそ 도우년죠우니반죽송
まて叶さる 긴뎨예사루 當年条二番特送이ᄋᆞᆸ도쇠
さてさてことのほかのわ 새뎨사뎨고도노호가노아
らしにおにことお 라시니나닝고도노 어와어와 거르기 머흔듸
うわたらしられて 우와다라시라레뎨 아므일업시 건너시니
めてたうこそ叶され❸ 면뎨도우고쏘예사레 아름다와 ᄒᆞᆼ닝이다

1) 므슴: 무슨. '므슴'은 "무슨"의 의미를 지닌 관형사나 "무엇"의 의미를 지닌 미지칭의 지시대명사, 또는 "어찌"의 의미를 지닌 부사로 쓰였는데, 여기에서는 'ᄇᆡ'를 수식하는 관형사로 쓰였다.

2) ᄇᆡᆫ고: 배인가? ᄇᆡ+ø(서술격 조사)+-ㄴ고(종결어미). '-ㄴ고'는 ᄒᆞ소체의 의문형 종결어미이다. ᄒᆞ소체 의문문에서 설명의문문에는 종결어미 '-ㄴ고, -ㄹ고'가, 판정의문문에는 '-ㄴ가, -ㄹ가'가 쓰였다.

3) ᄒᆞᄂᆡᇰ이다: 하나이다. 합니다. 'ᄒᆞ-+-ᄂᆞ-(선어말어미)+-이-(선어말어미)+-다(종결어미)'로 분석되는 'ᄒᆞᄂᆞ이다'에 반모음 y가 첨가된 'ᄒᆞᄂᆡ이다' 형태는 이미 15세기 문헌에서도 간혹 나타났다. 여기에서 'ᄒᆞᄂᆡᇰ이다'는 'ᄒᆞᄂᆡ이다'의 'ㆁ'[ŋ]이 앞 음절의 종성으로 발음되는 현상을 반영한 것이다. 근대국어 이후 종성의 [ŋ]은 'ㆁ' 대신 'ㅇ'으로 표기하게 되었기 때문에 'ᄒᆞᄂᆡᇰ이다'로 나타났다.

11

증수무원록언해

해 제

≪증수무원록언해增修無冤錄諺解≫는 1792년(정조 16)에 서유린(徐有隣) 등이 ≪증수무원록增修無冤錄≫의 본문에 한글로 토를 달고 언해하여 3권 2책으로 간행한 법의학서이다. 이 책에는 시신의 변화 과정, 사인(死因)의 규명에 필요한 각종 법의학적 지식과 검사 재료, 검안서식(檢案書式) 등이 수록되어 있다.

원래 ≪무원록無冤錄≫은 중국 원대의 왕여(王與)가 편찬한 것이다. 우리나라에서는 1440년(세종 22)에 이 책에 주석을 붙여 ≪신주무원록新註無冤錄≫을 간행하였으나 애매하고 잘못된 부분이 많아 이를 보완하여 1748년(영조 24)에 다시 ≪증수무원록增修無冤錄≫을 편찬, 간행하였다. 그 후 정조대에 다시 정확한 이해를 돕기 위하여 구충명(具允明), 김취하(金就夏) 등이 ≪증수무원록≫의 내용을 보완하였는데 이를 언해한 것이 ≪증수무원록언해≫이다. 이 책의 한문본인 ≪증수무원록대전增修無冤錄大全≫은 1797년(정조 21)에 간행되었는데 언해본이 먼저 간행된 이유는 검시를 담당하는 형률(形律) 관리들에게 도움이 되게 하려는 의도가 있었기 때문으로 추정된다.

여기서는 권 3에서 독을 먹고 죽은 사람의 몸을 검안하는 데 필요한 사항이 수록되어 있는 부분을 소개하였다. 그리고 부록으로 ≪증수무원록언해≫에 실려 있는 인체 그림을 실었다.

〈증수무원록언해 3:51뒤〉

增修無寃錄諺解三　　五十一

多矇眛ᄒᆞ니至若屍首發變이亦類中毒이라檢覆之際

에不可不仔細辨明이니라[附]銀釵飯鷄之法이俱未
的確외惟粘飯條ㅣ詳備
可行ᄒᆡ茲備錄ᄒᆞ
以資考擇ᄒᆞ노

中듕毒독ᄒᆞ야죽은거시라 스스로알고먹 은거시服복毒
독이오가디못ᄒᆞ고먹 은거시中듕毒독이라

毒독먹고죽은거ᄉᆞᆯ검험ᄒᆞᆯᄣᅢ애銀은釵차ᄅᆞᆯᄡᅳ❶

ᄃᆡ皂조角각水슈로ᄡᅵ❷서死ᄉᆞ人인의입속목구❸

무안히探탐入입ᄒᆞ고皂조히로ᄡᅥ❹ᄇᆡᆨᄇᆡᆨ이封봉ᄒᆞ

얏다가死ᄉᆞ人인의입을 틈업시봉ᄒᆞᆷ이라❺ᄆᆞ장오라매取취ᄒᆞ야

내여靑청黑흑色ᄉᆡᆨ이되엿거든다시皂조角각

1) 쓰ᄃᆡ: 쓰되. 쓰-+-ᄃᆡ(연결어미). 중세국어에서 “사용하다”의 의미를 가지는 동사는 ‘ᄡᅳ다’였는데 근대국어에 와서 어두자음군이 사라지고 된소리로 바뀌면서 ‘쓰다’로 변화하였다. 이 문헌에서는 표기상 ‘ᄡᅳ다’와 ‘쓰다’가 같이 나타나고 있어 이 시기 된소리 표기의 혼란을 보여준다. 연결어미 ‘-ᄃᆡ’는 중세국어에서 ‘-오ᄃᆡ/우ᄃᆡ’와 같이 ‘오/우’가 항상 같이 나왔는데 근대국어에서는 이 ‘오/우’가 탈락하게 되었다. 이러한 변화는 연결어미 ‘-오려/우려’나 명사형 어미 ‘-옴/움’ 등에서도 보인다.

2) ᄡᅵ서: 씻어. ᄡᅵᆺ-+-어(연결어미). ‘ᄡᅵᆺ다’는 15세기에 ‘싯다’였는데 어두의 된소리화를 겪어 ‘씻다’가 되었다. 여기에서는 ㅅ의 된소리를 ‘ㅄ’으로 표기하였다. 근대국어 시기에는 된소리 표기가 혼란을 보여 ㅂ계 합용병서와 ㅅ계 합용병서, 각자병서가 혼용되었다.

3) 목구무: 목구멍. ‘목굼긔’에서와 같이 모음으로 시작하는 조사 앞에서는 ‘목굼ㄱ’으로도 나타난다. 중세국어의 ‘구무~굼ㄱ’ 교체가 남아 있음을 보여준다.

4) ᄇᆡᆨᄇᆡᆨ이: 빽빽하게. ‘ᄇᆡᆨᄇᆡᆨ이’는 ‘ᄇᆡᆨᄇᆡᆨᄒᆞ-’의 어근 ‘ᄇᆡᆨᄇᆡᆨ’에 부사파생 접미사 ‘-이’가 통합하여 이루어진 부사이다. ‘ᄇᆡᆨᄇᆡᆨ’이 된소리화한 ‘ᄬᆡᆨᄬᆡᆨ’은 19세기 자료에서부터 발견된다.

5) ᄀᆞ장 오라매: 충분히 오래되매. ‘ᄀᆞ장’은 일반적으로 “매우”의 의미를 가지며 이곳에서도 “어느 정도에 이르기까지 매우”의 문맥적 의미를 가진다. 현대국어 형용사 ‘오래-’는 주로 ‘-한 지 오래다’ 구문에서 사용되는데 근대국어의 ‘오라-’는 “시간이 지나간 기간이 길다”의 의미로 구문의 제약 없이 사용되었다.

〈증수무원록언해 3:52앞〉

氷슈로ᄢᅴ서그❶빗치업디❷아녀사곳이오만일업스면독긔업슴이라그빗치叙차皀❸식이라곱게희니라○白ᄇᆡᆨ飯반ᄒᆞᆫ덩이ᄅᆞᆯ가져死ᄉᆞ人인의口구中듕喉후內ᄂᆡ예너코죠희로❹덥허ᄒᆞᆫ두時시辰신이나ᄒᆞ얏다가밥을取취ᄒᆞ야내여ᄃᆞᆰ을주어먹여ᄃᆞᆰ이死ᄉᆞᄒᆞ죽어사곳이니라增英영宗종甲갑申신에命명ᄒᆞ샤飯반雞계ᄒᆞᄂᆞᆫ法법을禁금ᄒᆞ시되만일可가히ᄡᅳ지아니티못ᄒᆞᆫ곳이잇거든ᄡᅳᆫ후에ᄒᆞ여곰즉시그ᄃᆞᆰ을바리게ᄒᆞ심은대개어린ᄇᆡᆨ셩이입에食식ᄒᆞ야그릇먹어인명을❺傷샹ᄒᆡ올ᄭᆞ념녀ᄒᆞ심이니모롬이仁인民민ᄒᆞ시ᄂᆞᆫ지극ᄒᆞᆫᄠᅳᆺ을밧자와敢감히犯범忽홀티말라生ᄉᆡᆼ前젼에物물을먹어❻눌니ᄂᆞ려毒독物물먹은후에음식을먹어독거눌니여ᄂᆞ리ᄯᅡᆫ말

1) 빗치: 빛이. 색이. 빛+이(주격 조사). '빛이'가 '빗치'로 중철 표기 되었다.

2) 아녀사: 아니하여야. 않아야. 아니ᄒᆞ-+-어사(연결어미). 어간말의 'ᄒᆞ'가 모음 어미 앞에서 수의적으로 생략되어 '아녀사'가 되었다. "조건, 가정"의 의미를 표시하는 연결어미 '-어사'는 중세국어에서 연결어미와 보조사의 통합체였던 '-어ᅀᅡ'가 하나의 어미로 재구조화한 것이다.

3) 곱게: 선명하게. '곱게'는 현대국어 "곱게"의 의미와 큰 차이가 없지만 이곳에서는 '鮮'을 언해한 것이므로 "선명하게"의 의미로 한정할 수 있다.

4) 덥허: 덮어. 덮-+-어(연결어미). 어간 '덮-'의 'ㅍ'이 'ㅂㅎ'으로 재음소화하여 표기되었다.

5) 傷히올싸: 상하게 할까. 傷히오-+-ㄹ싸(종결어미). '傷히오-'는 '傷ᄒᆞ-'에 사동 접미사 '-이-'와 '-오-'가 이중으로 결합한 것이다.

6) 눌너 ᄂᆞ려: 눌러 내려가. 현대국어 '내리다'는 자동사와 타동사로 모두 쓰이지만 중세국어 'ᄂᆞ리다'는 자동사로만 쓰였고, 사동 접미사 '-오/우-' 가 결합한 'ᄂᆞ리오다/ᄂᆞ리우다'가 타동사로 쓰였다. 이곳의 'ᄂᆞ리-' 역시 자동사로 파악된다. '눌러'가 '눌너'로 표기된 것은 어중의 'ㄹㄹ'이 'ㄹㄴ'으로 표기되는 당시 경향을 따른 것이다.

〈증수무원록언해 3:52뒤〉

增修無冤錄諺解三　五十二

이라 腸쟝臟장內내에 드[1]려시면 試시驗험홈애 證

증 홀 꺼시 업ᄂᆞ니 곳 穀곡道도內내로부터 시험

ᄒᆞ라 銀은釵차로 시험ᄒᆞ란 말이라 그 빗치 즉시 뵈ᄂᆞ니라 ○ 믈

읫 독약으로 죽은 屍시ᄅᆞᆯ 檢검驗험홈애 간혹 毒

독 먹언 디 이믜 오[2]라야 ᄈᆞ[3]혀 속에 이셔 試시驗험

ᄒᆞ야도 나디 아니ᄒᆞᄂᆞᆫ 者쟈ㅣ 잇거든 모롬이 몬

져 銀은釵차로 ᄡᅥ 죽은 사ᄅᆞᆷ의 목[4]굼긔 探탐入입

ᄒᆞ야 ᄆᆞᄎᆞᆷ애 믄득 더운 糟조와 醋조ᄅᆞᆯ ᄡᅥ 아래로

시산 下하半반이라 부터 덥고 ᄲᅵ서 漸졈漸졈 우흘 向향ᄒᆞ

야 모롬이 긔운이 ᄉᆞ뭇게 ᄒᆞ면 그 毒독氣긔 熏훈

1) 드러시면: 들어 있으면. 들-+-어(연결어미)#시-+-면(연결어미). '-어시-'가 선어말어미로 문법화하는 중간 단계가 아니라 존재동사 '잇-', '이시-'의 교체형 '시-'의 의미가 그대로인 '-어 있-' 구성으로 해석된다.

2) 오라야: 오래어. 오래되어. 오래-+-아(연결어미). 중세국어 '오라-'에서 변한 어간 '오래-'에 어미 '-아'가 통합한 활용형이다. '오라야'로 표기된 것은 이른바 'y 유동현상'에 의한 것으로 어간말 반모음 'y'가 후행 연결어미와 통합하였기 때문이다. 어간을 '오라-'로 분석하면 어미 '-야'를 설명할 수 없다. 바로 앞에서 '오라매'도 보였는데 이 시기에는 '오라-'와 '오래-'가 공존했다고 볼 수 있다.

3) 빠혀: 쌓여. 빠히-+-어(연결어미). '빠히-'는 동사 어간 'ᄡᆞᇂ-'에 피동 접미사 '-이-'가 통합한 피동사이다. 'ᄡᆞᇂ-'은 15세기 국어에서 '샇-' 또는 'ᄊᆞᇂ-'으로 나타났다. 'ㅅ'의 된소리가 'ㅄ'으로 표기된 것은 이 시기 된소리 표기가 ㅂ계 합용병서, ㅅ계 합용병서, 각자병서로 혼용되었기 때문이다.

4) 목굼긔: 목구멍에. 목굼ㄱ+의(부사격 조사). 앞 장에서는 조사 없이 단독으로 쓰여 '목구무'로 나타났는데 이곳에서는 모음으로 시작하는 조사 앞에서 '목굼ㄱ'으로 나타났다.

<증수무원록언해 3:53앞>

蒸증ᄒᆞ야 검은빗치비로소뵈고만일믇득더운
糟조와醋조ᄅᆞᆯ가져우흐로 시신上샹半반이라 부터ᄂᆞ리
우면그더운긔운이毒독氣긔ᄅᆞᆯ핍박ᄒᆞ야아래
로向향ᄒᆞ야다시可가히보디몯ᄒᆞᄂᆞ니 증 下하腹복으
로부터次ᄎᆞ次ᄎᆞ덥허毒독氣긔검은빗치비로 소뵌後후에우부터더운초와술로ᄲᅥ디시덥흐
면可가히다시보디몯ᄒᆞ 고穀곡道도에뵈ᄂᆞ니라 或혹糞분門문에셔試
시探탐ᄒᆞ려ᄒᆞ면糟조醋조ᄡᅳ기ᄅᆞᆯ맛당히이와
샹반ᄒᆞᆯ때니라 이법에샹반히ᄒᆞ야우ᄒᆞ 로부터ᄂᆞ리우란말이라 ○一일
法법은❶니ᄡᆞᆯ이나或혹ᄎᆞᆯᄡᆞᆯ三삼升승으로ᄡᅥ밥
을❷딧고淨정ᄒᆞᆫ糯나米미 출슈 쉬라 一일升승을ᄡᅥ일❸

1) 니ᄡᆞᆯ이나 或 출ᄡᆞᆯ: 입쌀이나 찹쌀. ‘ᄡᆞᆯ’과 통합하는 접두사 ‘니-’와 ‘출-’의 형태가 표기에 그대로 나타나고 있다. 이를 통해 현대국어 ‘입쌀’과 ‘찹쌀’이 복합어 구조이고 ‘ㅂ’이 ‘ㅄ’ 자음군의 발음에 의한 화석임을 확인할 수 있다.

2) 딧고: 짓고. 현대국어 ‘짓-’은 중세국어에서도 초성이 ‘ㅈ’이었다. 근대국어 시기에 ㄷ구개음화가 일어나면서 그 반작용으로 본래 ‘지’인 것도 ‘디’에서 변한 것으로 잘못 파악하고 본 형태로 되돌리고자 하는 과도교정이 나타났다. 이 문헌에서는 연결어미 ‘-디’ 등을 제외하고 ‘ᄒᆞᆫ골ᄀᆞ치’, ‘꺼져시며’, ‘지완키ᄅᆞᆯ’ 등과 같이 구개음화가 표기에 반영되는 것이 일반적이었다. 그리고 구개음화를 의식한 과도교정 표기도 함께 나타나고 있는 것이다.

3) 일워: (쌀을) 일어. 일우-+-어(연결어미). “(쌀을) 일다”라는 뜻을 가진 동사는 현대국어는 물론 중세국어에서도 ‘일-’이었는데 이 문헌에서는 ‘일-’에 사동 접미사로 보이는 ‘우’가 통합되어 있다. “이루다” 뜻을 가진 사동사 ‘일우-’에 이끌린 결과로 보인다.

〈증수무원록언해 3:53뒤〉

增修無冤錄諺解 三　五十三

원ᄡᅵᄉᆞ매❶뵈보ᄒᆡ담아디은밥우희ᄯᅵ❷고ᄃᆞᆰ의알
ᄒᆞ나흘가져(올히알이ᄯᅩᄒᆞᆫ가ᄒᆞ나라)새여흰거슬내야糯나
米미飯반에버무려고로게ᄒᆞ야前젼대로보ᄒᆡ
ᄲᅡ몬졋大대米미나粘뎜米미밥우희노하두엇
다가❸손세가락으로ᄡᅥ糯나米미飯반을ᄃᆞᆫᄃᆞᆫ이
쥐여❹올히알만치호ᄃᆡ차게말고急급히屍시의
입을여러니밧게노코밋小쇼紙지三삼五오張
댱을써屍시의口구耳이鼻비와臀둔과陰음門
문읫곳에븟텨막고仍잉ᄒᆞ야새소음三삼五오
條됴ᄅᆞᆯᄡᅳ되됴흔초三삼五오升승을猛ᄆᆡᆼᄒᆞᆫ블

1) 뵈보ᄒᆡ: 베보자기에. 뵈보ᄒᆞ+ᄋᆡ(부사격 조사). '뵈보ᄒᆞ'는 "베"의 의미를 가지는 '뵈'와 "보자기"의 의미를 가지는 '보ᄒᆞ'의 합성명사이다. '보ᄒᆞ'는 18세기 문헌에 '보ᄌᆞ(褓子)'로 나타나기 시작하여 현대국어에서 '보자기'로 나타난다.
2) ᄯᅵ고: 찌고. 'ᄯᅵ-(蒸)'는 15세기 국어에서 'ᄠᅵ-'로 나타났다. 'ㅲ'이 'ㅼ'으로 바뀐 것은 어두자음군이 사라지고 된소리화한 것을 반영한다.
3) 손 세 가락으로ᄡᅥ: 손가락 세 개로. 세 손가락으로. 중세국어에서부터 합성어 '손ᄭᅡ락'이 있었는데 '손'과 '가락' 사이에 '세'가 개재되었다.
4) 올히 알만치: 오리 알만큼. 오리 알만한 크기로. '만치'는 '정도'의 의미를 표시하는 조사로 사용되었다. 이 문헌에서는 ㄷ구개음화에 대한 반작용으로 나타난 과도교정 형태인 '만티'로도 나타난다.

〈증수무원록언해 3:54앞〉

로써❶달혀❷두어소솜❸ᄉᆞᆯ히고소음을가져醋조鍋
과內ᄂᆡ초ᄅᆞᆯ힌ᄅᆞᆺ시라그에너허달혀半반時시ㅅ만에
ᄢᅢ고仍잉ᄒᆞ야糟조로써屍시를덥고❹ᄆᆞᆫ드소음
을가져덥ᄒᆞ라만일이死ᄉᆞ人인이生ᄉᆡᆼ前젼에
毒독을닙어실면댄그屍시곳부어脹턍ᄒᆞ고口
구內ᄂᆡ黑흑ᄒᆞ고臭츄惡악ᄒᆞᆫ汁즙이소음우희
ᄲᅮᆷ어와可가히갓가이못ᄒᆞᄂᆞ니後후에소음을
아사업시ᄒᆞ면糯나米미飯반이臭츄惡악ᄒᆞᆫ汁
즙을닙어ᄯᅩᄒᆞᆫ검은빗치오내나ᄂᆞ니이거시毒
독藥약바든형상이오만일업스면아니니라糯나

增修無冤錄諺解三 五十四

1) 달혀: 달여. 달히-+-어(연결어미). '달히-'는 '닳-'에 사동 접미사 '-이-'가 결합한 것이다.

2) 두어 소솜: 두어 번. '소솜'은 '沸'에 해당하는 단어로서 "약 등의 액체가 끓어 솟아오르는 횟수"를 의미한다.

3) ᄭᅳᆯ히고: 끓이고. ᄭᅳᆯ히-+-고(연결어미). 'ᄭᅳᆯ히-'는 동사 'ᄭᅳᆶ-'에 사동 접미사 '-이-'가 통합한 것이다. 'ᄭᅳᆶ다'는 본래 '긇다'였는데 16세기부터 어두음이 된소리로 바뀐 형태가 나타나기 시작하였다.

4) 믄득: 곧바로. 현대국어 '문득'은 "무의식적으로 갑자기" 정도의 의미로 한정되어 쓰이는데 이곳에서는 중세국어에서와 마찬가지로 "곧바로", "즉시"와 같은 의미로 사용되었다.

〈증수무원록언해 3:54뒤〉

增修無冤錄諺解 三 五十四

飯반에 검은 빗과 내 업스면 독약 형상이 아니란 말이라 試시驗험ᄒᆞᆫ 糯나米

미飯반을 封봉ᄒᆞ야 上샹司ᄉᆞ에❶ 신보ᄒᆞ고 分분

明명히 열어 닐으라 ○ 毒독藥약 먹은 거ᄉᆞᆫ 或혹

卽즉時시에 發발作작ᄒᆞ고 그 藥약이❷ ᄂᆞ리면 或

혹 一일 兩냥日일에 發발作작호ᄃᆡ 或혹❸ 돌나 吐

토ᄒᆞ거나 或혹 吐토키ᄅᆞᆯ❹ 긋디 아니ᄒᆞᄂᆞ니 仍잉

ᄒᆞ야 모롬이 衣의服복 우희 나믄 藥약 돌나 토ᄒᆞᆫ 약이라

을 太즈며 밋❺ 죽은 의 머무던 곳에 藥약物믈과 器

긔皿명의 類류ᄅᆞᆯ 太즈라 ○ 믈읫 中듕毒독이❻ 대

걷지 曖ᄋᆡ昧미 의반ᄒᆞ야 분명티 아니ᄒᆞᆫ단 말이라 홈이 만ᄒᆞ니 屍

1) 신보ᄒᆞ고: 고하여 알리고. '신보(申報)'는 한자어인데 한자가 병기되지 않았다.

2) 느릐면: (약효가) 느리면. 원문의 '慢'을 언해한 것이다. '느릐다'가 '날호다'를 대신하여 쓰이기 시작함을 보여주는 용례이다.

3) 돌나: 게워. 근대국어에서 "되돌리다, 게우다"의 의미로 사동사 '도로다'가 사용되었는데(예 倒嚼 쇼 여믈 <u>도로다</u> 回食 쇼 여믈 <u>도로다</u>〈역해 하:31〉), 15세기 어형은 'ᄃᆞᄅᆞ다'였다. 이곳의 '돌나'는 '도ᄅᆞ-'의 활용형 '돌라(<돌아)'가 화석으로 남아 있는 것이라고 할 수 있다. 어중의 'ㄹㄹ'이 'ㄹㄴ'으로 표기되었는데 이는 근대국어 표기법의 특징이다.

4) 슷디: 그치지. 슻-+-디(연결어미). 중세국어 '긋(←긏)-'이 어두 된소리화를 겪어 '슷-'으로 표기되었다.

5) 죽은의: 죽은 이의. 죽-+-은(관형사형 어미)#이(의존명사)+의(관형격 조사). 의존명사 '이'에 관형격 조사 '의'가 통합하면서 모음 'ㅣ'가 탈락하였다. 이러한 양상은 '늘그늬' 등에서도 확인된다.

6) 대컨지: 대개. 중세국어에 이 어형과 관련된 어형으로 '대가ᄒᆞᆫ디'가 보인다. 예 밤ᄯᅮᆼ만 다듣거든 ᄯᅩ 옛 둘흘 ᄒᆞ야 ᄀᆞ라 도라오게 ᄒᆞ야 <u>대가ᄒᆞᆫ디</u> 져그나 ᄌᆞᆷ곳 자면 ᄅᆡ실 ᄌᆞᆷ 낟브디 아니ᄒᆞ리라〈번노 상:57〉

【참고】 〈증수무원록언해 1:60뒤〉

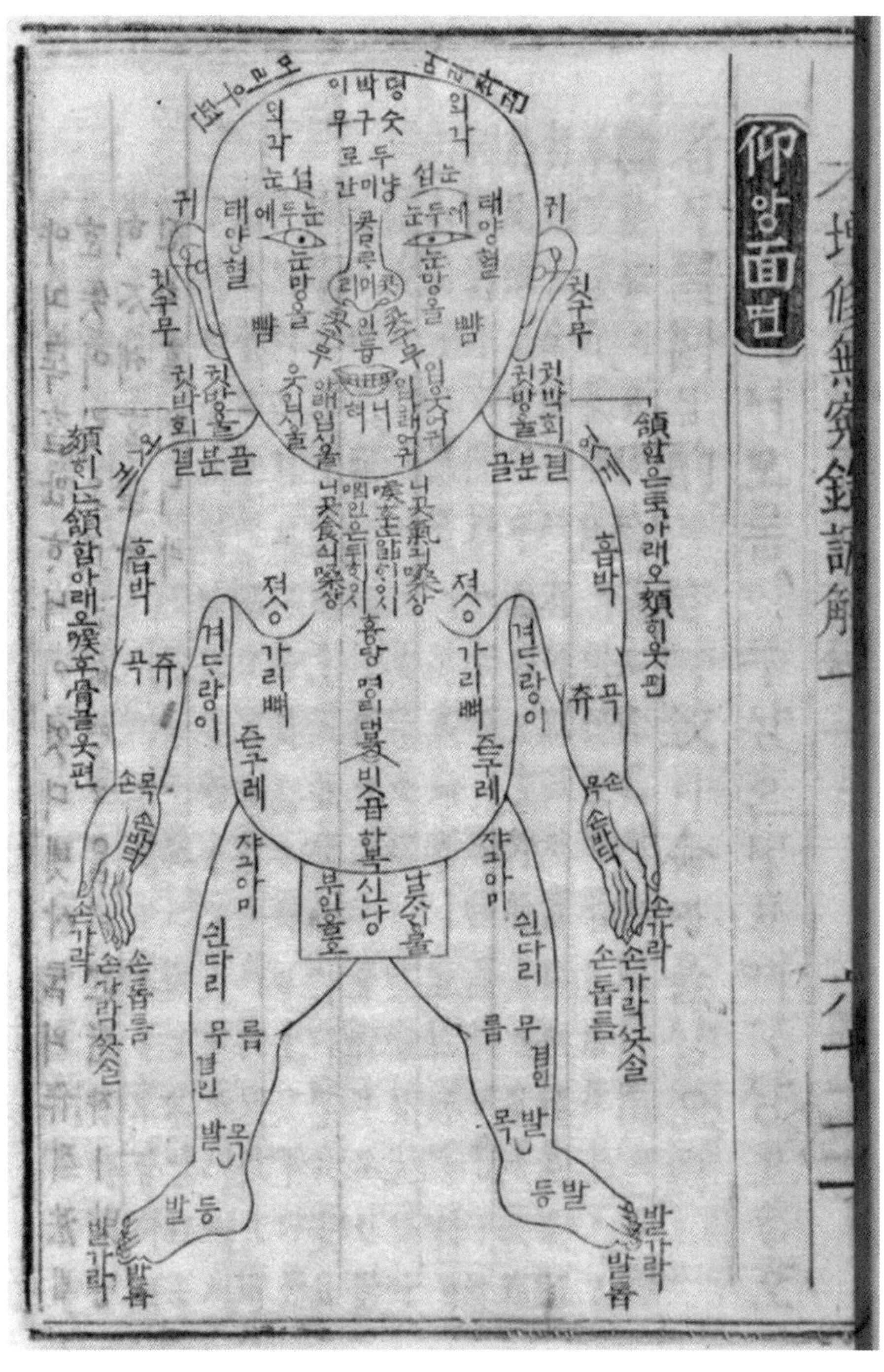

〈증수무원록언해 1:64뒤〉

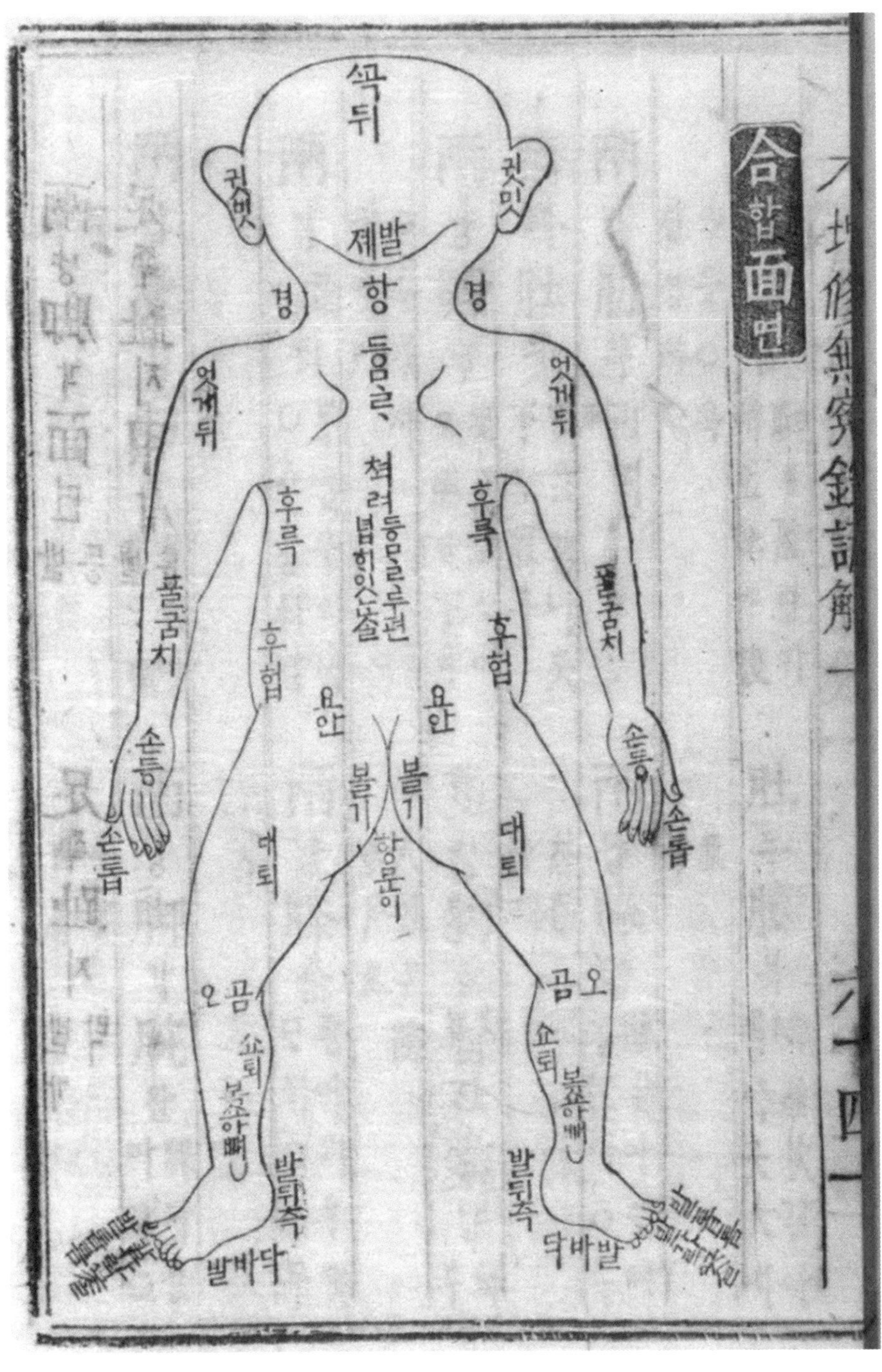

12

숙명신한첩

해 제

≪숙명신한첩淑明宸翰帖≫은 숙명공주(淑明公主, 1640~1699)와 왕실 가족들 사이에 오고간 한글 편지 67편을 하나로 묶은 첩이다. 숙명공주는 효종(孝宗, 1619~1659)과 인선왕후(仁宣王后) 장씨(1618~1674) 사이에서 태어났다. 이 자료는 17세기 중엽에 왕실에서 쓰였던 언어를 살펴볼 수 있다는 점에서 매우 중요한 자료이다. 현재 청주박물관에 소장되어 있으며, 보물 제1629호로 지정되었다.

여기서는 편지 둘을 소개하였다. 첫 번째 편지에는 숙명공주가 아버지인 효종에게 보낸 편지와 그에 대한 효종의 답신이 함께 있다. 두 번째 편지는 어머니인 인선왕후가 숙명공주에게 보낸 것이다.

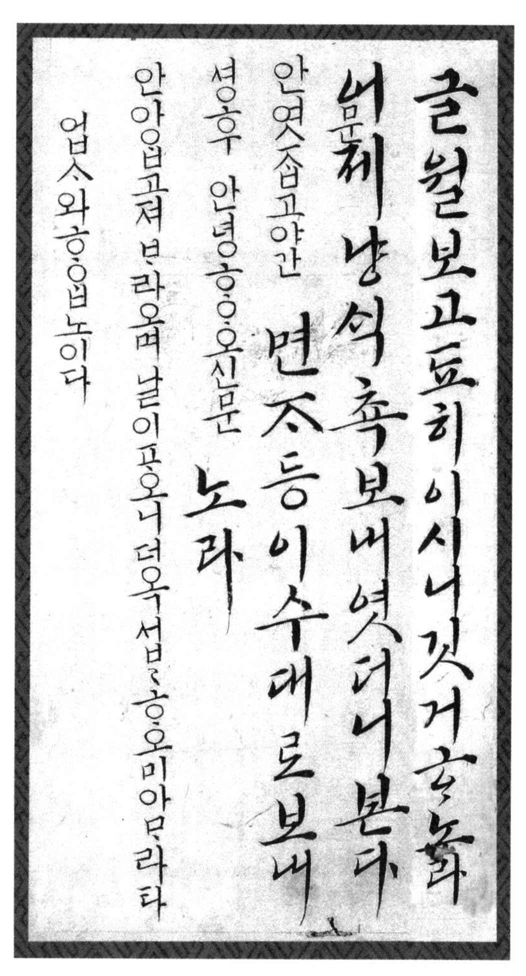

① **숙명공주 → 효종**

문안 ❶엿ᄌᆞᆸ고 야간 셩후 ❷안녕ᄒᆞᄋᆞ오신 문안 아ᄋᆞᆸ고져 ᄇᆞ라오며
날이 ❸ᄑᆞ오니 더옥 섭〃ᄒᆞ오미 ❹아ᄆᆞ라타 업ᄉᆞ와 ᄒᆞᄋᆞᆸ노이다

② **효종 → 숙명공주**

글월 보고 됴히 이시니 ❺깃거ᄒᆞ노라
어제 ❻냥식 쵹 보내엿더니 ❼본다
❽면ᄌᆞ등 이 수대로 보내노라

1) 엿ᄌᆞᆸ고: 여쭙고. ‘엿ᄌᆞᆸ-’은 “여쭈다”의 의미인 ‘엳-’과 객체높임 선어말어미 ‘-ᄌᆞᆸ-’이 결합한 ‘엳ᄌᆞᆸ-’에서 하나의 어휘로 변화한 것이다. ‘엳-’은 단독으로 쓰이는 예가 그리 많지 않고(예 啓 엳ᄐᆞᆯ 계〈훈몽 상:18〉, 사ᄅᆞᆷ 브려 그 엳ᄂᆞᆫ 공ᄉᆞᄅᆞᆯ 올타 ᄒᆞ시니(使人으로 可其奏ᄒᆞ시니)〈번소 9:42〉) 주로 ‘엳ᄌᆞᆸ-’의 형태로 쓰이는 경우가 많았다.

2) 안녕ᄒᆞᄋᆞ오신: 안녕하신. 안녕ᄒᆞ-+-ᄋᆞ오-(선어말어미)+-시-(선어말어미)+-ㄴ(관형사형 어미). 이 예의 ‘-ᄋᆞ오-’는 화자 겸양의 선어말어미로서, 중세국어의 객체높임 선어말어미인 ‘-ᄉᆞᆸ-’과 매개 모음의 결합인 ‘-ᄉᆞᄫᆞ-’에서 ‘-ᄉᆞ오-〉-ᄋᆞ오-’의 변화 과정을 거쳐 나타난 것이다.

3) ᄑᆞ오니: 거듭되니. ᄑᆞ-+-오-(선어말어미)+-니(연결어미). 이 예의 ‘-오-’는 화자 겸양의 선어말어미로서, 중세국어의 객체높임 선어말어미인 ‘-ᄉᆞᆸ-’과 매개 모음의 결합인 ‘-ᄉᆞᄫᆞ-’에서 ‘-ᄉᆞ오-〉-ᄋᆞ오-〉 -오-’의 변화 과정을 거쳐 나타난 것이다.

4) 아ᄆᆞ라타 업ᄉᆞ와: 무어라 할 수 없어. 한글편지에서 흔히 보이는 상투적 표현이다.

5) 깃거ᄒᆞ노라: 기뻐한다. ‘깃거ᄒᆞ-’는 “기뻐하다”의 의미인 타동사 ‘깄-’에 ‘-어ᄒᆞ-’가 결합하여 형성된 것이다.

6) 냥ᄉᆡᆨ 쵹: 양색 촉(兩色 燭). 두 가지 색의 초.

7) 본다: 보았느냐? 보-+-ㄴ다(종결어미). ‘-ㄴ다’는 주어가 이인칭인 의문문에 쓰이는 의문형 종결어미로서 중세국어에서는 활발하게 쓰였으나 근대국어 이후 점차 소멸되기 시작하여 현대국어에는 남아 있지 않다. 이 예처럼 동사의 경우 시제를 표시하는 선어말어미가 결합되지 않을 때 과거 시제로 해석된다.

8) 면ᄌᆞ등: “만자등(卍字燈)” 혹은 “면자등(綿子燈)”으로 추정된다.

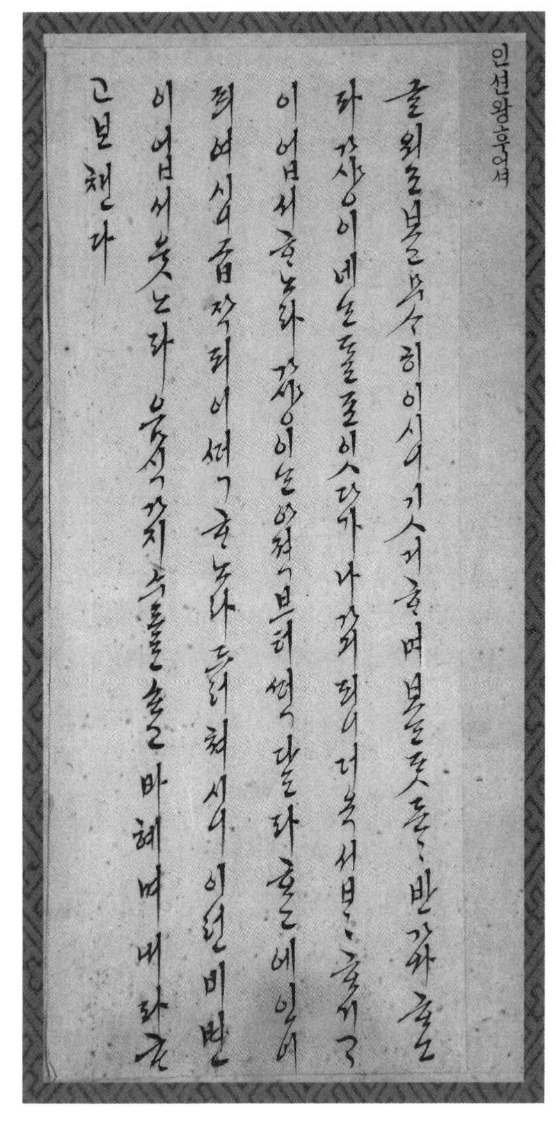

인선왕후 → 숙명공주

글월 보고 무ᄉᆞ히 이시니 깃거ᄒᆞ며 보ᄂᆞᆫ ᄃᆞᆺ ❶든〃 반가와 ᄒᆞ노라

가샹이네ᄂᆞᆫ 달포 잇다가 ❷나가긔 되니 더옥 섭〃ᄒᆞ기 ᄀᆞ이 업서 ᄒᆞ노라

가샹이ᄂᆞᆫ ❸아젹브터 썩 달라 ᄒᆞ고 ❹에인이 픠여시니

급작되이 썩 ᄒᆞ노라 드러쳐시니

이런 ❺비변이 업서 ᄋᆞᆺ노라

음식 가지 수ᄅᆞᆯ 손고바 혜며 내라 ᄒᆞ고 ❻보챈다

1) 든〃 : 든든하고. '든든ᄒᆞ고'에서 'ᄒᆞ고'가 생략된 형태이다. 한글편지에서는 이처럼 'ᄒᆞ고'가 생략된 표현이 자주 보인다.

2) 나가긔 되니: 나가게 되니. 중세국어와 근대국어에서는 연결어미 '-긔'와 '-게'가 모두 쓰였으나 현대국어에서는 '-게'만이 남아 있다.

3) 아젹브터: 아침부터. '아젹'은 "아침"의 의미를 지니는 것으로 17세기 문헌에서부터 나타난다. 중세국어에서 "아침"의 의미를 지니는 단어로는 '아ᄎᆞᆷ'이 있었다.

4) 에인이: "심술이"의 의미로 추정된다.

5) 비변이: 불편한 일이, 번거로운 일이. '비변'은 한자어 '非便'으로 추정되며, "불편함, 불편한 일, 번거로운 일"의 의미로 해석된다. 명사로 쓰인 것은 이 예가 유일하나, 19세기 초 혜경궁의 한글편지에 명사 '비변'에 형용사 파생 접미사 '-젓-'이 결합한 '비변젓다'의 활용형 '비변저으니'의 예가 한 차례 등장하는데, 이때도 "편치 않으니, 번거로우니" 정도의 의미로 쓰였다. 예 상ᄂᆡ 슉ᄇᆡᄒᆞ면 보면 됴흐ᄃᆡ 어ᄃᆡ ᄌᆡ슉 나 겨시다 ᄒᆞ니 보쟈 ᄒᆞ기 비변저으니 모ᄅᆡ가 일ᄎᆞ니 모ᄅᆡ 보게 오ᄂᆞᆯ은 보아디라 말 아니ᄒᆞᆫ다 〈흥은위 정재화 가문의 한글편지 63〉

6) 보챈다: 보챈다. 보채-+-ㄴ-(선어말어미)+-다(종결어미). 15세기에는 '보채ᄂᆞ다'로 나타났을 형태이지만, 16세기 이후 '-ᄂᆞ다'가 '-ㄴ다'로 변화함에 따라 '보챈다'로 나타났다. '-ᄂᆞ다'가 '-ㄴ다'로 변화하는 것은 내포문에서부터 시작되어 주절로 확대된 것이다. 15세기에는 타동사 '보차-'와 '보차-'에 피동 접미사가 결합한 '보채-' 혹은 '보차이-'가 구분되어 쓰였는데, 16세기 이후 '보채-'가 타동사의 의미로 쓰이게 되었다.

13

정조어필한글편지첩

해 제

≪정조어필한글편지첩≫은 정조(正祖, 1752~1800, 재위 1776~1800)가 원손(元孫, 1752~1759. 2. 11)이었을 때부터 1798년(정조 22년)까지 쓴 글씨 2점과 편지 14점을 모아 만든 어필첩(御筆帖)이다. 여기에 포함된 한글 편지는 정조가 큰 외숙모인 여흥 민씨에게 보낸 편지들인데, 주로 외가 친척들의 안부를 묻는 내용을 담고 있다. 이 어필첩에는 정조가 어렸을 때부터 성인이 된 이후의 편지까지 있기 때문에 성장하면서 변하는 한글 필체의 변화나 내용의 변화를 엿볼 수 있다. 또한 이 자료는 18세기에 쓰여진 것이므로 당시 왕실에서 쓰였던 언어를 살펴볼 수 있다는 점에서도 중요하다.

여기서는 편지 둘을 소개하였다. 첫 번째 편지는 정조가 세손(世孫, 1759. 2. 12.~1775)이었던 1759~1761년 사이의 겨울에 보낸 것이고, 두 번째 편지는 1795년(정조 19년) 6월 17일에 보낸 것이다. 소개된 편지와 관련된 인물들의 관계는 다음의 그림을 참조할 수 있다.

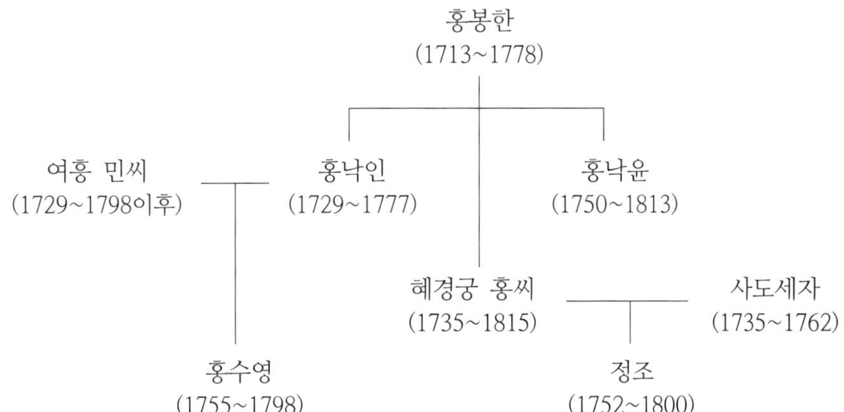

일긔(日氣) 극한(極寒)ᄒᆞ오니 긔운(氣運) 평안(平安)ᄒᆞ오신 문안(問安) ❶아ᄋᆞᆸ고져 ❷ᄇᆞ[라]오며 오래 봉셔(封書)도 못 ᄒᆞ오니 섭〃이 디내ᄋᆞᆸ더니 ❸돌 아ᄌᆡ ❹드러오오니 든든ᄒᆞ오며 드러오기 쉽지 아니ᄒᆞ니 ᄂᆡ일 나가라 ᄒᆞ오니 오ᄂᆞᆯ 나오라 ᄒᆞ여 ❺겨오시다 ᄒᆞ고 단〃이 못 ❻이실다 ᄒᆞ오니 ❼한아바님긔 인마(人馬) ᄂᆡ일 보내오심 ᄇᆞ라오며 ❽슈대(守大) 못 ❾드러오〃니 후일 부대 낫거든 ❿도여 보내오쇼셔 世孫

1) 아ᄋᆞᆸ고져: 알고자. 알-+-ᄋᆞᆸ-(선어말어미)+-고져(연결어미). 화자겸양의 선어말어미 '-ᄋᆞᆸ-'은 중세국어의 객체존대 선어말어미 '-ᅀᆞᆸ-'에서 'ㅿ'이 탈락된 것이다. 중세국어에서는 'ㅿ' 앞에서 어간의 말음 'ㄹ'이 탈락되었으므로 '아ᅀᆞᆸ고져'로 나타났다. '-ᅀᆞᆸ-'의 'ㅿ'이 소멸하였지만 여기에서 변화한 '-ᄋᆞᆸ-'과 결합한 '알-'에서 말음 'ㄹ'이 탈락한 모습을 보인다.

2) ᄇᆞ[라]오며: 원문에는 'ᄇᆞ오며'로 되어 있으나 쓰는 과정에서 '라'를 빠뜨린 것으로 추정된다.

3) 돌 아ᄌᆡ: 돌 아재. 문맥상 친척 아저씨를 지칭하는 표현으로 추정된다. 당시 세손인 정조와 비슷한 연배로서 항렬상 아저씨인 인물로는 막내 외삼촌인

홍낙윤(洪樂倫, 1750~1813)이 있는데, 여기의 '돌 아ᄌᆡ'는 홍낙윤을 가리키는 것으로 추정된다.

4) 드러오오니: 드러오니. 드러오-+-오-(선어말어미)+-니(연결어미). 화자겸양의 선어말어미 '-오-'는 중세국어의 객체존대 선어말어미 '-ᄉᆞᆸ-'이 매개모음을 가진 연결어미와 결합할 때의 이형태인 '-ᅀᆞᄫᆞ-'에서 변화한 것으로, '-ᅀᆞᄫᆞ->-ᅀᆞ오->-ᄋᆞ오->-오-'의 과정을 겪었다.

5) 겨오시다: 계시다. 겨-+-오-(선어말어미)+-시-(선어말어미)+-다(종결어미). 동사 '겨-'는 '있다'의 옛말인 '이시-'의 높임 어휘이다. 일반적으로 '겨시-'와 같이 선어말어미 '-시-'와 결합한 형태로 나타나지만, 종결어미 '-소'와 결합할 때 '겨소'로 나타나는 것으로 보아 어간은 '겨-'로 볼 수 있다.

6) 이실다: 있겠구나. '이실다'는 '이시리로다'가 축약된 형태로서, 근대국어에 보인다. '이시리로다'는 '이시-+-리-(선어말어미)+-로-(선어말어미)+-다(종결어미)'로 분석된다.

7) 한아바님긔: 할아버님께. 한아바님+긔(조사). '긔'는 높임의 부사격 조사로 근대국어 시기에는 'ᄭᅴ, ᄁᆡ'로 표기되었던 것인데, 여기서는 두음이 'ㄱ'로 나타나 있다. 현대국어의 부사격 조사 '께'는 중세국어의 'ᄭᅴ'에서 변화한 것으로, 'ᄭᅴ'는 관형격조사 'ㅅ'과 '그에'에서 변한 '긔'가 결합한 것이다.

8) 슈대(守大): 정조의 외사촌동생인 홍수영(洪守榮, 1755~1798)의 아명(兒名)이다.

9) 드러오〃니: 원문에는 '됴러오〃니'로 보이는데, 문맥상 '드러오〃니'일 것으로 추정된다.

10) 도여: 문맥상 "다시" 정도의 의미로 추정된다.

▶ 참고

이 편지에는 발신일이 없지만, 여러 단서들을 근거로 1759~1761년 사이의 겨울에 쓴 것으로 추정할 수 있다. 정조가 세손(世孫)이 된 것은 1759년 2월 12일이고 영조가 홍수영에게 '수영(守榮)'이라는 이름을 내린 것은 1761년 6월 13일이다. 또한 이 편지의 내용을 보면 정조가 세손의 지위에 있고 홍수영이 여전히 '수대'로 불렸으며 '일긔 극한ᄒᆞ오니'라는 표현에서 날씨가 매우 추운 때임을 알 수 있는데, 이러한 내용이 편지를 쓴 시기를 추정할 수 있는 근거가 된다.

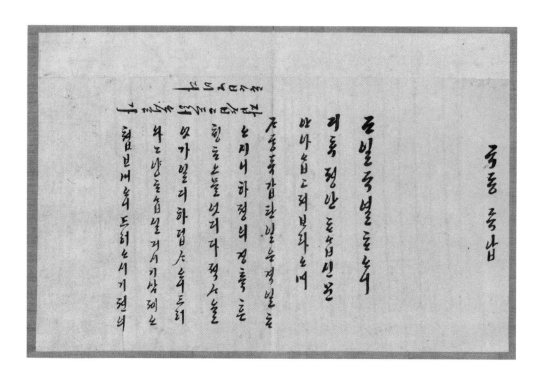

❶국동(國洞) 즉납(卽納)*

근일(近日) 극열(極熱)ᄒᆞ오니 긔후(氣候) 평안(平安)ᄒᆞᄋᆞᆸ신 문안(問安) 아ᄋᆞᆸ고져 ᄇᆞ라오며 ❷ᄌᆞ궁(慈宮) 듀갑(周甲) 탄일(誕日)은 ❸격일(隔日)ᄒᆞ오시니 하졍(下情)의 경축(慶祝) ❹흔힝(欣幸)ᄒᆞ오믈 엇디 다 ❺젹ᄉᆞ올잇가 일긔(日氣) 하 덥ᄉᆞ오니 드러와 ❻노양(老陽)ᄒᆞᄋᆞᆸ실 거시기 삼졔(蔘劑) 오 쳡(貼) 보내오니 드러오시기 젼(前)의 잡ᄉᆞᆸ고 드러오실가 ᄒᆞᄋᆞᆸᄂᆞ이다

* 국동 즉납: 첩을 만들면서 봉투를 오른쪽에 세로로 붙인 것이다.

1) 국동 즉납: 국동에 즉시 드림. '국동'은 안국동(安國洞)으로, 정조의 큰 외숙모인 여흥 민씨(1729~1798)가 살던 곳이다.
2) ᄌᆞ궁 듀갑 탄일: 자궁(慈宮)의 주갑(周甲)이 되는 탄일(誕日). 자궁(慈宮)은 정조의 어머니인 혜경궁 홍씨(1735~1815)를 가리킨다. '주갑'은 환갑(還甲)과 같은 뜻이며, '탄일'은 생일을 높여 부르는 말이다.
3) 격일ᄒᆞ오시니: 하루가 떨어져 있으시니. 하루가 남았으니. 격일ᄒᆞ-+-오-(선

어말어미)+-시-(선어말어미)+-니(연결어미)

4) 흔힝(欣幸)ᄒᆞ오믈: 기쁘고 다행스러움을. 흔행ᄒᆞ-+-오-(선어말어미)+-음(명사형 어미)+을(목적격 조사). 화자겸양의 선어말어미 '-오-'는 중세국어의 객체존대 선어말어미 '-ᄉᆞᆸ-'이 매개모음을 가진 연결어미와 결합할 때의 이형태인 '-ᄉᆞᄫᆞ-'에서 변화한 것으로, '-ᄉᆞᄫᆞ->-ᄉᆞ오->-ᄋᆞ오->-오-'의 과정을 겪었다. 명사형 어미 '-음'은 중세국어에서는 '-옴/움'으로 나타났었는데, 근대국어 이후 '오/우'가 탈락되어 '-ᄋᆞᆷ/음'으로 나타난다.

5) 젹ᄉᆞ올잇가: 적사오리까. 적겠습니까. '젹ᄉᆞ올잇가'는 '젹ᄉᆞ오릿가'에서 '오릿'이 분철 표기된 것이다. '젹ᄉᆞ오릿가'는 '젹ᄉᆞ오리잇가'에서 변한 말로, '젹ᄉᆞ오리잇가'는 '젹-+-ᄉᆞ오-(선어말어미)+-리-(선어말어미)+-이-(선어말어미)+-ㅅ가(의문형 종결어미)'로 분석된다.

6) 노양(老陽)ᄒᆞᆸ실 거시기: 노양하실 것이기에. 기운이 떨어지실 것이기에. '노양'은 양의 기운이 사그라져 없어지는 일을 가리키는 말로 여기서 '노양ᄒᆞ다'는 "기운이 떨어지다, 기운을 잃다" 정도의 의미로 쓰였다. '거시기'는 '것+이-(서술격 조사)+-기(명사형 어미)'로 분석된다. 근대국어 시기에 명사형 어미 '-기'와 부사격 조사 '에'가 결합한 형태인 '-기에'는 원인이나 이유를 나타내는 연결어미와 같은 표현으로 쓰였는데, 부사격 조사가 생략된 '-기'만으로도 같은 뜻을 나타내기도 하였다.

▶ 참고

이 편지에는 발신일이 없지만, 편지에 'ᄌᆞ궁 듀갑 탄일은 격일ᄒᆞ오시니'라고 한 내용을 보면 1795년 6월 17일에 편지를 쓴 것으로 추정할 수 있다. 혜경궁 홍씨의 탄일은 음력 6월 18일이다.

14

자휼전칙

해 제

≪자휼전칙字恤典則≫은 1783년(정조 7) 11월에 빌어먹거나 버려진 아이들을 구휼하기 위해 내린 윤음(綸音)과 9개의 사목(事目)을 1권의 책으로 간행한 것이다. ‘자휼(字恤/慈恤)’은 “사랑하고 가엽게 여김”의 뜻이고 ‘전칙(典則)’은 “반드시 지켜야만 하는 규범”의 뜻이다. 1780년대 초 계속된 가뭄과 홍수로 흉년이 심하게 들어 여러 차례 백성들을 구휼하는 윤음을 내린 바 있는데 아이들을 구휼하기 위한 윤음을 특별히 내린 것이다. 원간본은 ‘癸卯活印 中外藏板’이라는 간기가 있는 활자본인데 전국에 반포하기 위해 각 감영에서 복각을 한 까닭에 여러 종류의 목판본이 전하고 있다.

원간본의 체제는 ‘字恤典則綸音’, ‘字恤典則事目’이 6장에 걸쳐 앞에 있고, 이것을 언해한 ‘ᄌᆞ휼뎐측륜음’과 ‘ᄌᆞ휼뎐측ᄉᆞ목’이 9장에 걸쳐 뒤에 이어진다. ‘ᄌᆞ휼뎐측륜음’은 4~10세의 보호자 없이 빌어먹는 아이들과 1~3세의 버려진 아이들을 구휼하라는 내용의 윤음이고 ‘ᄌᆞ휼뎐측ᄉᆞ목’은 구휼을 시행하기 위한 세부 규정으로 아이와 아이에게 젖먹이는 사람에게 나누어줄 쌀, 간장, 미역의 수량과 담당할 관청 및 관리, 재정 조달, 감찰 방법 등을 자세히 규정하고 있다.

사목의 한문 원문에는 ‘爲白齊(ᄒᆞᄉᆞᆲ져), 爲白乎矣(ᄒᆞᄉᆞᆲ오ᄃᆡ), 爲白乎旀(ᄒᆞᄉᆞᆲ오며), 爲白遣(ᄒᆞᄉᆞᆲ견), 是白去等(잇ᄉᆞᆸ거든), 是白良置(잇ᄉᆞᆲ아두), 段(ᄯᆞᆫ)’ 등의 문법 형태와 ‘侤音(다짐), 上下(차하), 這這(ᄀᆞᆺᄀᆞᆺ), 磨鍊(마련), 追于(조초)’ 등의 이두가 있어서 차자표기 연구에도 활용된다.

여기에서는 ‘ᄌᆞ휼뎐측륜음’ 부분을 보였다.

〈자휼전칙 윤음:1앞〉

ᄌᆞ휼뎐측
젼교ᄒᆞ샤ᄀᆞᄅᆞ샤ᄃᆡ흉년에내ᄇᆡᆨ셩의함❶함굴믄
거동이라ᄒᆞ고젼❷련뉴❸리ᄒᆞ야업❹더지ᄂᆞᆫ거동이라ᄒᆞᄂᆞᆫ쟤뉘님금
의졍ᄉᆈ에건지ᄭᅳ주홀배아니리오만은그즁
ᄀᆞ장고홀ᄃᆡ업고ᄀᆞ장블샹ᄒᆞᆫ재아희들파어
린거시니져ᄌᆞ란거ᄉᆞᆫᄂᆞᆷ의고공이되야ᄆᆞᆯ도
기르며나모도져오히려가히ᄌᆞ❺뢰ᄒᆞ야살❻녀
니와아희들어린거ᄉᆞᆫ이와달나몸을ᄀᆞ❼리우
고입❽을먹을도리ᄉᆞ스로힘쓸길이업서울고
ᄇᆞ르지져살기를비러도가히의지홀곳이업

1) 함함ᄒᆞ고: 함함(顑頷)하고. '함함하다'는 "몹시 굶주려 부황이 나서 누르퉁퉁하다"의 뜻이다.

2) 젼련ᄒᆞᄂᆞᆫ: 전련(顚連)하는. '전련하다'는 "몹시 가난하여 어찌할 수가 없다"의 의미이다.

3) 뉴리ᄒᆞ야: 유리(流離)하여. '유리하다'는 "일정한 집과 직업이 없이 이곳저곳으로 떠돌아다니다"의 뜻이다.

4) 업더지ᄂᆞᆫ: 엎드러지는. '업더지-'는 중세국어 '업더디-'의 '디'가 구개음화를 겪은 것이다. '업더디-'는 동사 '엎-'과 관련이 있을 듯하나 내적 구성이 확실하지 않다. 한편 현대국어 '엎드러지다'는 15세기 국어에서 '업듣-+-어#디-'의 구성에서 만들어진 단어로 '업듣-'은 '엎-[倒]'과 '듣-[落]'이 비통사적으로 합성된 동사이다.

5) ᄌᆞ뢰ᄒᆞ야: 자뢰(藉賴)하여. '자뢰하다'는 "무엇을 빙자하여 의지하다"의 의미이다.

6) 살녀니와: 살려니와. 살-+-려니와(연결어미). 어중의 'ㄹㄹ'이 'ㄹㄴ'으로 표기된 것인데 이러한 표기는 근대국어 문헌에서 일반적으로 나타난다. 뒤에 나오는 '달나'도 이러한 표기 양상을 보여준다.

7) ᄀᆞ리우고: 가리고. ᄀᆞ리우-+-고(연결어미). 'ᄀᆞ리우-'는 15세기 국어에서 '더러ᄫᅳᆫ 서근 내ᄅᆞᆯ ᄀᆞ리ᄫᆞ며〈월석 18:39〉'에서와 같이 'ᄀᆞ리ᄫᆞ-'로 나타나는데 '-ᄫᆞ-'는 사동 접미사로 볼 수 있다. 하지만 'ᄀᆞ리다'와 'ᄀᆞ리우다(〈ᄀᆞ리ᄫᆞ다)'는 통사적으로나 의미적으로 차이를 발견하기 어렵다.

8) 입을 먹을 도리 스스로 힘쓸 길이 업서: 원문의 '餬口莫之自力'을 언해한 것으로 "스스로의 힘으로 입에 풀칠을 할 수 없어" 정도의 뜻이다. 원문의 '掩身餬口(엄신호구) 莫之自力(막지자력)'을 언해한 것으로 "스스로의 힘으로 몸을 가리고(최소한의 옷을 입고), 먹을(생명을 유지할 만큼 먹을) 방법이 없어" 정도의 뜻이다. 즉 '입을'과 '먹을'이 각각 '도리'를 수식하는 구조이다.

〈자휼전칙 윤음:1뒤〉

ᄂᆞ니길ᄀᆞ에내여ᄇᆞ린류에니르러ᄂᆞᆫ그ᄉᆞ이
에므슴연괴잇ᄂᆞᆫ줄은아지못ᄒᆞ거니와대강
부뫼업서이러ᄒᆞᆫ디경에니르럿고비록부뫼
이실지라도주리고칩기몸에ᄌᆞᆫ절ᄒᆞ야ᄃᆞᆯ이
ᄌᆞ식과제몸과ᄃᆞᆯ이란말ᄉᆞᆷ이라 다사라나지못ᄒᆞᆯ줄을혜아
리고인졍을베히고ᄉᆞ랑ᄒᆞᄂᆞᆫᄆᆞ음을ᄭᅳᆫ허거
리에내여ᄇᆞ려ᄡᅥ보ᄂᆞᆫ사ᄅᆞᆷ이블샹이녀겨사❶
로기를ᄇᆞ라미니만일착ᄒᆞᆫ사ᄅᆞᆷ이이셔❷곳에
갓다가기르면다ᄒᆡᆼᄒᆞ거니와그러치못ᄒᆞ야
여러❸빼가지나면ᄆᆞᆫ득죄업시죽으리니슬프

1) 사로기를: 살려 주기를. '사로-'는 중세국어 '사ᄅᆞ-'가 변화한 것인데 '사ᄅᆞ-'는 동사 어간 '살-'에 사동 접미사 '-ᄋᆞ-'가 통합한 것이다. 중세국어에서는 '살다'의 사동사로 '사ᄅᆞ다'와 '살이다' 둘이 있었는데 전자는 "목숨을 살려주다"의 의미로, 후자는 "생계를 도와 살게 하다"의 의미로 사용되었다. 후대로 오면서 이러한 의미 구분이 사라지고 형태도 '살이다'에서 변화한 '살리다'만 남게 되었다.

2) 곳에 갓다가 기르면: 원문의 곳에 갓다가 기르면: 즉시 거두어다가 기르면. 원문의 '卽地收養'을 언해한 것이다. '즉지(卽地)'는 "즉시, 즉각, 그 자리에서" 등의 뜻인데 여기서는 '곳에'로 직역하였다. '갓다가'에 대해서는 두 가지 해석이 가능하다. 첫째, '가져다가'의 준말인 '갖다가'에서 종성 'ㅈ'을 'ㅅ'으로 표기한 것으로 볼 수 있는데, 18세기 다른 문헌에서도 비슷한 사례를 찾을 수 있다(예 뵈쟐레 銀을 갓다가 즈름의게 뵈라 〈청어노걸대 5:21ㄱ〉, 활을 갓다가 시위 언즈라 〈청어노걸대 6:18ㄴ〉). 다만 '갓다가'의 목적어로는 사물 명사가 일반적인데 여기서 생략된 목적어는 사람이라는 점이 문제이다. 둘째, "거두다"의 뜻인 동사 '갇-'에 연결어미 '-다가'가 결합한 '갇다가'에서 종성 'ㄷ'을 'ㅅ'으로 표기한 것으로 볼 수도 있다(중세국어 시기 "거두다"의 뜻인 동사로 '걷다' 외에 '갇다'도 존재하였다. 예 이런 變化ᄅᆞᆯ 뵈오ᅀᅡ 神足ᄋᆞᆯ 가다 도로 本座애 드러 안ᄌᆞ니라 〈석상 6:34ㄱ〉, 눉므리 흐르면 갇디 몯ᄒᆞᆯ가 전노라 〈두시-초 22:3ㄱ〉). 원문의 '收'가 "거두다"로 직역될 수 있고 생략된 목적어가 사람인 점을 감안하면 '갇다'의 활용형으로 보는 것이 타당할 듯하나, 연결어미 '-다가'는 한 동작이 중단되고 다른 동작이 일어나는 것을 나타내거나 한 동작이 진행되는 도중에 다른 동작이 일어남을 나타내는데, 여기서는 문맥상 한 동작을 다음 동작과 순차적으로 이어주는 연결어미 '-어다가'가 쓰인 것으로 보는 것이 더 자연스럽다는 점에서 문제가 된다.

3) ᄠᅢ가: 때가. ᄠᅢ+가(주격 조사). 중세국어 'ᄣᅢ'가 'ᄠᅢ'로 나타났는데 이 시기 문헌에서 'ᄯᅢ'로 표기되기도 한다. 주격 조사 '가'가 사용되었는데 근대국어 시기에는 주로 'ㅣ' 모음이나 반모음 y로 끝나는 명사 뒤에서 나타난다.

〈자휼전칙 윤음:2앞〉

다하놀파ᄲᅡ희만믈을내ᄂᆞᆫᄯᅳᆺ❶이엇지ᄒᆞᆫ갓이
러ᄒᆞ리오활❷인혜민두마을을두기ᄂᆞᆫ곳의약
으로죽ᄂᆞᆫ거슬구ᄒᆞ려ᄒᆞᆫᄯᅳᆺ이라ᄇᆡᆨ셩이병이
셔도오히려판원을두어구ᄒᆞ려ᄒᆞ거든ᄒᆞ믈
며이아희들파어린것들이혹ᄃᆞᆫ니며빌고혹
내여ᄇᆞ리ᄂᆞᆫ거시병든것❸보다가더욱긴급ᄒᆞ
니광졔원파육영샤(두집일홈이니녜적뉴❹걸을구ᄒᆞ고아희를기르던)
(마을이라)의아름다온법톄ᄂᆞᆫ고금이ᄃᆞᆯ나일죠에
두루ᄒᆡᆼᄒᆞ기어려오되셔울은팔방의법이되
ᄂᆞᆫ곳이니약간녯법을의방ᄒᆞ야몬져❺이리로

1) 쁫이: 뜻이. 쁫+이(주격 조사). 중세국어 '뜯'이 근대국어 시기에 어두자음군 소멸과 된소리화, 그리고 음절말 'ㄷ'의 'ㅅ' 표기 경향 등에 의해 '쁫'으로 나타났다. 음절말 'ㄷ'이 'ㅅ'으로 표기되는 경우 현대국어에서 대부분 다시 원래 소리를 따라 'ㄷ'으로 바뀌는데 '뜻'은 표기대로 'ㅅ'으로 바뀌었다. 이러한 예로 '갓(〈갇), 곳(〈곧)' 등이 있다.

2) 활인 혜민 두 마을을: 활인서(活人署)와 혜민서(惠民署) 두 관청을. "관청"을 뜻하는 '마을'은 15세기에 '마ᅀᆞᆯ'이었는데 후에 한자어와의 경쟁에서 밀려 쓰이지 않게 되었다. 한편 "여러 집이 모여 사는 곳"을 의미하는 단어는 15세기에 'ᄆᆞᅀᆞᆶ'이었으며 관청을 뜻하는 '마ᅀᆞᆯ'과 구분되었다.

3) 것보다가: 것보다. 것+보다가(부사격 조사). '보다가'는 '비교'의 의미를 가지는 조사로 사용되었다. 중세국어에서는 비교 대상을 나타내는 조사로 '라와/ㅣ라와, 두고' 등이 있었는데, 18세기에 '보다가'가 새로이 나타났다. 한편 근대국어에서는 '보다가' 외에 '보담'도 보이며 '두고'는 '도곤/두곤'으로 나타났다.

4) 뉴걸을: 유리걸식(流離乞食)하는 사람을.

5) 이리로 조차: 이것에 따라.

〈자휼전칙 윤음:2뒤〉

조차비로서뻐점ᄎᆞ로법❶밧게ᄒᆞ기가실노어
진졍ᄉᆞ의시작이될지라내거번우연히ᄉᆡᆼ각
ᄒᆞ고대신들의게의논ᄒᆞ니모든의논이다ᄀ
ᄐᆞ니이제엇지❷지란ᄒᆞ야의심ᄒᆞ리오유ᄉᆞ(❸일맛
든관원들이라)로ᄒᆞ여곰❹난만이의논ᄒᆞ고궁구ᄒᆞ야
맛당이힝ᄒᆞᆯ염즉ᄒᆞᆫ일을졀목을일워인ᄒᆞ야
즉시즁외(서울과싀골이란말ᄉᆞᆷ이라)에두루뵈야ᄒᆞ여금
각각길이준힝ᄒᆞ게ᄒᆞ되풍흉의범례다르기
와년월의법톄를졍ᄒᆞ기를가히ᄌᆞ셰히혜아
려구별ᄒᆞ고차ᄃᆞᆼᄒᆞ지아니치못ᄒᆞᆯ거시니❺결

1) 법밧게: 본받게. '법(法)받다'는 '본받다'와 같은 뜻으로 사용되었는데 종성의 'ㄷ'이 'ㅅ'으로 표기되는 경향에 따라 'ㅅ'으로 나타났다.

2) 지란ᄒᆞ야: 지난(持難)하여. "일을 과단성 있게 처리하지 못하고 미루기만 한다"는 뜻이다.

3) 맛든: 맡은. 맜-+-은(관형사형 어미). '맜다'는 '맡다'의 옛말이다.

4) 난만이: 난만(爛漫)하게. 충분하게.

5) 결네: 친척이. 현대국어 '겨레'는 15세기에 '결에/겨레'로 나타나기 시작하여 근대국어 시기에 '결에, 겨레, 결애, 결레, 결릐, 결네, 결늬' 등 다양하게 표기된다. 근대국어에서 어중의 'ㄹㄹ'이 'ㄹㄴ'으로 표기되는 경향에 따라 '결레'가 '결네'로 표기되었다. '겨레'는 원래 "친척, 친족"의 의미로 사용되었는데 현대에 와서는 "같은 핏줄을 이어받은 민족"의 의미로 바뀌었다.

〈자휼전칙 윤음:3앞〉

네잇고넘자잇ᄂᆞᆫ쟈란두루太자❶맛질도리와
ᄌᆞ식업고죵업ᄉᆞᆫ쟈란거두어길너허❷ᄒᆞ야줄
법을ᄯᅩᄒᆞᆫᄌᆞ셰ᄒᆞ고극진ᄒᆞ기를힘ᄡᅥᄒᆞ여금
죵시히은혜잇게ᄒᆞ라

ᄉᆞ목

텬디의큰덕이ᄀᆞ온만믈을내옵시미라셩인
이법밧ᄌᆞ와ᄡᅥ어진졍ᄉᆞ를힝ᄒᆞ옵시ᄂᆞ니즁
용(칙일홈이라)의만믈기르ᄂᆞᆫ공과희문(쥬문왕이란말이라)
의네빈셩을(홀아비와홀어미와부모업ᄉᆞᆫ아희와ᄌᆞ식업ᄉᆞᆫ늘근이라)몬
져ᄒᆞ오시던교홰ᄯᅩᄒᆞᆫᄒᆞᆫ어질인ᄶᆞ를미뤼여

1) 맛질: 맡길. 맛지-+-ㄹ(관형사형 어미). 현대국어 '맡-'의 옛말인 '맜-'에 사동 접미사 '-이-'가 통합한 '맛디-'가 구개음화를 겪어 '맛지-'가 되었다. 한편 '맛지-'는 ㄱ구개음화에 대한 반작용으로 나타난 과도교정으로 인해 '맛기-'로 변화하였고 이를 현대국어에서 동사 '맡다'와 연관지어 '맡기다'로 표기하게 되었다.

2) 허ᄒᆞ야: 허급(許給)하여. '허급하다'는 "달라는 대로 허락하여 베풀어 주다"의 의미이다.

15

독립신문

해 제

≪독립신문≫은 서재필(徐載弼, 1864~1951)이 정부에서 지원을 받아 1896년 4월 7일 창간한, 한국 최초의 민간 신문이다. 서재필이 1898년 5월 14일 미국으로 떠난 후 윤치호(尹致昊, 1865~1945)가 주필 겸 실질적인 관리자로 운영을 맡았다. 윤치호는 창간 이후 격일간으로 주 3회 발행하던 것을 1898년 7월 1일부터 일간으로 발전시켰다. 1899년 12월 4일자로 폐간되었다.

이 신문은 19세기 말 한국 사회의 발전과 민중의 계몽을 위하여 지대한 역할을 수행한, 한 시대의 기념비적인 신문으로 평가받고 있다. 또한 한국 최초의 근대적 신문인 ≪한성순보漢城旬報≫가 한문으로만 되어 있었던 것과 달리, ≪독립신문≫은 한국 신문사상 최초로 한글 전용으로 발간되었다는 점에서도 중요한 가치를 가진다.

처음에는 가로 22cm, 세로 33cm의 국배판 정도 크기로 하여 4면이 발행되었는데, 3면은 한글 전용인 ≪독닙신문≫으로 편집하고 마지막 1면은 영문판인 ≪The Independent≫로 편집하였다. 창간 이듬해인 1897년 1월 5일자부터 국문판과 영문판을 분리하였다. 현재 국립중앙박물관에 소장되어 있다.

여기서는 1896년 4월 7일 창간호에 실린 〈논설〉을 소개하였다. 여기에는 창간 목적뿐만 아니라 한글 전용과 띄어쓰기를 채택한 이유에 대해서도 분명히 밝히고 있다.

뎨일권 　　 # 독닙신문 　　 뎨일호

조션 서울 건양 원년 ᄉᆞ월 초칠일 금요일

광고

독닙신문이 본국과 외국 ᄉᆞ졍을 자세이 긔록ᄒᆞᆯ터이요 졍부속과 민간 소문을 다보고 ᄒᆞᆯ터이라 졍치샹일과 농ᄉᆞ 쟝ᄉᆞ 의술샹 일을 얼만콤식 이신문샹 ᄆᆡ일 긔록홈 갑슨 일년에 일원삼십젼 ᄒᆞᆫᄃᆞᆯ에 십이젼 ᄒᆞᆫ쟝에 동젼 ᄒᆞᆫ푼 독닙신문 분국이 졔물포 원산 부산 파주 송도 평양 슈원 강화 등지에 잇더라

신문을 ᄃᆞᆯ노졍ᄒᆞ든지 일년간으로 졍ᄒᆞ여 사보고스분이ᄂᆞᆫ 졍동 독닙신문샤로 와서 돈을 미리 내고 셩명과 집이 어ᄃᆡ라고 젹어 노코 가면 ᄒᆞ로걸어 신문을 보내줄터이니 신문 보고 스분이ᄂᆞᆫ 속히 셩명을 보내기 ᄇᆞ라옴

무론 누구든지 무러볼 말이 잇든지 셰샹사ᄅᆞᆷ의게 ᄒᆞ고스분말잇스면 이신문샤로 간단ᄒᆞ게 귀졀 ᄯᅦ여셔 편지ᄒᆞ면 ᄃᆡ답ᄒᆞᆯ 만ᄒᆞᆫ말이든지 신문에 낼 만ᄒᆞᆫ 말이면 ᄃᆡ답ᄒᆞᆯ터이요 내기도 ᄒᆞᆯ터이옴 한문으로ᄒᆞᆫ 편지ᄂᆞᆫ 당초에 샹관아니홈

경향간에 무론 누구든지 길거리에셔 쟝ᄉᆞᄒᆞᄂᆞᆫ이 이신문을 가져다가 노코 팔고져 ᄒᆞ거든 여긔와셔 신문을 가져다가 팔면 열쟝에 여ᄃᆞᆯ쟝만 셰음ᄒᆞ고 ᄇᆡᆨ쟝에 여든쟝만 셰음홈

논셜

우리가 독닙신문을 오ᄂᆞᆯ 처음으로 츌판ᄒᆞᄂᆞᆫᄃᆡ ❶조션속에 잇ᄂᆞᆫ 내외국 인민의게 우리 쥬의를 미리 말ᄉᆞᆷᄒᆞ여 아시게 ᄒᆞ노라

우리ᄂᆞᆫ 첫지 편벽 되지 아니ᄒᆞᆫ고로 무ᄉᆞᆷ 당에도 상관이 업고 샹하귀쳔을 ❷ᄃᆞᆯ니ᄃᆡ졉아니ᄒᆞ고 모도죠션 사ᄅᆞᆷ으로만 알고 죠션만 위ᄒᆞ며공평이 인민의게 말 ᄒᆞᆯ터인ᄃᆡ 우리가 셔울 ᄇᆡᆨ셩만 위ᄒᆞᆯ게 아니라 죠션 젼국인민을 위ᄒᆞ여 무ᄉᆞᆷ일이든지❸ ᄃᆡ언ᄒᆞ여 주랴홈 졍부에셔 ᄒᆞ시ᄂᆞᆫ일을 ᄇᆡᆨ셩의게 젼ᄒᆞᆯ터이요 ᄇᆡᆨ셩의 졍셰을 졍부에 젼ᄒᆞᆯ터이니 만일 ❹ᄇᆡᆨ셩이 졍부일을 자세이알고 졍부에셔 ᄇᆡᆨ셩에 일을 자세이 아시면 피ᄎᆞ에 유익ᄒᆞᆫ 일만히 잇슬터이요 불평ᄒᆞᆫ ᄆᆞᄋᆞᆷ과 의심ᄒᆞᄂᆞᆫ ᄉᆡᆼ각이 업❺서질 터이옴 우리가 이신문 ❻츌판 ᄒᆞ기ᄂᆞᆫ 취리ᄒᆞ랴ᄂᆞᆫ게 아닌고로 갑슬 헐허도록 ᄒᆞ엿고 모도 언문 으로 쓰기ᄂᆞᆫ 남녀 샹하귀쳔이 모도 보게홈이요 또 귀졀을 ᄯᅦ여 쓰기ᄂᆞᆫ 알어 보기 쉽도록 홈이라 우리ᄂᆞᆫ 바른ᄃᆡ로만 신문을 ᄒᆞᆯ터인고로 졍부 관원이라도 잘못ᄒᆞᄂᆞᆫ이 잇스면 우리가 말ᄒᆞᆯ터이요 탐관오리 들을 알면 셰샹에 그사ᄅᆞᆷ의 ᄒᆡᆼ젹을 폐일터이요 ᄉᆞᄉᆞᄇᆡᆨ셩이라도 무법ᄒᆞᆫ일 ᄒᆞᄂᆞᆫ 사ᄅᆞᆷ은 우리가 차저 신문에 셜명❼ᄒᆞᆯ터이옴 우리ᄂᆞᆫ 죠션 대군쥬폐하와 됴션졍부와 죠션인민을 위ᄒᆞᄂᆞᆫ 사ᄅᆞᆷ드린고로 편당잇ᄂᆞᆫ 의논이든지 ᄒᆞᆫ쪽만 ᄉᆡᆼ각코 ᄒᆞᄂᆞᆫ 말은 우리 신문샹에 업실터이옴 또 ᄒᆞᆫ쪽에 영문으로 기록ᄒᆞ기ᄂᆞᆫ 외국인민이 죠션 ᄉᆞ졍을 자세이몰은즉 혹 편벽 된 말만 듯고 죠션을 잘못 ᄉᆡᆼ각ᄒᆞᆯ까 보아 실샹 ᄉᆞ졍을 알게ᄒᆞ고져ᄒᆞ여 영문으로 조곰 긔록홈

그리ᄒᆞᆫ즉 이신문은 ᄯᅩᆨ 죠션만 위홈을 가히 알터이요 이신문을 인연ᄒᆞ여 내외 남녀 샹하 귀쳔이 모도 죠션일을 서로알터이옴 우리가 또 외국 사졍도 죠션 인민을 위ᄒᆞ여 간간이 ❽긔록ᄒᆞᆯ터이니 그걸 인연ᄒᆞ여 외국은 가지 못ᄒᆞ드ᄅᆡ도 죠션인민이 외국 사졍도 알터이옴 오ᄂᆞᆯ은 처음인 고로 대강 우리 쥬의만 셰샹에 고ᄒᆞ고 우리신문을 보면 죠션인민이 소견과 지혜가 진보홈을 밋노라 논셜긋치기젼에 우리가 대군쥬 폐하께 송덕ᄒᆞ고 만세을 부르ᄂᆞ이다

우리신문이 한문은 아니쓰고 다만 국문으로만 쓰ᄂᆞᆫ거ᄉᆞᆫ 샹하귀쳔이 다보게 홈이라 또 국문을 이러케 귀졀을 ᄯᅦ여 쓴즉 아모라도 이신문 보기가 쉽고 신문속에 잇ᄂᆞᆫ말을 자세이 알어 보게 홈이라 각국에셔ᄂᆞᆫ 사ᄅᆞᆷ들이 남녀 무론ᄒᆞ고 본국 국문을 몬저 ᄇᆡ화 능통ᄒᆞᆫ 후에야 외국 글을 ᄇᆡ오ᄂᆞᆫ 법인ᄃᆡ 죠션서ᄂᆞᆫ 죠션 국문은 아니 ᄇᆡ오드ᄅᆡ도 한문만 공부 ᄒᆞᄂᆞᆫ ᄭᆞ닭에 국문을 잘아ᄂᆞᆫ 사ᄅᆞᆷ이 드물미라 죠션 국문ᄒᆞ고 한문ᄒᆞ❾고 비교ᄒᆞ여 보면 죠션국문이 한문 보다 얼마❿가 나흔거시 무어신고ᄒᆞ니 첫지ᄂᆞᆫ ᄇᆡ호기가 쉬흔이 됴흔 글이요 둘지ᄂᆞᆫ 이글이 죠션글이니 죠션 인민 들이 알어셔 ᄇᆡᆨᄉᆞ을 한문ᄃᆡ신 국문으로 써야 샹하 귀쳔이 모도보고 알어보기가 쉬ᄒᆞᆯ터이라 한문만 늘써 버릇ᄒᆞ고 국문은 폐ᄒᆞᆫ ᄭᆞ닭에 국문

1) 쥬의를: 주의(主義)를.

2) 달니: 달리. 15세기라면 '달이'로 나타났을 것이다. 15세기 말부터 유성후두마찰음 'ㅇ[ɦ]'이 소멸되기 시작하면서 16세기에는 '달리'로 나타난다. 근대국어 이후 어중의 'ㄹㄹ'을 'ㄹㄴ'으로 표기하던 경향에 따라 이 예와 같이 '달니'로 나타나게 되었다.

3) ᄃᆡ언ᄒᆞ여: 대언(代言)하여. 남을 대신하여 말하여.

4) ᄇᆡᆨ셩에 일을: 백성의 일을. '-에'는 관형격 조사 '-의'로서 당시의 발음을 표기에 반영한 것이다.

5) 취리ᄒᆞ랴ᄂᆞᆫ 게: 취리(取利)하려는 것이. 이익을 취하려는 것이.

6) 헐허도록: 헐하도록. (값이) 싸도록.

7) 대군쥬폐하와: 문맥에서 왕이나 그와 관련된 단어가 나올 경우 줄을 바꿔 쓰거나 두어 칸 띄어 쓴다. 이것을 '공격(空隔)'이라고 한다.

8) 못ᄒᆞ드ᄅᆡ도: 못하더라도. 못ᄒᆞ-+-드ᄅᆡ도(연결어미). '-드ᄅᆡ도'는 18세기 이후 나타나는데, '-더-(선어말어미)+-라(종결어미)#ᄒᆞ-+-어도(연결어미)'와 같은 구성에서 'ᄒᆞ-'가 생략된 후 융합되어 형성된 어미이다.

9) 얼마가: 얼마가. 얼마+가(주격 조사). 주격 조사 '-가'는 처음에는 주로 'ㅣ'모음 또는 반모음 y로 끝나는 체언 뒤에 쓰였으나, 19세기 이후에 모든 모음 뒤에 쓰이는 것으로 확대되었다. 여기의 예는 모음 'ㅏ' 뒤에 쓰인 '가'의 예이다.

10) 쉬흔이: 쉬우니. '쉬우니'를 잘못 표기한 것이다. 'ㅎ'[h]은 유성음 사이에서 발음되지 않기도 하는데, '쉬흔이'의 경우도 원래의 형태에 'ㅎ'이 있으나 발음되지 않은 것으로 오해하여 'ㅎ'을 표기에 반영한 것이다.

으로 쓴건 죠션 인민이 도로혀 잘 아러보지 못ᄒᆞ고 한문을 잘알아보니 그게 엇지 한심치 아니ᄒᆞ리요 ᄯᅩ 국문을 알아보기가 어려운건 다름이 아니라 쳣ᄌᆡ는 말마듸을 ᄯᅦ이지 아니ᄒᆞ고 그져 줄줄 ᄂᆡ려 쓰는 ᄭᆞ닭에 글ᄌᆞ가 우희 ❶부터는지 아래 부터는지 몰나셔 몃번 일거 본후에야 글ᄌᆞ가 어ᄃᆡ 부터는지 비로소 알고 일그니 국문으로 쓴편지 ᄒᆞᆫ쟝을 보자ᄒᆞ면 한문으로 쓴것 보다 ❷더듸 보고 ᄯᅩ 그나마 국문을 자조 아니 쓰는고로 셔틀어셔 잘못봄이라 그런 고로 졍부에셔 ᄂᆡ리는 명녕과 국가 문젹❸을 한문으로만 쓴즉 한문못ᄒᆞ는 인민은 나모 말만 듯고 무ᄉᆞᆷ 명녕인줄 알고 이편이 친이 그글을 못 보니 그사ᄅᆞᆷ은 무단이 병신이 됨이라 한문 못 ᄒᆞᆫ다고 그사ᄅᆞᆷ이 무식ᄒᆞᆫ사ᄅᆞᆷ이 아니라 국문만 잘ᄒᆞ고 다른 물졍과 학문이 잇스면 그사ᄅᆞᆷ은 한문만ᄒᆞ고 다른 물졍과 학문이 업는 사ᄅᆞᆷ 보다 유식ᄒᆞ고 ❹놉흔 사ᄅᆞᆷ이 되는 법이라 죠션 부인네도 국문을 잘ᄒᆞ고 각식 물졍과 학문을 ᄇᆡ화 소견이 놉고 ᄒᆡᆼ실이 졍직ᄒᆞ면 무론 빈부 귀쳔 간에 그부인이 한문은 잘ᄒᆞ고도 다른것 몰으는 귀족 남ᄌᆞ 보다 놉흔 사ᄅᆞᆷ이 되는 법이라 우리 신문은 빈부 ❺귀쳔을 다름업시 이신문을 보고 외국 물졍과 ᄂᆡ지 ᄉᆞ졍을 알게 ᄒᆞ랴는 ᄯᅳᆺ시니 남녀 노소 샹하 귀쳔 간에 우리 신문을 ᄒᆞ로 걸너 몃ᄃᆞᆯ간 보면 새지각과 새학문이 싱길걸 미리 아노라

관보 ᄉᆞ월 ᄉᆞ일

경셩부 쥬ᄉᆞ 박세혁 ᄒᆡ쥬 관찰ᄉᆞ 윤길구 공쥬 관찰ᄉᆞ 니건하 문쳔 군슈 니한용 ᄇᆡᆨ쳔 군슈 노틔우 영암 군슈 졍원셩 익산 군슈 졍구혁 덕산 군슈 죠죵셔 졍읍 군슈 김연 봉산군 셰무쥬ᄉᆞ 니셩건 진잠군 셰무쥬ᄉᆞ 니긔풍 파쥬군 셰무쥬ᄉᆞ 니교열 안산군 셰무쥬ᄉᆞ 한긔윤 졍평군 셰무쥬ᄉᆞ 박인관 지방 졔도 죠ᄉᆞ 위원 김즁환 니희만 ᄇᆡᆨ셩긔 윤진셕 한진창 윤쳘규 김직연 김희샹 니경샹 박윤셩 니승원 졍도영

ᄉᆞ월 륙일 궁ᄂᆡ부 협판 윤졍구 시죵원경 김죵한 회계원 츌납과장 니용교

ᄒᆡ쥬부 졔무 시찰관 인셕보가 삼월 삼일 쟝연 ᄯᅡ에셔 난민의게 피히 ᄒᆞ다

외국통신

아메리카 합즁국 남쪽에 잇는 규바라 ᄒᆞ는 셤은 셔바나 쇽국인ᄃᆡ 거긔 ᄇᆡᆨ셩들이 자쥬독닙 ᄒᆞ랴고 니러나셔 셔바나 관병ᄒᆞ고 싸홈 시작ᄒᆞᆫ지 발셔 일년이 너머는ᄃᆡ 합즁국 졍부에셔 규바를 독닙국으로 ᄃᆡ졉ᄒᆞᄌᆞ ᄒᆞ는 말이 만히 잇는ᄃᆡ 근일에 합즁국 의회원에셔 규바 인병을 셔반아 역젹으로 아니 ᄃᆡ졉ᄒᆞ고 의병으로 알아쥬자는 의논이 잇셔든이 셔바나 신문지 들이 합즁국을 ᄃᆡ단이 험담ᄒᆞ고 셔바나 인민이 미국 사ᄅᆞᆷ들을 ᄃᆡᄒᆞ야 실녜 ᄒᆞ는지 만이 잇는고로 셔바나 졍부에셔 별노이 조속ᄒᆞ고 셔바나에 잇는 미국인민을 보호 ᄒᆞ다더라

이급 일 ᄭᆞ닭에 영국 ᄒᆞ고 불난셔 ᄒᆞ고 ᄃᆡ단이 시비가 잇슬 모양 인ᄃᆡ 영국 군ᄉᆞ가 돈골아라 ᄒᆞ는ᄃᆡ로 군ᄉᆞ를 근일에 보낸 ᄭᆞ닭에 불난셔 인민이 ᄃᆡ단이 조아 아니ᄒᆞ고 엇더ᄒᆞ면 영불간에 싸홈 되기가 쉽다더라

이달니 군ᄉᆞ는 의비신나아 군ᄉᆞᄒᆞ고 아프리가 에셔 싸홈 ᄒᆞ다가 대패ᄒᆞ엿는ᄃᆡ 의비신나아 사ᄅᆞᆷ들은 불난셔 에셔 쇽으로 도아 쥰다더라

잡보

아라샤에 가는공ᄉᆞ 민영환 슈원 윤치호 참셔관 김득련 김도일 졔씨는 본월 초일일에 아라샤 황뎨 즉위 례에 참례 ᄒᆞ랴고 졔물포 에셔 츌발ᄒᆞ다 아라샤 황뎨 즉위례에 각국이 다 별ᄉᆞ을 보ᄂᆡ는ᄃᆡ 일본셔는 륙군대쟝 산현유붕씨가 가고 쳥국셔는 니홍쟝 씨가 갓다더라

일본 주경공ᄉᆞ 니하영씨는 그젹게 일본으로 갓다더라

슌검일명이 술을먹고 ᄒᆡᆼ실이 맛당치 아니ᄒᆞᆫ 고로총슌 하나가 지내다가 그걸보고 슐취ᄒᆞᆫ 슌검을 ᄭᅮ지져든이 슌검이 총슌ᄃᆞ려 불경ᄒᆞᆫ 말을 ᄒᆞ는고로 총슌이 소지ᄒᆞ고 자퇴ᄒᆞ랴ᄒᆞᆺ든이 경무청에셔 소지을 밧지아니ᄒᆞ고 그져다니라 ᄒᆞᆺ스나 그슐취ᄒᆞᆺ든슌검은 ᄃᆡ거도 아니ᄒᆞ고 ᄯᅩ 그슌검이 총슌을 보고 비웃는 말을 ᄒᆞ는고로 총슌이 긔여히 사직ᄒᆞ고 ᄌᆞ퇴 ᄒᆞᆫ다니 우리가 듯기ᄋᆡ 매우 가엽더라 군ᄉᆞ와 슌검이 샹관ᄭᅴ 실례 ᄒᆞ여도 별이 업고 샹관이 도로혀 벌을 닙은ᄃᆡ 경이면 규칙은 잇셔 무어세 쓰는지 몰오겟더라 경무ᄉᆞ쟝 ᄡᅥ셔 필경 이일을 자셰이 몰으기에 일이 그러케 쳐치가 된게니 우리는 경무ᄉᆞ씨게 이일을 다시 사실ᄒᆞ여 만일 그슌검이 누구 유셰ᄒᆞᆫ이을 밋고 총슌의게 실례를 ᄒᆞᆺ스면그슌검은 곳ᄃᆡ거 ᄒᆞ고총슌은 본직을 환급ᄒᆞ기 ᄇᆞ라노라

탁지대문 압회 션혜청 소쇽 슈ᄇᆡᆨ인이 모힌 ᄯᅳᆺ슨 올유 병슐 뎡히 무ᄌᆞ 긔츅 다ᄉᆞᆺ히 졍비쌀 일만 일쳔여셕을 ᄎᆞ하ᄒᆞ여 달나고 모화 ᄂᆞᆫᄃᆡ 친군영 소쇽들 졍비쌀은 몬져 ᄎᆞ하 ᄒᆞ여주고 션혜청 소쇽의게는 아족 ᄎᆞ하 ᄒᆞ여 주지 안흔 ᄭᆞ닭일네라

1) 부터ᄂᆞᆫ지: 붙었는지. 붙-+-엇-(선어말어미)+-ᄂᆞᆫ지(연결어미).

2) 쓴ᄂᆞᆫ: 쓰는.

3) 나모 말만: 남의 말만.

4) 놉흔: 높은. '높은'의 재음소화 표기이다.

5) ᄂᆡ지: 내지(內地). 국내(國內).

문법 설명

1. 종성부용초성과 팔종성법

≪훈민정음訓民正音≫에서는 '종성부용초성(終聲復用初聲)'이라 하여 종성 글자를 별도로 만들지 않고 초성 글자를 그대로 사용한다고 설명하였다. 한 음절을 초성과 중성, 종성으로 나누되 적을 때에는 이 셋을 합하여(合字) 쓰는 방식이야말로 '훈민정음'의 독특한 표기법이라 할 수 있거니와 이는 종성이 발달하여 유독 음절 수가 많은 한국어에 딱 맞는 표기 방식이기도 하다. 특히 종성을 위한 글자를 따로 만들지 않고 초성 글자를 다시 쓰도록 한 것은 불과 27개의 기본 글자로 3,000개가 넘는 음절을 표기할 수 있도록 만든 탁월한 경제성의 핵심이다.

그런데 본래 고대국어 단계에서는 음절말의 모든 자음이 서로 구별되었을 것으로 추정되나 15세기 당시에는 이미 음절말에서 'ㅋ'은 'ㄱ'으로, 'ㅌ'은 'ㄷ'으로, 'ㅍ'은 'ㅂ'으로, 'ㅈ, ㅊ, ㅎ'은 'ㅅ'으로 중화(中和)되어 음절말에서 실제 발음될 수 있는 것은 'ㄱ, ㄴ, ㄷ, ㄹ, ㅁ, ㅂ, ㅅ, ㆁ'의 8개뿐이었다. 이에 따라 모음으로 시작하는 조사나 어미 앞에서는 '곶+ 이→고지', '깊-+-은→기픈'과 같이 [곶], [깊]으로 나타나던 것이 단독으로 쓰이거나 자음으로 시작하는 조사, 어미 앞에서는 '곶+도→[곳도], 깊-+-고→[깁고]'와 같이 어간의 종성이 'ㅅ, ㅂ'으로 나타나는 형태음소적 교체를 보였다. 현대국어의 경우는 단어의 원형을 밝혀 적도록 하는 것을 기본 원칙으로 하고 있으나, 중세국어 시기에는 소리 나는 대로 표기하는 음소적 원리에 좀 더 충실하여 형태음소적 교체를 표기에 반영하였는데, 이를 단적으로 보여주는 것이 이른바 '팔종성법(八終聲法)'이다. ≪훈민정음≫ 해례(解例)에서는, 원칙적으로는 '終聲復用初聲'이지만, 실제로는 'ㄱ, ㄴ, ㄷ, ㄹ, ㅁ, ㅂ, ㅅ, ㆁ'의 8개 글자만으로 모든 종성을 표기할 수 있음을 '八終聲可足用'이라 하여 규정하였다. 15, 16세기 문헌 중 대부분은 팔종성법에 따른 표기를 보여주나, ≪용비어천가≫와 ≪월인천강지곡≫과 같은 일부 문헌에서는 다음에 제시된 것과 같이 종성에 'ㅈ, ㅍ' 등을 표기하여 팔종성법에 따르지 않고 있는데, 이는 이 시기에도 형태음소적 표기를 할 것인지 음소적 표기를 할 것인지에 대한 견해가 엇갈렸음을 보여 준다.

(1) 가. 불휘 기픈 남ᄀᆞᆫ ᄇᆞᄅᆞ매 아니 뮐ᄊᆡ <u>곶</u> 됴코 여름 하ᄂᆞ니 〈용가 2〉

나. 兄이 디여 뵈니 衆賊이 <u>좇거늘</u> 재 ᄂᆞ려 티샤 두 갈히 것그니 〈용가 36〉

다. 제 간ᄋᆞᆯ 뎌리 모ᄅᆞᆯᄊᆡ 둘희 쏜 살이 세 낱 <u>붚섭</u> ᄢᅦ여디니 〈월곡 40〉

라. 각시 쐬노라 <u>ᄂᆞᆾ</u> 고ᄫᅵ <u>비ᇫ여</u> 드라 末利花鬘ᄋᆞᆯ 몸애 ᄆᆡᅀᆞᄫᆞ나 〈월곡 49〉

그러나 이 두 문헌을 제외하면 그 이후의 문헌들은 대개 팔종성법을 따르고 있어서 1933년 한글마춤법통일안이 나오기 전까지는 이러한 음소적 표기가 우세하였다.

그런데 중세국어 이래로 음소적 원리에 따른 표기가 우세하였다고는 하지만 그렇다고 모든 표기가 '소리 나는 대로' 이루어진 것은 아니어서, 예를 들어 비음화 같은 자음동화는 대개 표기에 반영되지 않았다. 즉 '짚+ 이→[지피]', '짚+도→[집또]'에서 '짚, 집'의 형태음소적 교체는 표기에 반영되었으나, '짚+만→[짐만]'에서 '짚'이 '짐'으로 교체된 것은 표기에 반영되지 않았다. 다만 '걷-+나-→걷나-〉건나-'와 같이 합성어 내부에서 일어난 자음동화는 종종 표기에 반영되었다. 또한 종성이 겹자음인 경우도 형태음소적 교체를 반영하여 '값+이'는 '갑시', '값+도'는 '갑도'로 표기되었으나, 'ᄇᆞᆰ더니, ᄉᆞᆲ고져' 등과 같이 ㄹ로 시작하는 겹자음의 경우는 자음으로 시작하는 어미 앞에서도 그대로 쓰였다는 점이 특이하다.

한편 16세기에 종성의 'ㅅ'이 'ㄷ'으로 중화되는 변화가 일어났으나 팔종성법에는 변화가 없어서 여전히 'ㅅ'이 쓰였다. 종성의 'ㅅ'이 'ㄷ'으로 중화되었음은 '잇ᄂᆞ니라〉인ᄂᆞ니라, 이틄날〉이틋날〉이튼날' 등과 같은 예를 통해 확인할 수 있는데, 종성의 'ㅅ'이 'ㄷ'으로 중화된 이후라야 비로소 뒤에 오는 'ㄴ'의 영향으로 자음동화를 거쳐 'ㄷ〉ㄴ'으로 변화할 수 있기 때문이다.

2. 연철, 분철, 중철

연철 표기는 실제 발음 나는 음절을 표기에 충실히 반영하여 이어 적는 방식으로 중세국어 표기법의 두드러진 특징 중 하나이다. 즉 '말씀+이, 먹-+-으니'의 경우 각각 [말ᄊᆞ미], [머그니]로 발음되는데, 이처럼 실제 발음되는 음절을 표기에 반영하여 '말ᄊᆞ미, 머그니'로 연철 표기하는 것이다.

그에 비해 분철 표기는 체언과 조사, 용언과 어미 등이 결합할 때 실제 소리 나는 음절과는 상관없이 형태소 경계에서 끊어 적는 방식이다. 즉 '말씀+이, 먹-+-으니'가 [말ᄊᆞ미], [머그니]로 발음되는 것과는 별개로 그 형태소 경계를 표기에 반영하여 '말씀이, 먹으니'로 적는 것이다. 15세기에는 ≪월인천강지곡≫과 같은 극히 일부 문헌에 예외적으로 그 예가 드물게 나타난다.

(1) 가. 世尊ㅅ 일 ᄉᆞᆲ보리니 萬里外ㅅ 일이시나 눈에 보논가 너기ᅀᆞᄫᆞ쇼셔 〈월곡 2〉
   나. 長生인 不肖ᄒᆞᆯ씨 ᄂᆞᆷ이 나아간ᄃᆞᆯ 百姓ᄃᆞᆯ히 ᄂᆞᆷᄋᆞᆯ 다 조ᄎᆞ니 〈월곡 11〉

중철 표기는 연철과 분철의 과도기적 형태라 할 수 있는데, 예를 들면 '말씀+이'를 '말씀미'와 같은 식으로 적는 것이다. 참고로 어간말 자음이 'ㅋ, ㅌ, ㅍ'인 경우에 이를 'ㄱ, ㄷ(또는 ㅅ), ㅂ'과 'ㅎ'으로 나누어 적는 경우가 있는데(녁+ᄋᆡ→녁ᄒᆡ, 밭+ᄋᆡ→받ᄒᆡ 또는 밧ᄒᆡ, 깊-+-은→깁흔), 이러한 예들을 특히 '재음소화 표기'라 부르기도 한다.

중세국어 시기에는 연철 표기가 일반적이었으나 16세기 이래로는 차츰 분철 표기와 중철 표기의 출현 빈도가 높아지기 시작하였다. 다음은 16세기 초 문헌인 ≪번역소학≫(1517)에서 동일한 권, 동일한 어휘에 대해 연철 표기와 분철 표기, 그리고 중철 표기가 함께 나타난 예이다.

(2) 가. 제 ᄆᆞᅀᆞ매 너규ᄃᆡ 나ᄂᆞᆫ 아ᄒᆡ어니 엇뎨 감히 顔孟ᄋᆞᆯ ᄇᆡ호료 〈번소 6:11ㄴ〉
   나. 져믄 아ᄒᆡ ᄇᆡ호ᄆᆞᆫ ᄆᆞᅀᆞᆷ애 다마 두며 외올 ᄯᆞᄅᆞ미 아니라 〈번소 6:4ㄴ〉
   다. 그 어버ᅀᅴ거긔도 ᄒᆞ마 ᄂᆞ미며 내라 ᄒᆞᄂᆞᆫ ᄆᆞᅀᆞᆷ미 이셔 〈번소 6:3ㄱ〉

근대국어 시기에도 연철 표기, 중철 표기, 분철 표기가 모두 나타났는데, 분철 표기가 점점 더 많이 나타나게 되었고, 이러한 경향은 용언 어간과 어미보다는 체언과 조사의 경우에 좀 더 뚜렷이 나타났다. 또한 근대국어 문헌에는 중철 표기도 많이 나타나는데, 특히 종성이 'ㅋ, ㅌ, ㅍ'일 때 이를 'ㄱ, ㄷ(또는 ㅅ), ㅂ'과 'ㅎ'으로 나누어 적는 재음소화 표기의 예도 많이 보인다.

(3) 가. 앗기ᄂᆞᆫ 뜻이 기픈 즉 원망ᄒᆞ고 ᄭᅮ짓ᄂᆞᆫ ᄉᆡᆼ각이 니러나고 〈중외윤음 12ㄱ〉
　나. 놉ᄑᆞᆫ 台와 깁픈 모ᄉᆞᆯ ᄆᆡᆼᄀᆞᆯ며 〈어내 2:107ㄱ〉
　다. 여ᄐᆞᆫ ᄃᆡ로 말ᄆᆡ암아 깁흔 ᄃᆡ 드ᄂᆞ니 〈자성편 내:1ㄱ〉

3. ㅎ 말음 체언

중세국어의 체언 중에는 조사와 결합할 때 특이한 어간 교체를 보이는 예들이 있었다. 그 중에서도 ㅎ 말음 체언은, 모음으로 시작하는 조사나 조사 '과', '도'와 결합할 때에는 말음 'ㅎ'이 드러나지만, 그 외의 자음으로 시작하는 조사와 결합하거나 단독으로 쓰일 때에는 말음 'ㅎ'이 탈락하는 교체 양상을 보였다.

예를 들어 '땅'의 옛말인 'ᄯᅡㅎ/ᄯᅡ'는 모음으로 시작하는 조사 '이', 'ᄋᆞᆯ', 'ᄋᆡ', 'ᄋᆞ로', 'ᄋᆞᆫ' 등과 결합할 때에는 각각 'ᄯᅡ히, ᄯᅡᄒᆞᆯ, ᄯᅡᄒᆡ, ᄯᅡᄒᆞ로, ᄯᅡᄒᆞᆫ'으로, 조사 '과, 도'와 결합할 때에는 'ᄯᅡ콰, ᄯᅡ토'로 나타났으나, 조사 'ㅅ'과 결합하거나 단독으로 쓰일 때에는 각각 'ᄯᅡᆺ'과 'ᄯᅡ'로 나타났다.

이와 같은 어간 교체를 보이는 ㅎ 말음 체언으로는 '하ᄂᆞᆯㅎ/하ᄂᆞᆯ, ᄯᅡㅎ/ᄯᅡ, 나라ㅎ/나라, 갈ㅎ/갈, 길ㅎ/길, 내ㅎ/내, ᄀᆞᄉᆞᆯㅎ/ᄀᆞᄉᆞᆯ, 나조ㅎ/나조, 우ㅎ/우, 뒤ㅎ/뒤, 안ㅎ/안, 뫼ㅎ/뫼, 드르ㅎ/드르, 돌ㅎ/돌, ᄆᆞᄉᆞᆯㅎ/ᄆᆞᄉᆞᆯ, 조ㅎ/조, 고ㅎ/고, ᄇᆞᆯㅎ/ᄇᆞᆯ, ᄉᆞᆯㅎ/ᄉᆞᆯ, 암ㅎ/암, 수ㅎ/수' 등 80여 개가 있었다.

ㅎ 말음 체언에서 말음 ㅎ이 탈락한 예는 이미 15세기부터 일부 나타나기 시작하였는데(하ᄂᆞᆯ히: 하ᄂᆞ리, 길ᄒᆞ로: 길로 등), 이러한 현상은 근대국어 시기에 본격화되었다. 현대국어에는 '암탉, 수탉, 살코기, 안팎' 등의 복합어에 ㅎ 말음 체언의 흔적이 남아 있다.

4. 선어말어미 '-오-'

중세국어의 선어말어미 '-오-'는 대개 평서문과 연결형(주로 연결어미 '-니' 결합형), 관형사형 어미 '-ㄴ, -ㄹ' 결합형으로 나타나며, 드물게 의문문이나 연결어미 '-나, -온ᄃᆡ' 등과 결합한 예가 보인다.

선어말어미 '-오-'는 결합하는 용언 어간이 음성모음일 때 '-우-'로 교체되며, 서술격 조사 '이-' 뒤에서는 '-로-'로 교체된다. 또한 선어말어미 '-더-'와 결합하면 '-다-', 선어말어미 '-거-'와 결합하면 '-과-' 또는 '-가-'로 나타난다.

(1) 가. 하ᄂᆞᆯ 우 하ᄂᆞᆯ 아래 나ᄲᅮᆫ 尊호라 〈석상 6:17ㄱ〉
    나. 우리ᄃᆞᆯ히 어리迷惑ᄒᆞ야 毒藥ᄋᆞᆯ 그르 머구니 〈석상 17:17ㄴ〉
    다. 나ᄂᆞᆫ 波羅㮈王 善友太子ㅣ로라 〈월석 22:58ㄱ〉
    라. 내 롱담ᄒᆞ다라 〈석상 6:24ㄴ〉
    마. 내 이제 훤히 즐겁과라 〈법화 2:137ㄴ〉
    바. 내 녀 이거슬 怪異히 너기가니 어느 구틔여 나료 〈두시-초 25:29ㄱ〉

선어말어미 '-오-'의 기능에 대해서는 여러 가지 견해가 엇갈리고 있는데, 이 중에서 '의도법'으로 보는 견해와 '화자 표시'와 '대상 표시'로 보는 견해가 대표적이다.

선어말어미 '-오/우-'가 서법(mood), 그 중에서도 '의도법'을 표시하는 것으로 보는 견해에서는, '-오-'가 주관적 의도가 있는 동작이나 상태의 진술에 사용되는 것으로 설명한다. 평서문의 서술어에서는 화자의 의도, 의문문의 서술어에서는 청자의 의도, 관형사형에서는 동작 주체의 의도를 나타낸다고 본다. 또한 명사형 어미 '-옴/움', 연결어미 '-오ᄃᆡ/우ᄃᆡ', '-오려/우려' 등의 '-오/우-'나 선어말어미 '-옷-'의 '-오-'도 의도법의 선어말어미로 파악한다.

그에 비해 선어말어미 '-오/우-'가 '화자 표시'와 '대상 표시'의 기능을 지닌다고 보는 견해에서는, 평서문과 연결형, 그리고 드물게 몇몇 의문문에 나타난 '-오/우-'와 관형절에 나타난 '-오/우-'의 기능을 달리 파악한다. 그리고 '-옴/움, -오ᄃᆡ/우ᄃᆡ, -오려/우려, -옷-' 등의 '오/우'는 선어말어미가 아니라 어미의 일부로서 분리될 수 없는 것으로 본다.

먼저 '화자 표시'란 평서문과 연결형(주로 연결어미 '-니'와 결합), 그리고 몇몇 의문문에 쓰인 선어말어미 '-오/우-'의 기능에 대해 이것이 화자가 주어임을 표시한다고 보는 것이다. 아래의 예들을 보면 선어말어미 '-오-'가 결합한 문장의 주어가 '나, 우리'로 모두 일인칭임을 볼 수 있다(간혹 '나, 우리' 대신 화자 자신을 가리키는 다른 명사가 쓰인 경우도 있다).

(2) 가. 右手左手로 天地 ᄀᆞᄅᆞ치샤 ᄒᆞ오ᅀᅡ 내 尊호라 ᄒᆞ시니 〈월곡 8ㄱ〉
나. 내 이제 너ᄃᆞ려 니ᄅᆞ노라 〈월석 14:49ㄱ〉
다. 내 롱담ᄒᆞ다라 〈석상 6:24ㄴ〉
라. 내 이제 分明히 너ᄃᆞ려 닐오리라 〈월석 17:49ㄱ〉
마. 내 ᄒᆞ마 性命 ᄇᆞ료려 호니 如來 거즛말 ᄒᆞᇙ 줄 업스니라 〈월석 23:105ㄴ〉
바. 내 이ᄅᆞᆯ 爲ᄒᆞ야 어엿비 너겨 새로 스믈여듧 字ᄅᆞᆯ ᄆᆡᇰᄀᆞ노니 〈훈언 3ㄱ〉
사. 世尊ㅅ 일 ᄉᆞᆲ보리니 萬里外ㅅ 일이시나 눈에 보논가 너기ᅀᆞᄫᆞ쇼셔 〈월곡 1ㄱ〉
아. 우리ᄃᆞᆯ히 요ᅀᆞᅀᅵ예 大師 겨신 ᄯᅡᄒᆞᆯ 모ᄅᆞ다니 〈월석 21:201ㄱ〉
자. 難陁ㅣ 닐오ᄃᆡ 내 ᄀᆞ로니 이에 살아지라 〈월석 7:12ㄱ〉
차. 내 비록 度티 몯호나 願ᄒᆞᅀᆞ오ᄃᆡ 末劫엣 一切 衆生ᄋᆞᆯ 度ᄒᆞ야지이다 〈능엄6:82ㄴ〉
카. 부텨 니르시논 解脫을 우리도 得ᄒᆞ야 涅槃애 다ᄃᆞ론가 ᄒᆞ다소니 〈석상 13:43ㄴ〉

한편 '대상 표시'란 관형절에서 관형사형 어미와 함께 쓰인 '-오/우-'의 기능에 대해 이것이 피수식명사가 관계관형절의 목적어임을 표시한다고 보는 것이다. 다만 피수식명사가 관계관형절의 부사어인 경우와 보문관형절의 경우에는 선어말어미 '-오-'의 결합이 수의적이라고 설명한다.

(3) 가. 鹿母夫人ᄋᆡ 나혼 고ᄌᆞᆯ 어듸 ᄇᆞ린다 〈석상 11:32ㄴ〉
가'. 오직 이 몸 나ᄒᆞᆫ 어미ᄅᆞᆯ 救ᄒᆞ디ᄫᅵ 〈월석 23:93ㄱ〉
나. 이 須彌山ᄋᆞᆫ 諸天ㅅ 길히라 네 사논 ᄯᅡ히 아니라 〈월석 25:108ㄴ〉
나'. 本鄕ᄋᆞᆫ 本來 제 사ᄂᆞᆫ ᄀᆞ올히라 〈월석 4:59ㄴ〉
다. 다 如來ㅅ 威力이론 고ᄃᆞᆯ 아라라 〈석상 9:28ㄱ〉
다'. 魔王ᄋᆡ 所作인 고ᄃᆞᆯ 아니라 〈월석 4:19ㄱ〉

위의 예 (3가)와 (3가')을 비교해 보면, (3가)는 피수식명사인 '곶'이 '(녹모부인이) 낳-'의 목적어이고 (3가')은 피수식명사 '어미'가 '이 몸 낳-'의 주어인데,

(3가)의 '낳-'에는 선어말어미 '-오-'가 결합된 반면 (3가')의 '낳-'에는 결합되지 않은 것을 볼 수 있다. 이에 비해 예 (3나)와 (3나')의 경우, 둘 다 피수식명사인 '짜ᄒ'과 'ᄀ올ᄒ'이 각각 '네 사ᄂ-'와 '제 사ᄂ-'의 부사어로 동일한데, (3나)에는 '-오-'가 결합하고 (3나')에는 '-오-'가 결합하지 않아 선택이 수의적임을 알 수 있다. 또한 (3다)와 (3다')은 둘 다 보문관형절의 예인데, 여기에서도 관형절에서 선어말어미 '-오-'의 결합이 수의적으로 나타나고 있다.

선어말어미 '-오-'를 '의도법'으로 보는 견해와 '화자 표시' 또는 '대상 표시'로 보는 견해의 차이로 인해 문헌에 나타난 용례의 설명도 서로 다르다. 예를 들어 '主人이 므슴 차바ᄂᆞᆯ 손소 ᄃᆞᆫ녀 ᄆᆡᇰᄀᆞ노닛가'와 같은 의문문의 서술어에 선어말어미 '-오-'가 쓰였는데, '의도법'으로 보는 견해에서는 청자가 주어인 의문문에서 청자의 의도를 묻는 경우에 '-오-'가 쓰인 것으로 설명하지만, '화자 표시'로 보는 견해에서는 이를 예외적인 경우로 처리하고 있다.

5. 중세국어의 관형격 조사

관형격 조사는 문장 내에서 체언과 체언의 관계를 표시하는 '관형격'의 기능을 하는 조사이다. 중세국어에서는 관형격 조사로 'ᄋᆡ, 의, ㅅ'이 있었으며, 특수한 어휘에 사용되는 'ㅣ'도 있었다. 관형격 조사 'ᄋᆡ, 의, ㅅ'은 선행 체언의 성격에 따라 분포가 달리 나타났다.

표 1. 중세국어의 관형격 조사의 분포

구분 / 유형	선행 체언의 조건	
	음운 조건	의미 조건
ᄋᆡ	양성모음	평칭인 유정물 체언
의	음성모음	
ㅅ	×	존칭인 유정물 체언 무정물 체언

ᄋᆡ: 長者ᄋᆡ ᄯᆞ리 쇠 져즈로 粥 ᄡᅮ어 〈석상 3:40ㄱ〉

의: 거부븨 터리와 〈능엄 1:74ㄱ〉

ㅅ: 나ᄆᆡ 나랏 그를 제 나랏 글로 고텨 ᄡᅳᆯ 시라 〈월석 1:석서 6ㄱ〉

관형격 조사 'ㅣ'는 다음과 같은 몇몇 어휘에서만 한정되어 나타난다.

ㅣ: 쇠 香 〈석상 19:17ㄴ〉
空生ᄋᆞᆫ 本來 이 獅子ㅣ 삿길ᄉᆡ 〈금삼 2:21ㄴ〉
長者ㅣ ᄯᆞᆯ이 粥을 받ᄌᆞᄫᆞ니 〈월곡 23ㄴ〉
世世예 난 ᄯᅡ마다 나라히며 자시며 子息이며 내 몸 니르리 布施ᄒᆞ야도 〈석상 6:8ㄴ〉

중세국어의 관형격 조사는 체언과 체언의 관계를 표시하는 '관형격'의 기능 외에도 소위 '주어적 속격(主語的 屬格)'이나 '목적어적 속격(目的語的 屬格)'의 기능을 하는 경우도 있었다. '주어적 속격'과 '목적어적 속격'은 서술어가 동사의 관형사형이거나 명사형인 경우, 해당 서술어의 의미상 주어나 의미상 목적어에 관형격 조사가 결합된 경우를 가리킨다.

주어적 속격: 轉輪王ᄋᆡ 녀샤미 ᄀᆞᄐᆞ시니라 〈석상 6:23ㄱ〉

衆生ᄋᆡ 欲心 업슳 ᄃᆞᆯ 阿難이ᄃᆞ려 니ᄅᆞ시니 〈월곡 40ㄴ〉

목적어적 속격: 眞實ㅅ 닷고ᄆᆞᆫ 欲 여희요ᄆᆞ로 本 사모ᄆᆞᆯ 爲ᄒᆞ시니 〈능엄 6:88ㄴ〉

▶ 참고

중세국어의 자료에서 소위 사잇소리의 표기는 대부분 'ㅅ'으로 나타나지만 'ㅅ'이 아닌 경우가 드물게 있다. ≪훈민정음≫ 언해본은 사잇소리의 다양한 표기를 보여 주는 가장 대표적인 자료인데, 이 자료에서는 선행어의 말음이 불청불탁음(不淸不濁音)일 때 같은 계열의 전청음(全淸音)을 사잇소리의 표기에 사용하였다.

표 2. ≪훈민정음≫ 언해본에 나타나는 사잇소리 표기의 분포와 예

구분/예 유형	분포의 조건	예
ㄱ	선행어의 말음이 아음 'ㆁ'	洪[ᅘᅩᇰ]ㄱ 字
ㄷ	선행어의 말음이 설음 'ㄴ'	君[군]ㄷ 字
ㅂ	선행어의 말음이 순음 'ㅁ'	覃[땀]ㅂ 字
ㅸ	선행어의 말음이 순경음 'ㅱ'	虯[뀨ᇢ]ㅸ 字
ㆆ	선행어의 말음이 후음 'ㅇ'	快[쾌ᇹ]ㆆ 字

≪훈민정음≫ 언해본 외에도 사잇소리의 표기가 'ㅅ'가 아닌 예들을 볼 수 있는데, 이러한 예들은 극히 드물 뿐만 아니라 몇몇 자료에 편중되어 나타난다.

· 兄ㄱ ᄠᅳ디 〈용가 8〉, 種種[죵]ㄱ 香 〈석상 9:22〉, 瓶[뼝]ㄱ 소배 〈월석 1:10〉
· 몃 間ㄷ 지븨 〈용가 110〉, 本[본]ㄷ 字 〈능엄 10:9〉, 死[ᄉᆞ]ㄷ 字ᄅᆞᆯ 〈삼강_런던 충:21〉
· 사ᄅᆞᇜ ᄠᅳ디리잇가 〈용가 15〉, 사ᄅᆞᇜ 서리라 〈월석 1:19〉, 品[픔]ㅂ 字 〈원각 하2-2:20〉
· 可[캉]ㅈ 字ᄅᆞᆯ 〈법화 2:49〉, 圓[원]ㅈ 字ᄂᆞᆫ 〈원각 상1-2:16〉, 見[견]ㅈ 字ᄅᆞᆯ 〈원각 상2-2:69〉, 相[샹]ㅈ 字ᄂᆞᆫ 〈원각 하1-1:45〉, 鬼[귕]ㅈ 字ᄅᆞᆯ 〈구방 상:16〉
· 하ᄂᆞᇙ ᄠᅳ디시니 〈용가 4〉, 先考ㆆ ᄠᅳᆮ 〈용가 12〉, 하ᄂᆞᇙ 소리며 〈월석 4:41〉, 官ㆆ 字ᄅᆞᆯ 〈두초 17:27〉
· 英主ㅿ 알ᄑᆡ 〈용가 16〉, 바ᄅᆞᇗ 우희 〈용가 83〉, 나라ᇫ 일훔 〈용가 85〉, 집 우희ᇫ 龍이 〈용가 100〉

6. 15세기의 상대높임법

상대높임법은 화자가 청자를 대우하는 방식을 나타내는 높임법을 가리킨다. 15세기의 상대높임법은 가장 높은 등급부터 순서대로 'ᄒᆞ쇼셔체', 'ᄒᆞ야쎠체', 'ᄒᆞ라체'로 나뉜다. 이들은 상대높임법 선어말어미 '-이-, -잇-, -ᅌᅵ-, -ᅟᅵᆺ-'의 사용의 여부나 문장 유형에 따라 서로 다른 종결어미를 사용함으로써 구분된다.

표 3. 15세기의 상대높임법 구분(동사의 현재형 기준)

유형 \ 구분	평서문	의문문	명령문	청유문
ᄒᆞ쇼셔체	-ᄂᆞ이다 -ᄂᆞ니이다	-ᄂᆞ잇가 -ᄂᆞ니잇가	-쇼셔	-사이다
ᄒᆞ야쎠체	-니ᇰ다 -ᄂᆞ니ᇰ다	-ᄂᆞ닛가	-아쎠	×
ᄒᆞ라체	-ᄂᆞ다	-ᄂᆞ녀	-라	-져 -져라

ᄒᆞ쇼셔체

- 평서문: 聖人ㅅ 道理 ᄇᆡ호시과ᄃᆡ여 ᄒᆞᄂᆞ이다 〈석상 3:26〉
  일후믈 沙門이라 ᄒᆞᄂᆞ니이다 〈석상 3:20ㄴ〉
- 의문문: 衆生ᄋᆞᆯ 수ᄫᅵ 濟度ᄒᆞ시ᄂᆞ잇가 〈월석 18:79ㄴ〉
  尊者ㅅ 우희 ᄯᅩ 다ᄅᆞᆫ 上座ㅣ 잇ᄂᆞ니잇가 〈석상 24:43ㄴ〉
- 명령문: 世間이 無常ᄒᆞ니 어셔 나쇼셔 〈석상 3:22ㄴ〉
- 청유문: 淨居天이 虛空애 와 太子ᄭᅴ ᄉᆞᆯᄫᅩᄃᆡ 가사이다 〈석상 3:26ㄴ〉

ᄒᆞ야쎠체

- 평서문: 그리 아니ᇰ다 〈석상 6:16ㄱ〉
  三世옛 이ᄅᆞᆯ 아ᄅᆞ실ᄊᆡ 부톄시다 ᄒᆞᄂᆞ니ᇰ다 〈석상 6:18ㄱ〉
- 의문문: 그ᄃᆡᆺ 아바니미 잇ᄂᆞ닛가 〈석상 6:14ㄴ〉
- 명령문: 내 보아져 ᄒᆞᄂᆞ다 ᄉᆞᆯᄫᅡ쎠 〈석상 6:14ㄴ〉

ᄒᆞ라체

- 평서문: 羅睺羅 ᄃᆞ려다가 沙彌 사모려 ᄒᆞᄂᆞ다 〈석상 6:2ㄱ〉

- 의문문: 싸호아 즁을 허로려 ᄒᆞᄂᆞ녀 〈월석 25:6ㄴ〉
- 명령문: 너희 大衆이 내 紫磨黃金色身ᄋᆞᆯ 보라 〈석상 23:10ㄴ〉
- 청유문: ᄒᆞᆫᄃᆡ 가 듣져 ᄒᆞ야ᄃᆞᆫ 〈석상 19:6ㄴ〉

  ᄆᆞᅀᆞᄆᆞᆯ 훤히 너기시게 ᄒᆞ져라 〈월석 10:6ㄱ〉

7. 선어말어미 '-ᄉᆞᆸ-'

선어말어미 '-ᄉᆞᆸ-'은 중세국어에서 객체높임법의 선어말어미로서, 객체에 대한 주체의 겸양을 나타낸다. 이 경우 객체는 문장 내에서 주로 목적어나 부사어에 해당하는 명사가 가리키는 인물이나 대상을 가리킨다. '-ᄉᆞᆸ-'은 선행 음절의 말음이 가지는 음운 조건과 후행 음절의 초성이 가지는 음운 조건에 따라 달리 나타난다.

표 4. 선어말어미 '-ᄉᆞᆸ-'의 이형태와 조건

구분 유형	이형태	조건		예
		선행 음절의 말음	후행 음절의 초성	
-ᄉᆞᆸ-	-ᄉᆞᆸ-	'ㄱ, ㅂ, ㅅ, ㅎ'	자음	막ᄉᆞᆸ거ᄂᆞᆯ, 돕ᄉᆞᆸ고, 빗ᄉᆞᆸ더니, 노ᄊᆞᆸ고
	-ᄉᆞᄫ-		모음	먹ᄉᆞᄫᆞ니, 돕ᄉᆞᄫᆞ니, 깃ᄉᆞ바
-ᄌᆞᆸ-	-ᄌᆞᆸ-	'ㅈ, ㅊ, ㄷ'	자음	마ᄍᆞᆸ더니, 좇ᄌᆞᆸ고져, 듣ᄌᆞᆸ게
	-ᄌᆞᄫ-		모음	얻ᄌᆞ바
-ᅀᆞᆸ-	-ᅀᆞᆸ-	모음 'ㄴ, ㅁ, ㄹ'	자음	보ᅀᆞᆸ노이다, 안ᅀᆞᆸ고, 삼ᅀᆞᆸ고, 아ᅀᆞᆸ게
	-ᅀᆞᄫ-		모음	일우ᅀᆞᄫᆞ니, 안ᅀᆞ바, 아ᅀᆞᄫᆞ쇼셔

위의 표에서 '-ᅀᆞᆸ-, -ᅀᆞᄫ-'은 16세기 이후 'ᄫ'의 변화([β] 〉 [w])와 'ᅀ'의 소멸에 따라 'ᅀ'의 소멸에 따라 근대국어 이후에는 '-ᄋᆞᆸ-, -ᄋᆞ오-'로 나타난다.

근대국어 이후 선어말어미 '-ᄉᆞᆸ-'은 점차로 화자겸양, 즉 화자가 주체 또는 청자보다 낮은 지위에 있음을 표현하는 기능으로 변화하고, 점차 후자의 기능이 강화되면서 '-습니다'의 '-습-'과 같이 상대높임을 표시하는 것으로 바뀌었다. 이에 따라 선어말어미 '-ᄉᆞᆸ-'으로 표시되었던 중세국어의 객체높임법은 사라졌다.

▶ 참고

15세기부터 객체높임의 선어말어미 '-ᄉᆞᆸ-'이 포함된 객체 높임 어휘가 있었다. 예를 들면, '엳ᄌᆞᆸ다, 뫼ᄉᆞᆸ다, 저ᄉᆞᆸ다, 마ᄍᆞᄫᅵ'와 같은 것이다.

엳ᄌᆞᆸ다 : 須達이 깃거 波斯匿王ᄭᅴ 가아 말ᄆᆡ <u>엳ᄌᆞᆸ고</u> 〈석상 6:15ㄴ〉

뫼ᄉᆞᆸ다 : 네 아ᄃᆞ리 各各 어마님내 <u>뫼ᄉᆞᆸ고</u> 〈월석 2:6ㄴ〉

저ᄉᆞᆸ다 : 머리 ᄂᆞᄎᆞ로 바래 <u>저ᄉᆞᆸ고</u> 〈법화 3:97ㄴ〉

마ᄍᆞᄫᅵ : <u>마ᄍᆞᄫᅵ예</u> ᄆᆞᅀᆞᄆᆞᆯ 놀라니 〈용가 95〉

8. ᄒᆞ소체

16세기에는 상대높임법의 새로운 중간 등급으로 'ᄒᆞ소체'가 나타나게 되는데, 이에 속하는 종결어미로는 평서형 종결어미 '-ᄂᆡ, -데, -리, -게, -(으)이, -ᄉᆞ외, -도쇠', 청유형 종결어미 '-새', 명령형 종결어미 '-소', 의문형 종결어미 '-ㄴ가/-ㄴ고, -ㄹ가/-ㄹ고' 등이 있다. 이들 어미가 16세기 이후 새로운 중간 등급인 ᄒᆞ소체로 쓰인다는 데에는 큰 이견이 없으나, 이들의 기원과 발달에 대해서는 많은 논란이 있다.

(1) 평서형 종결어미 '-ᄂᆡ, -데, -리, -게, -ᄉᆞ외, -도쇠'와 청유형 종결어미 '-새'의 기원과 발달에 대한 논의

이에 대해서는 크게 두 가지 견해가 있다. 첫째는 ᄒᆞ쇼셔체의 평서형에서 '-이다'가 생략되어 이들 어미가 나타난 것으로 보는 입장이고, 둘째는 15세기부터 존재했던 종결어미 '-이'가 이들 어미에 포함된 것으로 보는 입장이다.

먼저 첫 번째 견해에 대해 살펴보자. 이러한 입장에서는 '-ᄂᆡ, -데, -리, -게, -ᄉᆞ외, -도쇠'가 '-ᄂᆞ이다 〉 -ᄂᆡ이다 〉 -ᄂᆡ'와 같은 과정을 거쳐 형성된 것으로 파악한다. '-ᄂᆞ이다'는 '-ᄂᆞ-(선어말어미)+-이-(선어말어미)+-다(종결어미)'로 분석되는데, 여기에서 상대높임 선어말어미 '-이-'의 영향으로 선행한 선어말어미 '-ᄂᆞ-, -더-, -리-, -거-, -ᄉᆞ오-(〈-ᄉᆞᆸ-), -도소-(〈-돗-)'에 y 개재현상이 일어나서 '-ᄂᆡ이다'가 된 후, 다시 선어말어미 '-이-'와 평서형 종결어미 '-다'가 생략되어 '-ᄂᆡ'가 된 것으로 보는 것이다. 청유형 종결어미 '-새'에 대해서도 이와 유사하게 '-사이다 〉 *-새이다 〉 -새'의 과정을 거친 것으로 파악한다.

이에 대해서는 다음과 같은 반론이 있다. 첫째, '-이다'의 생략이 'ᄒᆞᄂᆞ이다'류에는 적용되지 않고, 음운 변화를 경험한 'ᄒᆞᄂᆡ이다'류에만 선택적으로 작용되는 이유를 설명할 수 없다. 둘째, 15세기에는 아직 'ᄒᆞᄂᆡ이다' 형이 일반화되지 않았는데도, ≪월인천강지곡≫에 '숣뇌, 안기ᅀᆞᆸ뇌' 등이 나타난다. 셋째, 17세기까지는 상대높임의 선어말어미 '-이-'가 여전히 그 기능을 유지하고 있음에도 불구하고, '-이-'가 기능 약화로 생략되었다고 보기 어렵다.

다음으로 두 번째 견해에 대해 살펴보자. 이러한 입장에서는 선어말어미 '-ᄂᆞ-, -더-, -리-, -거-, -숩-, -돗-'에 종결어미 '-이'가 결합된 것으로 본다. 그러나 이 입장은 15세기에 종결어미 '-이'가 존재했다는 것이 충분히 증명되지 않는다는 데 가장 큰 문제가 있다. 15세기에는 용언 어간에 직접 결합하는 '*해, *히'와 같은 형태도 나타나지 않을 뿐만 아니라, 선어말어미와 결합한 '*ᄒᆞᄂᆡ, *ᄒᆞ데, *ᄒᆞ게, *ᄒᆞᄉᆞ외, *ᄒᆞ도쇠' 등도 나타나지 않는다. 다만, 'ᄒᆞ뇌, ᄒᆞ리' 등은 '숣뇌, ᄡᅳ시리' 등과 같은 예에서 볼 수 있지만 그 예가 매우 적다. 결국 이 견해는 15세기에 종결어미 '-이'가 존재했다는 것이 더 많은 증거로써 증명될 필요가 있는 것이다. 더구나 종결어미의 형성에서 '-이다'의 생략을 허용하지 않는다면, 청유형 종결어미 '-새'에 대해서는 설명할 수 없다는 점도 문제이다. 청유형 종결어미 '-새'는 선어말어미와 종결어미 '-이'의 결합으로 나타난 것으로 설명될 수 없기 때문이다.

(2) 명령형 종결어미 '-소'의 기원과 발달에 대한 논의

명령형 종결어미 '-소'의 기원에 대해서는 '-쇼셔'에서 '-셔'가 삭제되어 형성되었다고 보는 견해와 선어말어미 '-숩/숩/줍-'에서 발달하였다고 보는 견해로 나뉜다.

'-쇼셔'에서 '-셔'가 삭제되어 '-소'가 형성되었다고 보는 견해에는 해결되지 않는 몇 가지 문제가 있다. 첫째, 매개모음을 가지는 '-쇼셔'와는 달리 '-소'는 매개모음을 지니지 않는다. 둘째, '-쇼'가 '-소'로 변화한 이유를 설명하기가 쉽지 않다. 셋째, 16세기 초의 ≪번역박통사≫에 나타나는 '받조, 자소'와 같은 예들에서 '-소'의 이형태인 '-소, -조'를 확인할 수 있는데, 이러한 이형태 관계를 설명할 수 없다.

선어말어미 '-숩/숩/줍-'에서 '-소'가 발달했다고 보는 견해는 '-숩-'이 결합한 명령형 '-ᄉᆞ오쇼셔'에서 '-쇼셔'가 탈락한 '-ᄉᆞ오'가 '-소'로 변화하였다고 보는 것이다. 이 견해는 '-소'의 이형태인 '-소, -조'가 출현하는 것을 '-숩/숩/

줍-'의 이형태 교체 양상으로써 설명할 수 있기 때문에 앞의 견해보다는 설득력을 가진다.

그러나 이 견해도 역시 문제점이 있다. 첫째, '-숩-'의 기능 변화와 '-소'의 등장 시기와 관련된 문제이다. '-소'가 '-ᄉᆞ오쇼셔〉-ᄉᆞ오〉 -소'와 같은 과정을 겪어 형성되었다고 설명하기 위해서는 선어말어미 '-숩-'의 기능이 객체에 대한 주체 겸양이 아니라 청자에 대한 화자 겸양을 표시하는 것이어야 한다. 그러나 문헌상으로는 이러한 기능 변화가 16세기 말부터 등장하여 17세기 이후로 일반화되고 있어서 시기상으로 잘 맞지 않는다. 둘째, 선어말어미 '-숩-'의 이형태들과 달리 '-소'는 '-ᄌᆞ오~ᄉᆞ오~-ᄋᆞ오~-ᄉᆞ오'와 같은 중간 형태가 나타나지 않고, '-ᅀᅩ, -조'와 같은 몇몇 예만 드물게 나타난다는 점이다.

(3) 의문형 종결어미 '-ㄴ가/-ㄴ고, -ㄹ가/-ㄹ고'의 기능 변화

의문형 종결어미 '-ㄴ가/-ㄴ고, -ㄹ가/-ㄹ고'는 15세기에는 간접의문문에 주로 쓰이다가 직접의문문으로 그 사용 범위가 확대되면서, ᄒᆞ소체의 등급을 담당하게 되었다. '-ㄴ가/-ㄴ고, -ㄹ가/-ㄹ고'가 직접의문문에 쓰인 예는 이미 15세기부터 확인되는데, 이때는 ᄒᆞ쇼셔체나 ᄒᆞ라체의 종결어미와 같이 사용되기도 하였다.

• ᄒᆞ쇼셔체와 함께 쓰인 예:
부톄 나라해 도라 오려커시ᄂᆞᆯ 龍王이 듣ᄌᆞᆸ고 울며 ᄉᆞᆯᄫᅩᄃᆡ 부텨하 엇더 나ᄅᆞᆯ ᄇᆞ리고 가시ᄂᆞᆫ고 내 부텨ᄅᆞᆯ 몯 보ᅀᆞᄫᆞ면 당다이 모딘 罪ᄅᆞᆯ 지수려이다 〈월석 7:54-3〉

• ᄒᆞ라체와 함께 쓰인 예:
師ㅣ 니ᄅᆞ샤ᄃᆡ … 두어 히ᄅᆞᆯ 山ᄋᆡ 이셔 ᄆᆞᄎᆞ매 므슴 道ᄅᆞᆯ 닷던고 네 이제 슬허 우ᄂᆞ니 누ᄅᆞᆯ 爲ᄒᆞ야 시름ᄒᆞᄂᆞ뇨 〈육조 하:54ㄴ-55ㄱ〉

16세기 이후 '-ㄴ가/-ㄴ고, -ㄹ가/-ㄹ고'가 직접의문문에 쓰인 예는 좀 더 많이 나타날 뿐만 아니라, 중간 등급인 ᄒᆞ소체와 사용되는 빈도가 점차로 높아지게 되면서, ᄒᆞ소체의 의문형 종결어미로 자리 잡게 되었다.

9. 명사의 비자동적 교체

중세국어 명사 중에는 후행하는 조사의 음운적 환경에 따라 교체를 보이는 몇몇 유형이 있다. 이들은 음운 체계와 관련된 필연적인 교체가 아니므로 비자동적 교체이며 크게 네 유형으로 나눌 수 있다.

가. 나모~남ㄱ 유형: 홀로 쓰이거나 자음으로 시작하는 조사와 통합할 때는 '나모'로, 모음으로 시작하는 조사('-와'는 제외)와 통합할 때는 '남ㄱ'으로 교체한다. 즉, 나모, 나못, 나모도, 나모와, 남기, 남ᄀᆞᆫ, 남ᄀᆞᆯ, 남ᄀᆞ로, 남ᄀᆡ(부사격)와 같이 실현된다. 이러한 교체를 보이는 다른 명사로는 구무~굼ㄱ[穴], 녀느~년ㄱ[他], 불무~붊ㄱ[冶] 등이 있다. '나모~남ㄱ'의 용례는 다음과 같다.

· 菩提樹는 부톄 그 나모 아래 안ᄌᆞ샤 菩提ᄅᆞᆯ 일우실ᄊᆡ 菩提樹ㅣ라 ᄒᆞᄂᆞ니라 〈석상 3:39ㄴ〉
· 모딘 ᄇᆞᄅᆞ미 니러 집도 ᄒᆞ야ᄇᆞ리며 나모도 것거디며 〈석상 23:22ㄱ〉
· 불휘 기픈 남ᄀᆞᆫ ᄇᆞᄅᆞ매 아니 뮐ᄊᆡ 곶 됴코 여름 하ᄂᆞ니 〈용가 2〉
· 치운 ᄇᆞᄅᆞ매 노ᄑᆞᆫ 남기 것거듀믈 時로 듣노라 〈두시-초 5:36ㄱ〉

나. 노ᄅᆞ~놀ㅇ 유형: 홀로 쓰이거나 자음으로 시작하는 조사와 통합할 때는 '노ᄅᆞ'로, 모음으로 시작하는 조사('-와'는 제외)와 통합할 때는 '놀ㅇ'으로 교체한다. 즉 노ᄅᆞ, 노ᄅᆞ도, 노ᄅᆞ와, 놀이, 놀ᄋᆞᆫ, 놀ᄋᆞᆯ, 놀ᄋᆡ와 같이 실현된다. 이러한 교체를 보이는 다른 명사로는 가ᄅᆞ~갈ㅇ[粉] ᄂᆞᄅᆞ~ᄂᆞᆯㅇ[津], 시르~실ㅇ[甑], 쟈ᄅᆞ~쟐ㅇ[袋], ᄌᆞᄅᆞ~ᄌᆞᆯㅇ[柄] 등이 있다. '노ᄅᆞ~놀ㅇ'의 용례는 다음과 같다.

· 獐 노ᄅᆞ 쟝 〈훈몽 상:10ㄱ〉
· 죨애山 두 놀이 ᄒᆞᆫ 사래 ᄢᅦ니 天縱之才ᄅᆞᆯ 그려ᅀᅡ 아ᅀᆞᄫᆞᆯ까 〈용가 43〉
· 峻阪앳 놀ᄋᆞᆯ 쏘샤 麾下 듣ᄌᆞᄫᆞᆫ 마리 盖世氣象이 엇더ᄒᆞ시니 〈용가 65〉

다. ᄆᆞᄅᆞ~ᄆᆞᆯㄹ 유형: 홀로 쓰이거나 자음으로 시작하는 조사와 통합할 때는 'ᄆᆞ

ᄅᆞ'로, 모음으로 시작하는 조사('와'는 제외)와 통합할 때는 'ᄆᆞᆯㄹ'로 교체한다. 이러한 교체를 보이는 다른 명사로는 ᄒᆞᄅᆞ~ᄒᆞᆯㄹ[一日] 등이 있다. 'ᄆᆞᄅᆞ~ᄆᆞᆯㄹ'의 용례는 다음과 같다.

· 宗 ᄆᆞᄅᆞ 종 〈훈몽 상:17ㄱ〉
· 하ᄂᆞᆯ로 ᄆᆞᄅᆞ 삼고 德으로 믿 삼고 道로 門 사마 〈법화 1:14ㄱ〉
· ᄇᆞᄅᆞᆷ과 긴 불휘와 보콰 ᄆᆞᄅᆞ왜 잇노니 〈월석 12:22ㄱ〉
· 그 ᄆᆞᆯᄅᆞᆫ 어딘 이를 ᄀᆞᆯᄒᆡ며 몸ᄋᆞᆯ 닷가셔 天下ᄂᆞᆯ 어딜에 ᄆᆞᆫᄃᆞ로매 인ᄂᆞ니 〈번소 9:14ㄱ〉
· 기슬게 잇ᄂᆞ닐 닐오ᄃᆡ 椽이오 ᄆᆞᆯᄅᆡ 잇ᄂᆞ닐 닐오ᄃᆡ 梠ㅣ니 〈법화 2:106ㄱ〉

라. 아ᅀᆞ~아ᇫㅇ 유형: 홀로 쓰이거나 자음으로 시작하는 조사와 통합할 때는 '아ᅀᆞ'로, 모음으로 시작하는 조사('와'는 제외)와 통합할 때는 '아ᇫㅇ'으로 교체한다. 이러한 교체를 보이는 다른 명사로는 여ᅀᅳ~여ᇫㅇ[狐] 무ᅀᅮ~무ᇫㅇ[菁] 등이 있다. '아ᅀᆞ~아ᇫㅇ'의 용례는 다음과 같다.

· 그 王이 즉자히 나라ᄒᆞᆯ 아ᅀᆞ 맛디고 〈석상 21:43ㄴ〉
· 아ᅀᆞ와 아ᄎᆞᆫ아ᄃᆞᆯ왜 비록 이시나 書信을 얻디 몯ᄒᆞ리로소니 〈두시-초 11:13ㄱ〉
· 아ᅀᆞᄃᆞᆯ콰 모ᄃᆞᆫ 겨집ᄃᆞᆯ히 듣고 〈번소 9:68ㄹ〉
· 나ᄂᆞᆫ 이 如來ㅅ ᄆᆞᆺ 져믄 아ᇫ이로니 〈능엄 1:76ㄴ〉
· 岳秀ㅣ 닐오ᄃᆡ 兄이 죽거든 아ᇫ이 어듸 가리잇고 ᄒᆞᆫᄃᆡ 죽가지라 ᄒᆞ야ᄂᆞᆯ 〈삼강 충:23ㄴ〉
· ᄊᆞᄅᆞᆫ 아ᇫᄋᆡ 겨지블 절ᄒᆞ고 아ᄃᆞᄅᆞᆫ 아ᇫᄋᆞᆯ 절ᄒᆞᄂᆞ다 〈두시-초 8:28ㄱ〉

이들 유형은 모두 홀로 쓰일 때의 형태에서 어간말 모음이 탈락하고 새로운 자음이 덧붙는 공통점을 보인다. 이러한 교체 양상은 '시므-/심ㄱ-, 오ᄅᆞ-/올ㅇ-, 흐르-/흘ㄹ-, ᄇᆞᅀᆞ-/ᄇᆞᇫㅇ-'와 같은 용언의 비자동적 교체에서도 공통적으로 발견된다. 한편 '아기, 아비, 가히, 가지, 늘그니' 등의 명사는 모음 'ㅣ'가 모음으로 시작하는 조사 앞에서 탈락하는 교체를 보이는데(예: 아기+아→아가, 아비+의→아븨 등) 역시 비자동적 교체에 포함된다.

10. 중세국어의 의문문

중세국어의 의문문은 현대국어의 의문문과 다른 점이 많다. 설명의문문과 판정의문문이 형태적으로 구분되고 직접의문문과 간접의문문도 어미의 체계가 다르다. 그리고 체언에 조사가 통합하여 의문문이 만들어지기도 하며 ᄒᆞ라체의 경우는 주어가 2인칭인 경우에만 어미가 다르게 사용된다.

10.1. 의문형 종결어미가 통합하여 만들어지는 의문문

10.1.1. 직접의문문

표 5. 직접의문문의 종결어미

유형 \ 구분		판정의문문	설명의문문
ᄒᆞ쇼셔체		-니잇가/-리잇가	-니잇고/-리잇고
ᄒᆞ야쎠체		-닛가/-릿가	-닛가/*-릿가
ᄒᆞ라체	1, 3인칭	-녀(니여, 니아)/-려(리여, 리아)	-뇨(니오)/-료(리오)
	2인칭	-ㄴ다/-ㄹ다(ㅭ다, ㄹ따)	

ᄒᆞ라체의 '-니아/니오, -리아/리오', ᄒᆞ야쎠체의 '-닛가, -릿가', ᄒᆞ쇼셔체의 '-니잇가/니잇고, -리잇가/리잇고'는 모두 기원적으로 '-니-, -리-'와 '가/고'를 포함하고 있다. ᄒᆞ라체와 ᄒᆞ야쎠체의 경우에는 '-니-, -리-'를 분리해 내기 어려우므로 '-니아/니오, -리아/리오', '-닛가, -릿가'를 하나의 종결어미로 본다. 그에 비해 ᄒᆞ쇼셔체의 경우는, 간혹 서술격 조사 뒤에서 '-니-, -리-' 없이 '-잇가/잇고'만 쓰인 예가 보이므로 '-니잇가, -리잇가' 등을 선어말어미 '-니-, -리-'와 의문형 종결어미 '-잇가/잇고'로 분리할 수도 있다.

ᄒᆞ라체나 ᄒᆞ쇼셔체의 경우와 달리 ᄒᆞ야쎠체에서는 판정의문문과 설명의문문의 구분 없이 모두 '-닛가, -릿가'만 나타난다. 그리고 설명의문문에 '-릿가'가 통합한 예는 문증되지 않는다.

'-ㄴ다/-ㄹ다(ᇙ다)'는 ᄒᆞ라체에서 주어가 2인칭인 의문문에 쓰이는 의문형 종결어미로서 중세국어에서는 활발하게 쓰였으나 근대국어 이후 점차 소멸되기 시작하여 현대국어에는 남아 있지 않다. 각 의문문의 용례를 보이면 다음과 같다.

〈ᄒᆞ쇼셔체〉

가. 판정의문문

· ᄯᅩ 무로ᄃᆡ 이어긔 갓가ᄫᆡ 사ᄅᆞᄆᆡ 지비 잇ᄂᆞ니잇가 〈월석 8:94ㄱ〉
· 하ᄂᆞᆯ히 ᄀᆞᆯᄒᆡ이시니 누비 즁 아닌ᄃᆞᆯ 海東黎民을 니ᄌᆞ시리잇가 〈용가 21〉

나. 설명의문문

· 世尊하 觀世音菩薩은 엇던 因緣으로 일후미 觀世音이시니잇고 〈법화 7:43ㄱ〉
· ᄀᆞᆺ 글 ᄇᆡ혼 혀근 사ᄅᆞᄆᆡ 마ᄅᆞᆯ 므스므라 드르시리잇고 〈삼강 충:7〉

〈ᄒᆞ야쎠체〉

가. 판정의문문

· 須達이 護彌ᄃᆞ려 무로ᄃᆡ 主人이 므슴 차바ᄂᆞᆯ 손ᅀᆞ ᄃᆞᆫ녀 ᄆᆡᇰᄀᆞ노닛가 太子ᄅᆞᆯ 請ᄒᆞᅀᆞ바 이받ᄌᆞ보려 ᄒᆞ노닛가 大臣ᄋᆞᆯ 請ᄒᆞ야 이바도려 ᄒᆞ노닛가 〈석상 6:16ㄱ〉

나. 설명의문문

· 須達이 護彌ᄃᆞ려 무로ᄃᆡ 主人이 므슴 차바ᄂᆞᆯ 손ᅀᆞ ᄃᆞᆫ녀 ᄆᆡᇰᄀᆞ노닛가 〈석상6:16ㄱ〉
· 엇뎨 부톄라 ᄒᆞᄂᆞ닛가 그 ᄠᅳ들 닐어쎠 〈석상 6:16ㄴ〉

〈ᄒᆞ라체〉

가. 판정의문문

· 이 大施主의 功德이 하녀 져그녀 〈석상 19:4ㄱ〉
· ᄒᆞ마 주글 내어니 子孫ᄋᆞᆯ 議論ᄒᆞ리여 〈월석 1:7ㄱ〉
· 뉘 幽棲ᄅᆞᆯ 고ᄃᆞᆯ파 ᄒᆞ요ᄆᆞᆯ 어엿비 너기ᄂᆞ니오 큰 바ᄅᆞ래 能히 고기 낫골 ᄃᆡ 업스리아 〈두시-초 3:21ㄱ〉
· 시러곰 아니 玄圃山이 믜여뎌 왓ᄂᆞ니아 아니 瀟湘이 드위텻ᄂᆞ니아 〈두시-초 16:29ㄴ〉

나. 설명의문문

· ᄒᆞᆫᄢᅴ 다 須陁洹道 斯陁含道 阿那含道 阿羅漢道ᄅᆞᆯ 得긔 ᄒᆞ면 네 ᄠᅳ데 엇더뇨 〈석상 19:4ㄱ〉

· 므스므라 주려 주거 굴허에 몃귀욜 이롤 알리오 〈두시-초 15:37ㄴ〉

다. 2인칭 의문문

· 부톄 더브러 精舍애 도라오샤 무르샤ᄃᆡ 네 겨집 그려 가던다 〈월석 7:10ㄱ〉

· 王이 니ᄅᆞ샤ᄃᆡ 나라히 네 뒷논 거시라 庫藏앳 보ᄇᆡ롤 ᄆᆞᅀᆞᆷ 조초 ᄡᅳ거니 므스므라 大海예 드러 갈따 〈월석 22:31ㄴ〉

10.1.2. 간접의문문

간접의문문은 독백이나 내포문에 나타나는 의문문으로 청자의 대답을 요구하지 않는다. 간접의문문은 인칭과(ᄒᆞ라체의 경우) 상대높임법이 중화된 판정의문문과 설명의문문만 있으며 어미는 '-ㄴ가/-ㄹ가', '-ㄴ고/-ㄹ고'가 있다.

· 俱夷 너기샤ᄃᆡ 太子ㅣ 나가싫가 疑心ᄒᆞ샤 長常 겨틔 ᄠᅥ디디 아니터시다 〈석상 3:22ㄱ〉

· 病ᄒᆞᆫ 모매 됴ᄒᆞᆫ 마ᅀᆞᆯ 虛히 호니 엇던 幸ᄋᆞ로 아ᄒᆡᄃᆞᆯ히 ᄇᆡ브르 머글고 〈두시-초 15:56ㄱ〉

간접의문문에 주로 사용된 의문형 종결어미 '-ㄴ가/-ㄹ가', '-ㄴ고/-ㄹ고'는 중세국어에서부터 직접의문문에도 쓰이기 시작하여 ᄒᆞ소체의 의문형 종결어미로 기능이 확대되었다.

10.2. 체언에 조사가 통합하여 만들어지는 의문문

의문문을 만드는 보조사로 '가'와 '고'가 있었는데 각각 판정의문문과 설명의문문에 쓰였고 상대높임법 등급은 'ᄒᆞ라체'에 해당한다. 이들 조사는 모음이나 'ㄹ' 뒤에서 각각 '아', '오'로 바뀌는데, 간혹 예외도 보인다.

· ᄯᅩ 니ᄅᆞ라 이 說法가 이 說法 아니아 〈금삼 4:37ㄴ〉

· ᄯᅩ 이 누고 호ᄆᆞᆫ 이 凡가 이 聖가 이 엇던 사ᄅᆞᆷ고 홀 시라 〈남명 하:20ㄱ〉

· 두 物이 오디 아니ᄒᆞ얫거든 네 네 고ᄒᆞᆯ 마ᄐᆞ라 香가 臭아 〈능엄 3:45ㄴ〉

· 得大勢야 엇던 因緣으로 일후미 常不輕고 〈월석 17:82ㄴ〉

· 金谷과 銅駝와ᄂᆞᆫ 故鄕이 아니가 〈두시-초 10:44ㄱ〉

11. '-어#잇-'의 재구조화

현대국어의 선어말어미 '-았/었-'은 중세국어의 연결어미 '-아/어'와 동사 '잇/이시-'가 결합한 구성에서 발달한 것이다. 중세국어에서 '-아 잇-'은 '-앳-'으로[1] 축약되어 나타나기도 하고, 여기에서 다시 반모음 y가 탈락한 '-앗-'으로도 나타났다. 역사적으로 '-아 잇-〉-앳-〉-앗-'의 변화 과정을 상정할 수 있는데 15세기부터 이미 이들은 공존하고 있었다.[2] 15세기 국어에서 이들은 '잇-'이 원래 가졌던 '존재'의 의미에서 변화한 '지속'(상태의 지속, 결과 상황의 지속) 또는 '진행'의[3] 의미로 사용되었다. 그리고 문맥에 따라 과거를 나타내는 것으로 해석되는 경우도 있었다. 이들은 문법화가 진행됨에 따라 근대국어 시기에 '동작의 완료'와 과거 시제를 표시하는 것으로 발전하여 현대국어의 과거 시제 선어말어미 '-았/었-'에 이르게 되었다. 다음은 15세기 국어의 예들이다.

(1) 가. 모딘 노미 그 比丘를 자바 기름 브슨 가마애 녀코 브를 오래 딛다가 둡게를 여러보니 比丘ㅣ 蓮ㅅ 곳 우희 안자 잇거늘 〈석상 24:16ㄱ〉
가'. 門 닫고셔 오직 닐오ᄃᆡ 하ᄂᆞᆯ히 새디 아니타 ᄒᆞ고 門 밧긔 ᄒᆡ 도닷ᄂᆞᆫ ᄃᆞᆯ 아디 몯ᄒᆞ도다 〈남명 하:13ㄱ〉
나. 모미 크긔 ᄃᆞ외야 虛空애 ᄀᆞ득ᄒᆞ야 잇다가 ᄯᅩ 젹긔 ᄃᆞ외며 〈석상 6:34ㄱ〉
나'. 큰 모ᄆᆞᆯ 現ᄒᆞ면 虛空애 ᄀᆞ득ᄒᆞ얫다가 또 져근 모ᄆᆞᆯ 現ᄒᆞ면 져겟다가 〈석상 21:37ㄱ〉
다. 布施ᄒᆞᄂᆞᆫ 果報ᄅᆞᆯ 몰라 쳔랴ᄋᆞᆯ 만히 뫼호아 두고 受苦ᄅᆞᄫᅵ 딕희여 이셔 〈석상 9:11ㄴ-12ㄱ〉
다'. 이 모ᄃᆞᆫ 大衆이 各各 ᄆᆞᅀᆞ미 十方애 ᄀᆞ득호ᄆᆞᆯ 제 아라 十方앳 空ᄋᆞᆯ 보ᄃᆡ ᄉᆞᆫ 가온ᄃᆡ 자뱃논 닙 보ᄃᆞᆺ ᄒᆞ며 〈능엄 3:108ㄴ〉
라. 尊者ㅣ 世尊ᄋᆞᆯ 보ᅀᆞ바 겨시니잇가…… 긔 올ᄒᆞ니 녜 如來 五百 阿羅漢 ᄃᆞ리시고 王舍城의 겨샤 安居ᄒᆞ실쩨도 내 그 中에 잇다이다 〈석상 24:44ㄴ〉
라'. 그 ᄢᅴ 波斯匿王ㅅ 누의 ᄉᆞᇰ ᄃᆞ외야 나히 一百 셜흐니어니 잇더니 긔 부텨를 아래 보ᅀᆞ뱃더라 〈석상 24:18ㄴ-19ㄱ〉

1) '-어 잇-'은 '-엣-'으로 나타난다. 또 동사 '잇-'은 모음으로 시작하는 어미나 매개모음을 지닌 어미 앞에서 '이시-'로 교체되므로 '-아 이시-〉-애시-〉-아시-' 형도 나타난다.
2) 15세기에 '-앗-'의 예는 상대적으로 드물고 16세기 이후부터 점차 증가하게 된다.
3) '진행'의 의미는 현대국어에서 연결어미 '-고'를 사용할 자리에 중세국어에서는 '-아/어'를 사용하는 일이 많기 때문이다.

(1 가, 가')은 결과 상황의 지속을, (1 나, 나')은 상태의 지속을, (1 다, 다')은 진행을 나타낸다. 그리고 드물지만 (1 라, 라')과 같이 과거의 경험을 나타내는 용법도 보인다. (1 라)는 '잇-'의 높임말인 '겨시-'가 사용되고 있어 '-어 잇-' 구성이 15세기 당시에는 통사적 구성의 성격을 가지고 있었음을 보여준다. 하지만 (1 가', 나', 다', 라')에서 알 수 있듯이 '-어 잇-'은 15세기에 이미 '엇' 또는 '엣'으로 축약되어 나타나며 하나의 문법 단위처럼 쓰이기 시작하였다.

통사적 구성 '-어 잇-'이 언제부터 선어말어미로 지위가 바뀌었는가에 대해서는 학자들 사이에 이견이 많아서 15세기에 이미 선어말어미가 되었다고 보는 견해에서부터 19세기에나 선어말어미로 바뀌었다는 견해까지 있다. 현대국어의 '-았-'과 동일한 기능과 분포를 가지는 것은 근대국어 후반으로 보인다.[4]

근대국어 시기에 '-앗-'이 선어말어미로 변화하기 시작하였음을 다음과 같은 예를 통해 볼 수 있다.

(2) 가. 내 이ᄃᆞᆳ 초ᄒᆞᄅᆺ날 王京의셔 떠나라 〈번노 상:1ㄱ〉
　가'. 내 이ᄃᆞᆯ 초ᄒᆞᄅᆫ날 王京셔 떠난노라 〈노언 상:1ㄱ〉
　가". 내 이ᄃᆞᆯ 초ᄒᆞᄅᆺ날 王京셔 떠낫노라 〈노신 1:1ㄱ〉
　나. 殃榜을 문 우희 빗기 브텻더니 네 디나올 제 일즙 보디 못ᄒᆞᆫ다 내 일즙 보디 못ᄒᆞ여시니 므서시라 섯더뇨 〈박언 하:41ㄴ〉
　다. 小人이 어제 張火卿의 慶賀 잔채에 갓더니 ᄆᆞᄋᆞᆷ 됴흔 형 아ᄋᆞ들히 내게 빌거늘 燒酒와 黃酒ᄅᆞᆯ 만히 먹고 ᄉᆡᆼ과실도 만히 먹고 집의 오니 熱ᄒᆞ여 一身에 衣服을 다 벗고 이 아희들로 ᄒᆞ여 부체질 ᄒᆞ엿노라 〈박언 중:15ㄴ〉

(2 가, 가', 가")은 ≪老乞大≫의 같은 원문에 대하여 16세기, 17세기, 18세기에 각각 다시 언해된 예들을 보인 것인데 16세기의 부정법('ø' 형태)으로 과거를 나타낸 문장이 17세기 이후로 '-엇(ᄂᆞ)-'이 통합된 문장으로 바뀌어 나타남을 보여준다. 그리고 (2 나, 다)에서 보이는 '-앗-'은 분포 및 의미에 있어서 현대의 '-았/었-'에 대응하고 있다.

---

4) '-앗/엇-'이 형용사나 계사에 통합하여 과거를 나타내거나 '-엇엇-'의 형태가 나타나는 것은 19세기의 일이다.

한편 근대국어의 '-앗/엇-'이 '-았/었-'으로 재구조화하는 것은 전설모음화와 관련된 과도교정에 의한 오분석과 관련된다. 중세국어에서 동사 '잇-'은 모음으로 시작하는 어미나 매개모음을 갖는 어미 앞에서는 '이시-'로 교체되었는데, 근대국어 시기에 '이셔, 이시니' 등이 중철 표기된 '잇시니, 잇셔' 등이 나타났다. 19세기에 'ㅅ' 밑에서 'ㅡ'가 'ㅣ'로 바뀌는 전설모음화 현상이 성행함에 따라 화자들은 '잇시니' 등을 '잇스니'로 잘못 인식하기 시작하였다. 그래서 어간을 '있-'으로 재구조화하기에 이른 것이다. '-어 잇-'에서 온 '-엇-/-어시-', '-게 ᄒᆞ엿-'에서 온 '-겟-/ -게시-'가 각각 '-었-', '-겠-'으로 형태가 단일화된 것도 이와 동궤의 현상이다.

'-앗-'이 하나의 선어말어미로 확립되어 세력을 확장함에 따라 시상을 나타내는 선어말어미의 대립 관계는 변화를 겪게 되었다. 그 결과 과거를 나타내는 부정법 'ø'는 소멸하였고 '-더-'는 '-엇-'과의 차별성을 강조하는 쪽으로 기능이 위축되었다(단, 관형절의 경우는 중세국어의 시상체계 대립을 그대로 유지한다). 현대국어에서 '-더-'는 주어의 인칭에 대한 제약을 갖게 되고 특별한 양태 의미를 강하게 띠게 되어 '-았/었-'과 문법적으로 구별된다.